LEGGERE LA MANO

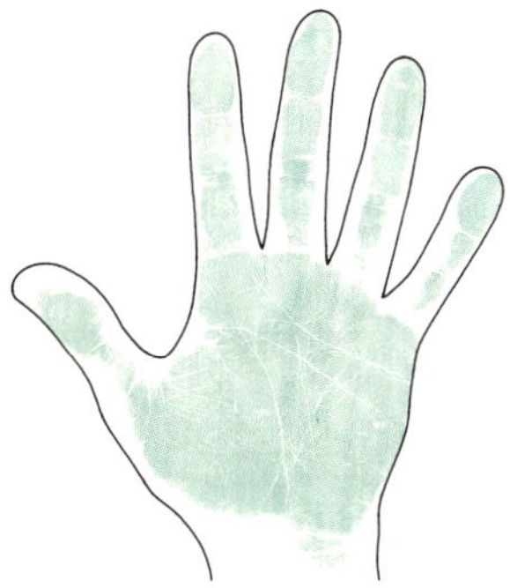

LORI REID

LEGGERE LA MANO

Tradizioni, curiosità, tecniche

Edizione italiana a cura di
RITA PALLOTTA BIOLCATI

ISTITUTO GEOGRAFICO
DeAGOSTINI

A Fraser, Sophie e Alasdair
con amore

Direzione: Marco Drago, Andrea Boroli

Direzione Area Libri Varia, Illustrati e Ragazzi: Marcella Boroli

Direzione editoriale: Cristina Cappa Legora

Coordinamento editoriale: Valeria Camaschella

UN LIBRO DORLING KINDERSLEY

Titolo originale: THE ART OF HAND READING

Traduzione dall'inglese: Flavia Antonini

Redazione: PAS Informazione, Torino

Catalogo 58524
ISBN 88-415-4139-3

Stampato in Cina
da Imago, 1997

SOMMARIO

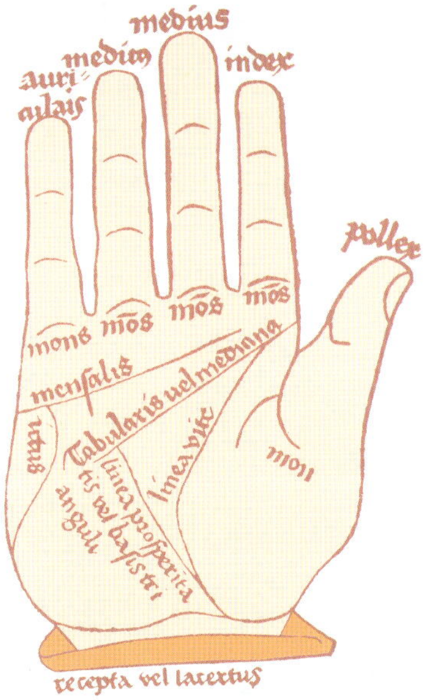

51 Le Linee

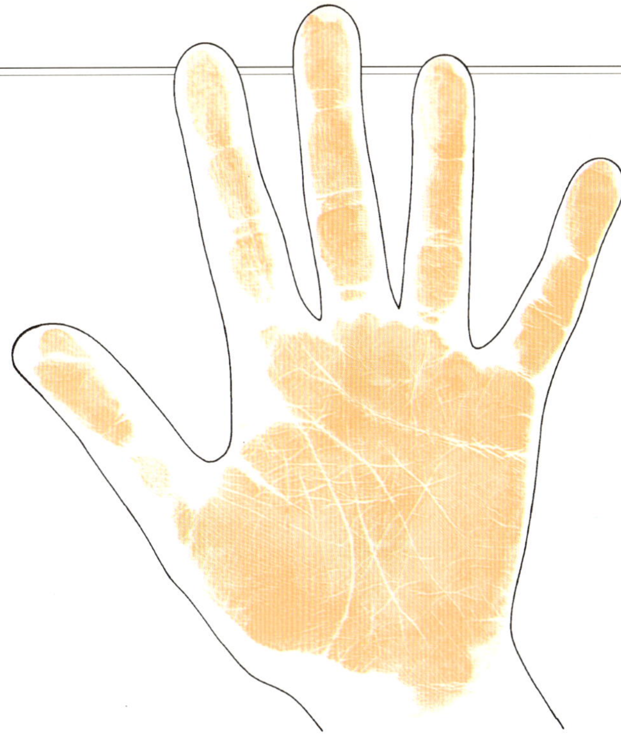

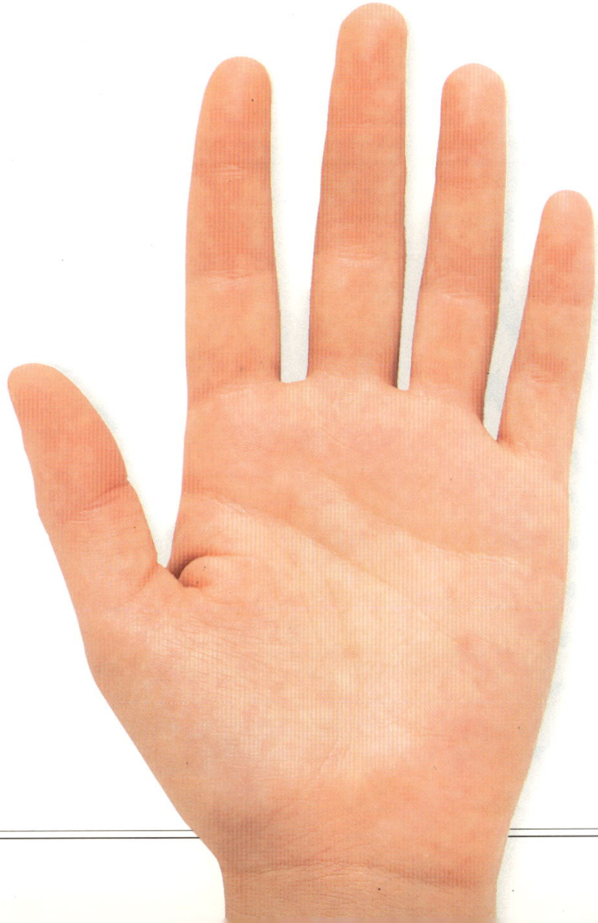

87 L'Analisi della Mano

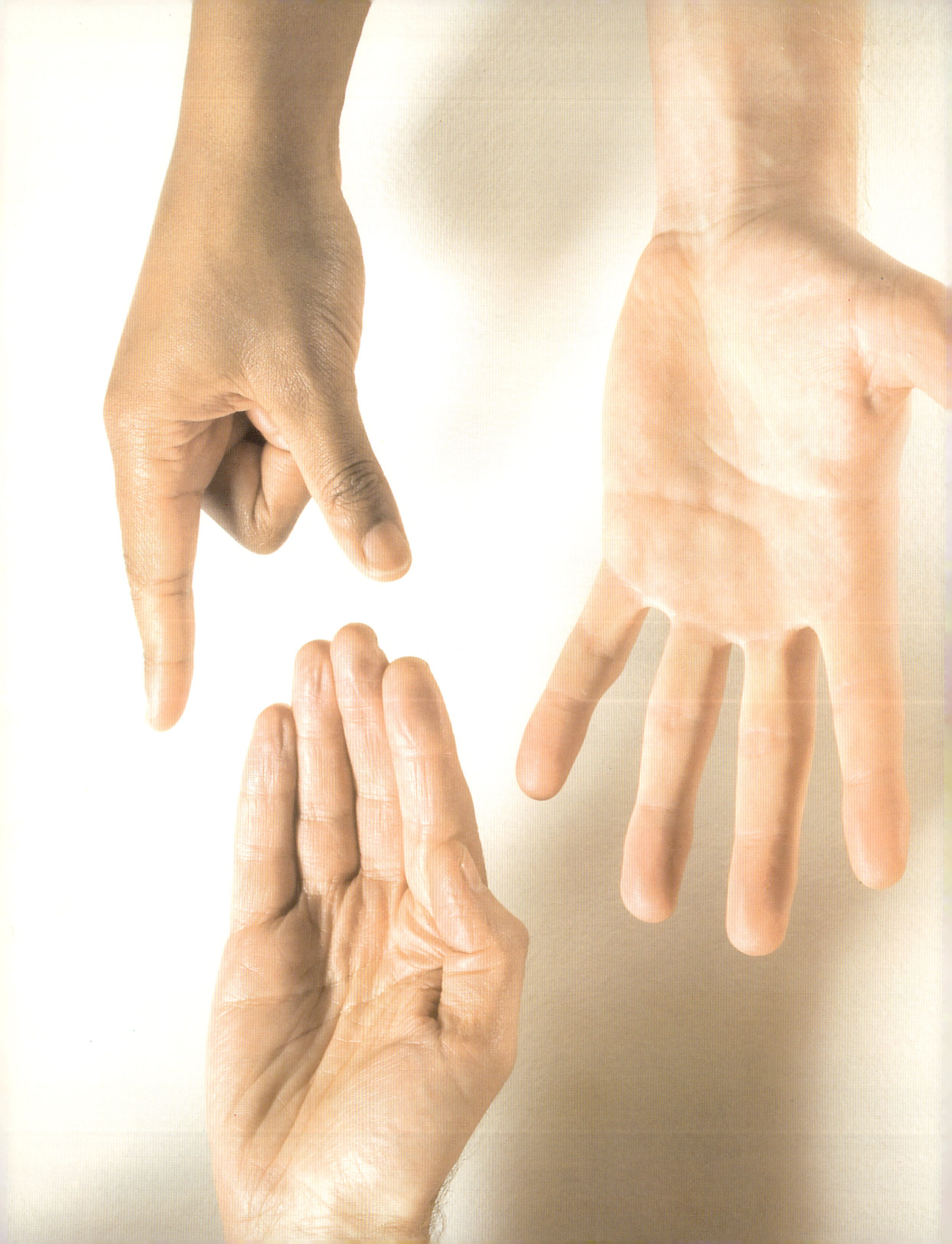

Introduzione

L'arte della lettura della mano si è sviluppata a partire dalla curiosità dell'uomo dell'Età della Pietra sino alle sofisticate tecniche del professionista d'oggi. La sempre crescente conoscenza della genetica, e insieme i procedimenti scientifici moderni stanno aprendo un nuovo capitolo dell'analisi della mano, in quanto stiamo iniziando a riconoscere che i segni nelle mani sono un'impronta del nostro essere fisico e psicologico.

Uno Sguardo alla Mano
Introduzione alla Mano • Storia della Lettura della Mano • La Mano nella Comunicazione • L'Anatomia della Mano

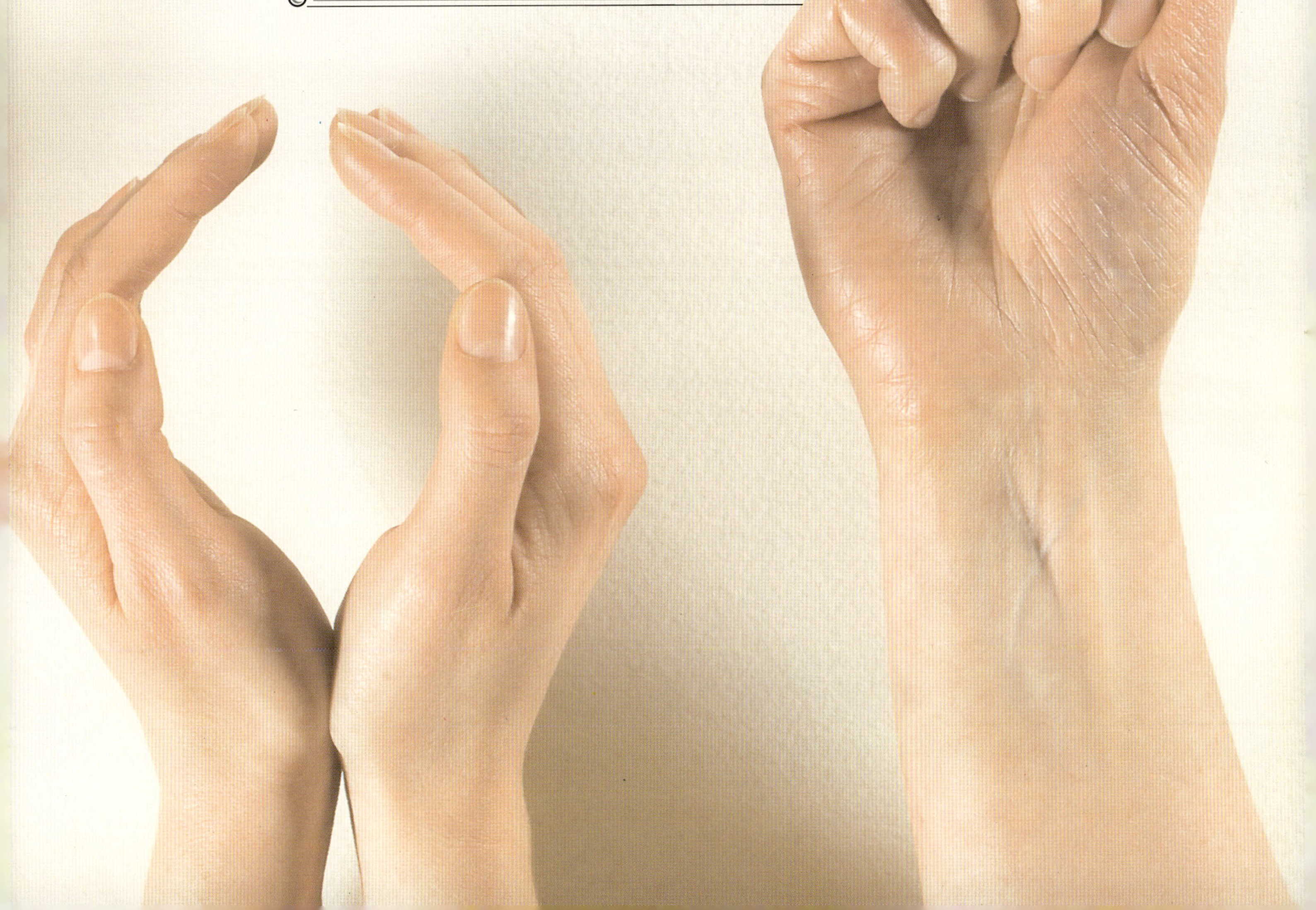

Uno Sguardo alla Mano

Ognuno di noi crede di conoscere le proprie mani e tende ad usarle automaticamente. Solo quando le esaminiamo con occhio critico cominciamo ad apprezzare i numerosi tratti interessanti che esse possiedono. Per comprendere e analizzare le vostre mani dovrete osservarne di volta in volta ogni singola componente: la forma e la struttura del palmo, la lunghezza e la struttura delle dita, la forza e la flessibilità del pollice, il taglio e la costruzione delle unghie, il disegno e la texture propria della pelle, la qualità e la formazione delle linee sul palmo. Ognuno di questi elementi della vostra mano, sia attraverso la forma, il colore, la temperatura, sia attraverso altre caratteristiche, darà informazioni sul vostro carattere e sulla personalità, sulle cose che amate e su quelle che non vi risultano gradite, sulle vostre motivazioni e sui desideri, su come vedete il mondo e vivete la vostra esistenza. L'analisi completa dei dati vi darà una visione più profonda del vostro essere e vi metterà in grado di delineare una sorta di puzzle, un profilo completo della vostra personalità.

Estremità delle dita e falangi
La forma della punta delle dita rivela come esprimete le vostre capacità. La lunghezza e lo spessore delle falangi sottolinea le vostre abilità particolari (pag. 38).

Le dita
Ogni dito rappresenta un aspetto particolare della vita. La sua forma e costruzione fa luce sull'importanza che voi gli assegnate (pag. 36).

Le unghie
Le unghie sono inestimabili per giudicare lo stato della vostra salute. Il loro colore, la condizione complessiva, la presenza delle lunette sono tutti elementi utili alla diagnosi. La forma e la grandezza delle unghie sono associate a tratti della personalità specifici che aiutano a costruire un profilo completo della persona (pagg. 44, 108).

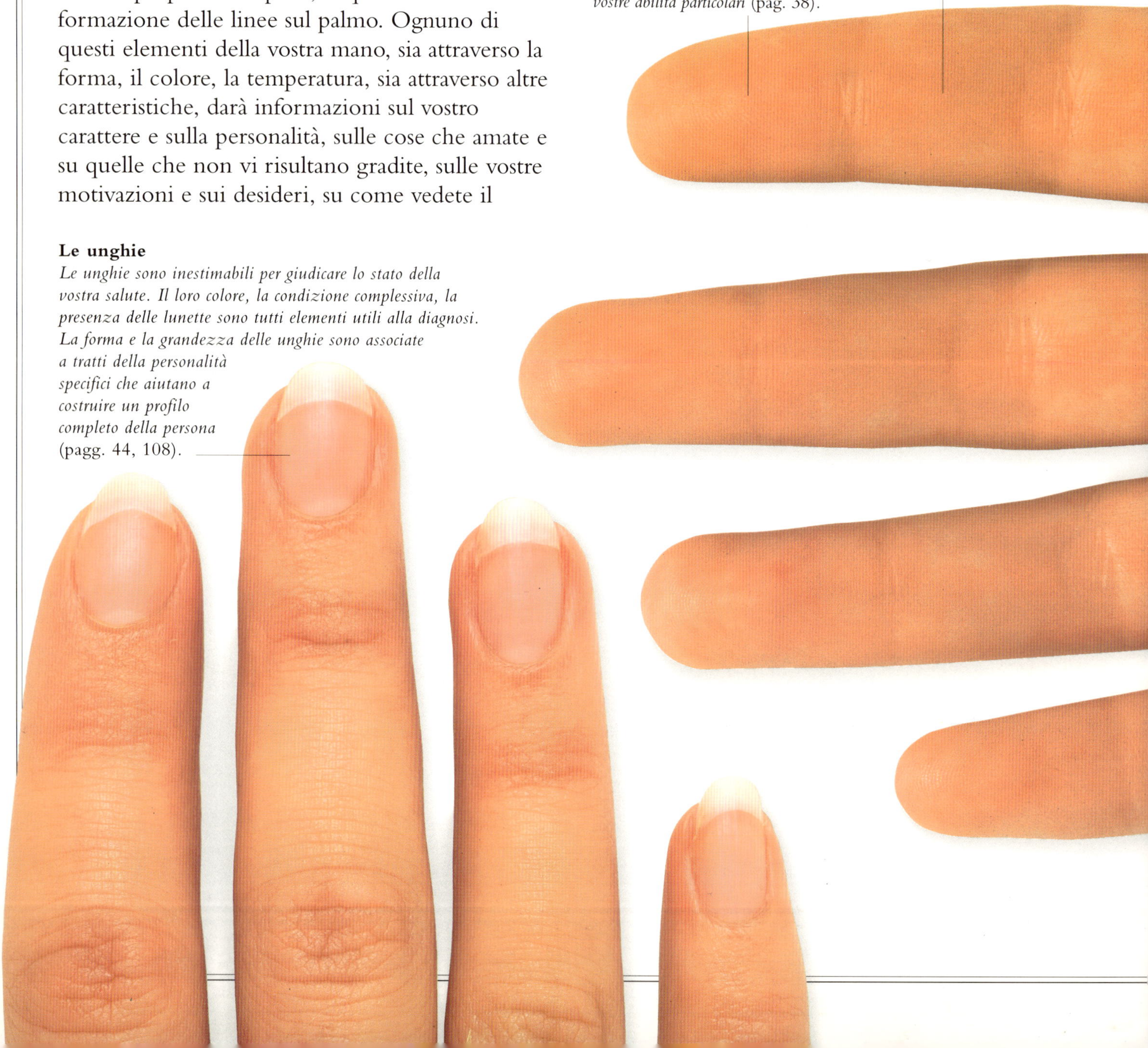

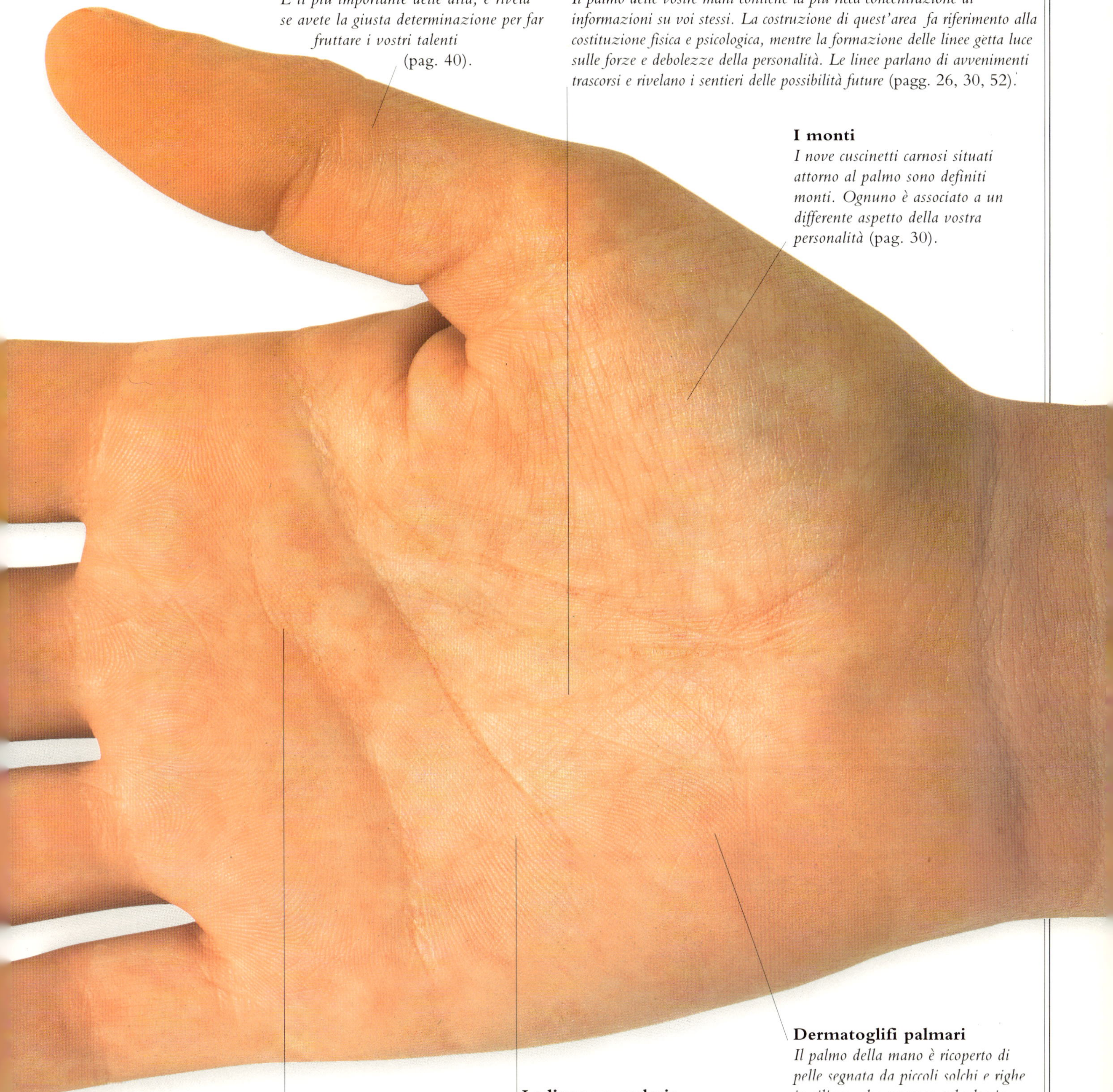

Il pollice
È il più importante delle dita, e rivela se avete la giusta determinazione per far fruttare i vostri talenti (pag. 40).

Il palmo
Il palmo delle vostre mani contiene la più ricca concentrazione di informazioni su voi stessi. La costruzione di quest'area fa riferimento alla costituzione fisica e psicologica, mentre la formazione delle linee getta luce sulle forze e debolezze della personalità. Le linee parlano di avvenimenti trascorsi e rivelano i sentieri delle possibilità future (pagg. 26, 30, 52).

I monti
I nove cuscinetti carnosi situati attorno al palmo sono definiti monti. Ognuno è associato a un differente aspetto della vostra personalità (pag. 30).

Dermatoglifi palmari
Il palmo della mano è ricoperto di pelle segnata da piccoli solchi e righe in rilievo, che scorrono talvolta in linee parallele, talvolta seguendo quei disegni familiari che chiamiamo impronte. Questi disegni danno informazioni sulla vostra personalità ed eredità genetica (pag. 48).

Le linee secondarie
Le altre linee presenti nel palmo in aggiunta a quelle principali vengono chiamate secondarie, e danno un'ulteriore profondità e rilievo al profilo della personalità (pag. 82).

Le linee principali
Comprendono le linee della Vita, della Testa, del Cuore, del Destino e di Apollo. Ognuna rappresenta un'area specifica della vostra vita e descrive le caratteristiche e gli avvenimenti ad essa associati (pag. 52).

INTRODUZIONE ALLA MANO

LE MANI sono la parte del corpo umano più flessibile e complessa. Con le mani modifichiamo il nostro ambiente, ed esse compiono ogni giorno milioni di azioni complesse: con esse provvediamo alle necessità fisiche essenziali per vivere, ci esprimiamo artisticamente e musicalmente, costruiamo il mondo attorno a noi. Inoltre, la sopravvivenza evolutiva e il successo della specie sono attribuibili al fatto che, in quanto esseri umani, siamo provvisti di pollici che consentono la presa.

Impronte di mani
Le impronte nella caverna Wargata Mina nella Tasmania sud-occidentale risalgono a 15.000 anni fa. Le impronte delle mani destra e sinistra di cinque persone furono disegnate soffiando dell'acqua mescolata a polvere colorata. Potrebbero essere state associate a rituali di iniziazione o a visite degli antenati.

Anatomicamente, le mani sono talmente importanti che il cervello dedica loro una grossa porzione della propria struttura rispetto ad altre parti del corpo. Dei duecento milioni circa di fibre nervose che costituiscono il cervello, un numero esorbitante viene assegnato alle mani, e non sorprende il fatto che, essendo così importanti, rechino impresse moltissime informazioni. Studiando l'antica arte dell'analisi della mano ed esaminandone la forma, le dita, i disegni presenti sulla pelle, le linee del palmo, scopriamo una ricca fonte di dati. La mano può rivelarsi un indicatore di carattere e personalità, uno specchio del temperamento e delle disposizioni individuali, una testimonianza del potenziale personale e un diario degli avvenimenti che si succedono nel corso dell'esistenza.

Mani dominanti e passive

Quando si valuta una mano, la questione del destrismo e del mancinismo e di quale mano dovrebbe essere studiata è di importanza fondamentale. I professionisti in materia da molto tempo hanno riconosciuto che ogni mano documenta e rivela differenti aspetti della vita. Negli individui destrimani la sinistra, o mano passiva, è associata al privato, all'intimo, all'immaginazione, alle reazioni istintive, alle abilità naturali e a quelle potenziali. Questa mano rivela informazioni sugli anni dell'infanzia, sulle tendenze ereditate e sulla salute congenita.

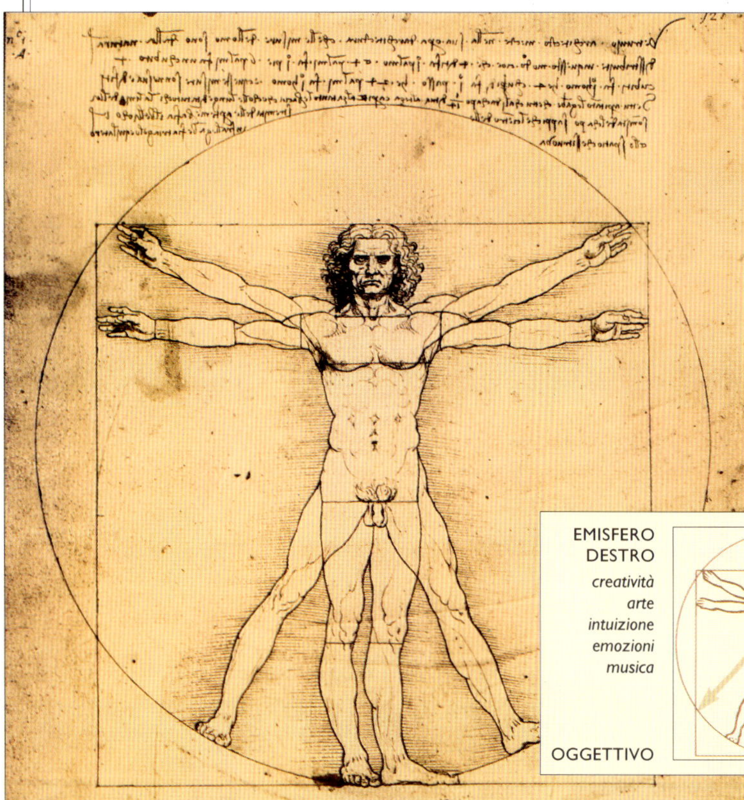

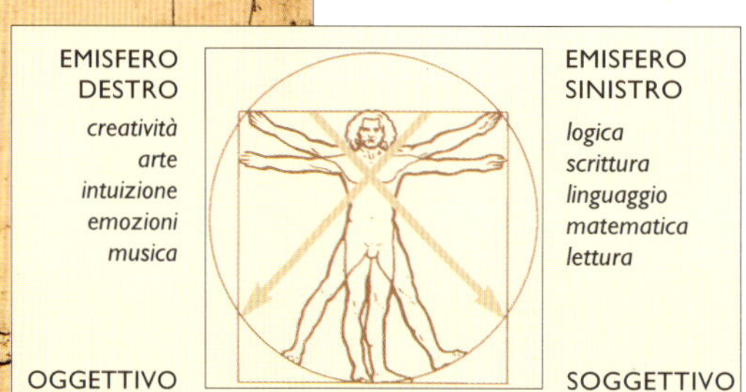

L'Uomo di Vitruvio
Il disegno di Leonardo da Vinci di un uomo ritratto con criteri di proporzione tali da inscriversi perfettamente all'interno di un quadrato e di un cerchio prese ispirazione dai principi codificati da Marco Vitruvio, architetto romano del I secolo a.C. Qui è illustrato l'uso delle mani. Per un destrimane l'emisfero sinistro del cervello controlla le funzioni logiche e il lato destro del corpo. L'opposto vale per coloro che sono mancini.

Rappresenta l'inconscio. La mano destra, o attiva, rivela l'immagine pubblica e mostra come gli individui si presentano al mondo esterno. I dettagli presenti in essa sveleranno informazioni sulle capacità di ragionamento, mostreranno come vengono utilizzati i talenti personali e come il potenziale individuale sia stato sviluppato. Contiene inoltre informazioni sulla salute e sull'evolversi degli eventi durante l'esistenza.

Il mancinismo

Della popolazione mondiale, una percentuale che va dal 10 al 20 per cento è mancina. La ragione scientifica si è trovata quando recentemente studi psicologici e fisiologici hanno confermato quanto i chirologi affermavano da millenni. La loro ricerca ha dimostrato che i due emisferi del nostro cervello controllano differenti funzioni. Nei destrimani il lato sinistro del cervello si occupa di argomenti "logici" come la lettura, la scrittura, il contare, il pensiero astratto, mentre il lato destro controlla le emozioni, la comunicazione non verbale, la memoria e i processi immaginativi, intuitivi e creativi.

I comandi di ogni emisfero attraversano e controllano il lato opposto dei nostri corpi, così il lato sinistro invia messaggi alla mano destra e viceversa. Ciò, di conseguenza, supporta il credo di coloro che analizzano la mano: i diversi elementi del carattere sono contenuti in entrambe le mani. Se siete mancini i ruoli sono invertiti. Il lato destro del vostro cervello regola le funzioni logiche e il sinistro quelle emotive. Perciò la vostra mano sinistra è la mano dominante e rappresenta il vostro io conscio, la mano destra è quella passiva e contiene informazioni sulla vostra infanzia e sul vostro potenziale innato.

La chiromante
La chiromanzia è stata un tema ricorrente nell'arte attraverso i secoli. Nel 1594 il Caravaggio (1573-1610) dipinse una zingara che legge la mano ad un nobile in La Buona Ventura *(La Chiromante).*

Storia della Lettura della Mano

Giudicando dal numero delle mani dipinte sulle pareti delle caverne preistoriche come quelle di Wargata Mina in Tasmania e Altamira nella Spagna del nord, sembrerebbe che gli uomini siano stati affascinati dalla mano sino dall'Età della Pietra. Infatti sono state riportate alla luce rappresentazioni di mani incise nella pietra, nel legno e nell'avorio o su oggetti ornamentali realizzati in metallo da antiche civiltà di ogni parte della Terra. Gli Etruschi, per esempio, seppellivano i loro defunti insieme a mani intagliate collocate accanto ai corpi. Nel corso della storia la mano è stata studiata, intagliata e dipinta; le sono stati conferiti poteri curativi e magici; è stata usata in modo simbolico e nei rituali, ed è stata indossata come talismano o portafortuna.

La sapienza degli zingari
Gli zingari venivano solitamente associati alla predizione del futuro e alla lettura della mano. Questa stampa, da un dipinto dell'artista fiammingo David Teniers (1610-1690), illustra una zingara che legge la mano di una nobildonna, probabilmente la moglie dell'artista.

Lettura della mano nell'antichità

La specificità delle impronte digitali deve essere stata nota in Cina fin dal 3000 a.C., quando l'Imperatore usava l'impronta del pollice come segno personale per sigillare i documenti. Ma la prova più antica che la mano venisse usata nella valutazione della personalità e per la previsione del futuro arrivò nel millennio successivo. Scritti sanscriti contengono riferimenti al "Samudrik Shastra", un sistema utilizzato per interpretare i segni della fortuna e le linee della mano. Testi simili sulla teoria e pratica della lettura della mano sono stati trovati nelle scritture vediche, mentre questa arte viene menzionata nella Bibbia e nei primi scritti semitici. L'espansione geografica della lettura della mano suggerisce che deve essere stata in uso presso gli antichi popoli Sumeri, Caldei e Babilonesi, sebbene nessuna prova esista ancora per determinarne il periodo storico.

Mani nobili
Questa incisione su legno ci mostra Barthélemy Coclès che legge la mano di un nobile. Coclès visse e lavorò nel XVI secolo nell'Italia del nord e scrisse diverse opere sulla lettura della mano e su altre forme di divinazione.

La diffusione della chirologia

La pratica della lettura della mano, conosciuta tradizionalmente come chirologia, si diffuse attraverso la Persia e l'Egitto fino alla Turchia e alla Grecia. La leggenda racconta che Aristotele (384-322 a.C.), durante un viaggio attraverso l'Egitto, scoprì un trattato su quest'arte su di un altare dedicato al dio Hermes. L'opera, si dice, era scritta in arabo con caratteri in oro. Tale fu l'impressione che Aristotele inviò il manoscritto ad Alessandro Magno (356-323 a.C.) esaltando il valore dell'opera, i suoi benefici e consigliandone lo studio a tutti gli uomini colti. Riconoscendone i meriti, Alessandro fece tradurre immediatamente in latino il trattato per renderlo accessibile ai dotti europei, pronti a intraprenderne lo studio. Nel primo millennio dopo Cristo in tutto il mondo quest'arte costituiva un importante ramo del sapere, considerato dai filosofi un mezzo per comprendere le dinamiche dell'uomo, e dai medici un indicatore diagnostico.

Professionisti autorevoli

Fu Aristotele che con gli scritti sulle funzioni della mano contribuì a diffondere questa pratica. La sua opera, *Chiromantia*, è uno dei testi più antichi tramandati su questo soggetto. L'oratore romano Quintiliano (35-95 d.C.) osservò il ruolo che gioca la mano nei riguardi della comunicazione e può essere considerato uno dei primi esponenti del linguaggio non verbale. I medici greci Ippocrate (ca. 460-357 a.C.) e Galeno (130-200 d.C.), considerati i fondatori della medicina moderna, erano entrambi informati sul consulto della mano come supporto clinico. Galeno studiò in particolare il pollice e Ippocrate esaminò le unghie per aiutarsi nella diagnosi. Giulio Cesare (102-44 a.C.), inoltre, sentiva di comprendere i principi della lettura della mano abbastanza da riuscire a giudicare i suoi uomini dalla forma delle loro mani.

Nell'antichità
Uno dei più antichi libri stampati apparsi sull'argomento fu scritto dal viennese Johann Hartlieb nel 1448. Il libro, Die Kunst Ciromantia, *fu finalmente stampato ad Augsburg nel 1475, malgrado il fatto che la pratica della lettura della mano fosse stata bandita dalla chiesa cristiana. Ironicamente, Hartlieb era un monaco.*

Il declino

Malgrado la lunga serie di sostenitori importanti e illuminati, la pratica della lettura della mano ebbe la sua parte di detrattori. Giovenale (60-140 d.C.), ad esempio, non fece alcun segreto della sua animosità nei confronti di coloro che leggevano la mano, considerati ciarlatani. Fu la chiesa cristiana, comunque, la responsabile del più grande danno inferto alla reputazione della pratica in Europa, nel tentativo di arginare le attività di professionisti privi di scrupoli. La chiesa cristiana attribuiva alla lettura della mano origini pagane. Nel 315 una condanna papale della chiromanzia e la minaccia di

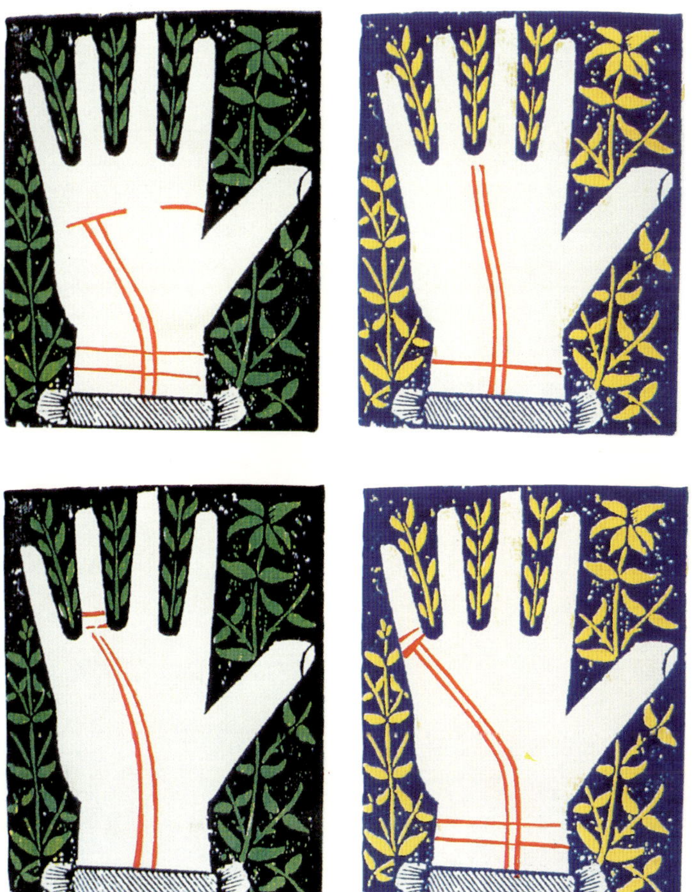

Mani incise nel legno
Illustrazioni colorate, di grande effetto, tratte dal Chiromantiae, *che fu scritto nella prima parte del XVI secolo da Barthélemy Coclès, l'autorevole chirologo italiano.*

scomunicare chi la praticasse represse l'esercizio della lettura della mano in Europa per il successivo millennio. In altri paesi invece, specie nel mondo arabo, la lettura fiorì e si sviluppò particolarmente nella medicina.

Cattive notizie
Tale fu la crescita della popolarità della chiromanzia nel corso della fine del XIX secolo che i vignettisti vittoriani furono pronti a farne oggetto di satira. Questa di George du Maurier apparve nella rivista Punch *del 12 febbraio 1887. Mostra una coppia cui è appena stato rivelato di essere incompatibile.*

Il Rinascimento

Il Rinascimento, con il fiorire delle arti e della letteratura e la proliferazione di idee su natura e universo testimonia un rinnovato interesse e accettazione della pratica. L'*intellighentia* del tempo, che include personalità di spicco come Paracelso (1493-1541), e più tardi Robert Fludd (1574-1637), conferiranno nuova rispettabilità e autorità a quest'arte con scritti e osservazioni personali.

Ostacoli

Mentre la lettura della mano risorgeva in Europa ed era persino insegnata nelle università tedesche, in Inghilterra il suo cammino incontrò un altro ostacolo quando il Parlamento approvò la legge che la proibiva. Questa volta fu la crescita della curiosità scientifica nel XVIII e XIX secolo, e in particolare il desiderio vittoriano di ampliare i confini della conoscenza che restituì alla lettura della mano una dignità scientifica trasformandola in modo radicale.

La scienza e la mano

In Occidente sono numerosi i protagonisti che hanno contribuito allo sviluppo dell'analisi della mano e che le hanno conferito una vera e propria validità scientifica. Due pionieri dei dermatoglifi palmari furono il medico del XVII secolo Nehemiah Grew, che tenne conferenze sullo studio delle impronte digitali nel 1684, e Jan Purkinje, che pubblicò la sua tesi sui disegni delle impronte digitali sin dal 1823.

Stanislas D'Arpentigny (1798-1865) e Adolph Desbarrolles (1801-1865) dimostrarono che le mani possono essere classificate a seconda

Mani famose
Il conte Louis Hamon, il chirologo più singolare e celebre del mondo, nacque in Irlanda , e forgiò il suo nome d'arte Cheiro dalla parola greca kheir (mano). Visse alla fine del secolo scorso e venne consultato da persone famose, inclusi uomini di stato e regnanti.

Il tocco personale
Da molto le impronte dei pollici sono state riconosciute in Cina per la loro unicità. Impresse nei frammenti di antiche terracotte come una sorta di firma, ispirarono l'uso delle impronte per l'identificazione dei criminali.

della loro forma. Il dottor Carl Carus, medico personale del re di Sassonia nel XIX secolo, collegò i vari tipi di mano alle diverse caratteristiche della personalità. Il professore francese di patologia N. Vaschide pubblicò invece nel 1884 un trattato su psicologia e mano. Proseguendo nel tempo, progressi nel campo della genetica, psicologia e medicina legale, specie dalla fine del XIX secolo, hanno fatto evolvere lo studio della mano fino ad oggi.

Impronte digitali

La scoperta dell'unicità dei dermatoglifi e la catalogazione delle impronte rivoluzionò il lavoro della polizia a livello mondiale.Questo avvenne quando nel 1901 Scotland Yard adottò la tecnica delle impronte nell'identificazione dei criminali e nelle investigazioni.
Da allora, lo studio dei disegni della pelle – altrimenti conosciuto come scienza dei dermatoglifi – ha scoperto una corrispondenza tra anormalità genetiche e segnature insolite della mano. Ulteriori ricerche hanno recentemente confermato il legame tra specifici disegni delle impronte e malattie di cuore. Psicologi come Hugo Debrunner, che studiò tipologie e gestualità come medico nell'esercito svizzero all'epoca della seconda guerra mondiale, e Charlotte Wolff, che scrisse numerosi articoli sull'argomento tra i quali citiamo "La mano umana" (1942) e "Le mani nella diagnosi psicologica" (1952), hanno documentato il rapporto tra comportamento e gesti compiuti con mani e dita.

Oriente e Occidente

La lettura della mano condotta in Oriente continua ad essere essenzialmente un'arte intuitiva e radicata nelle sue origini e tradizioni, in netto contrasto con l'enfasi di tipo scientifico che i chirologi occidentali pongono generalmente nelle loro analisi.
Questo, comunque, non invalida assolutamente la pratica orientale, infatti molto si può acquisire dal suo approccio.
L'arte della lettura della mano è tenuta in grande considerazione in tutto l'Oriente dove i professionisti vengono consultati giornalmente a proposito di un ampio spettro di questioni.
Sia lo Stato che la religione, piuttosto che condannarne l'uso, l'accettano come parte del patrimonio culturale e come specifico ramo del sapere costituito.

Danzatrice digitale
Rappresentazioni di danze classiche orientali del Thai e del Kathakali incorporano gesti espressivi e precisi movimenti della mano. Qui la Kathak, o narratrice professionista, usa le mani per raccontare la storia, e ogni gesto porta con sé un significato prontamente compreso dal pubblico.

LE MANI NELLA COMUNICAZIONE

LA COMUNICAZIONE, che è essenzialmente il trasferimento di informazioni da una persona ad un'altra, è una abilità acquisita. Impariamo a comunicare dal momento in cui veniamo al mondo, impariamo a parlare e a capire, imitiamo il comportamento di coloro che ci stanno intorno, e valutiamo l'impatto delle nostre parole e azioni in base alle risposte altrui. Apprendiamo presto che la comunicazione non è solo l'espressione dei nostri pensieri attraverso le parole, ma che possiamo anche trasmettere messaggi senza usare le parole, attraverso la postura del corpo, il variare delle espressioni facciali e l'uso delle mani.

Trionfo
Sollevare le braccia in alto nell'aria è uno dei gesti usati per indicare il trionfo. F.W. de Klerk e Nelson Mandela alzano le braccia in un gesto che significa successo politico. Le loro mani sono unite come simbolo dell'unità dei popoli della loro nazione.

Il linguaggio del corpo

Quando comunichiamo con una persona, non solo ascoltiamo ciò che dice, ma raccogliamo anche dai suoi gesti alcuni indizi, e questa è conosciuta come comunicazione non verbale. In maniera inconscia diamo informazioni su noi stessi e riceviamo messaggi da coloro che ci circondano.

Pur usando ogni parte del corpo per dare informazioni "silenziose" su noi stessi, i nostri volti sono forse il mezzo più espressivo per inviare una gamma di segnali (dall'amore all'odio, dalla felicità alla rabbia).

Le espressioni facciali – come muoviamo la bocca, gli occhi, le sopracciglia, persino come teniamo la testa – sono le più facili da controllare, mentre altre parti del corpo non lo sono, e questo solitamente accade perché non siamo consapevoli dei movimenti che compiono.

Le azioni che coinvolgono le mani, ad esempio, sono numerose e rivelatrici in un modo altrettanto efficace quanto quello delle espressioni facciali. Ma queste – come è noto – sono molto più difficili da nascondere. Quando esiste un conflitto o una contraddizione tra ciò che diciamo e gli indizi non verbali che trasmettiamo, allora la risposta sarà diretta proprio al linguaggio del corpo piuttosto che al linguaggio verbale come comunemente esso viene inteso.

Stretta di mano
Una stretta di mano significa dominio se la mano sopra sta a palmo in giù, oppure sottomissione, se il palmo è a faccia in su, oppure parità, come in questo caso tra Gorbachev e Reagan. Le mani sono in posizione verticale, comunicando il rispetto e la relazione paritaria.

Indicare
Un pugno con il dito indice esteso è un segnale-guida nato per indicare sia una persona che una direzione. Puntare il dito nell'aria verso qualcuno è un segnale di aggressione. In questo caso il gesto, indicando direttamente chi guarda, diventa un comando autorevole che costringe a prestare attenzione e a fare quanto viene detto.

Benedire
Un gesto familiare dei prelati nell'atto di impartire una benedizione è tenere l'indice e il medio accostati e sollevati, come fa qui Papa Giovanni Paolo II. La benedizione tradizionale greca è simile, ma il pollice e l'anulare attraversano incrociati il palmo.

La gestualità e la mano

Le persone con le mani vicino al corpo tendono all'introversione, e stanno probabilmente sulla difensiva. Al contrario, coloro che spalancano le mani in gesti ampi tendono ad essere estroversi e richiedono pertanto per sé un'area più vasta di spazio per esprimere la propria personalità.

Le mani sprofondate nelle tasche, o i palmi nascosti, comunicano la sensazione del segreto, mentre quelle con il palmo verso l'alto sono considerate segno di apertura. Storicamente, i palmi aperti probabilmente dimostravano che ci si poteva fidare, in quanto non vi erano armi nascoste. Il significato delle braccia tese varia, in base a come si presentano le mani. Con i palmi rivolti verso l'esterno a fronteggiare l'avversario, il messaggio implica un rifiuto o il segnale "fuori di qui" o "mantieniti a distanza". Se i palmi sono rivolti in giù, il segnale è di pacificazione. Un solo braccio proteso, con la mano a coppa e il

La scintilla della vita
Sul soffitto della Cappella Sistina a Roma, Michelangelo ha dipinto Dio che trasmette la scintilla della vita alla mano inerte, con l'indice di Adamo. Il gesto ricorda il tocco del guaritore che restituisce la salute al malato.

La mano nell'arte

Attraverso i secoli la mano È stata dipinta nell'arte come un simbolo

SIN DALL'ANTICHITÀ le mani sono state usate nelle caverne, nei disegni, nelle sculture e nelle arti in genere come simboli di comunicazione. Particolari posizioni delle dita o gesti della mano, coevi alle età e civiltà, comunicavano un messaggio che era riconosciuto istantaneamente da coloro che capivano il simbolismo. L'arte antica egiziana e quella semitica, ad esempio, indicavano il potere celestiale con una mano dipinta nel cielo. La pittura religiosa europea rappresentava la Santa Trinità allungando il pollice, l'indice e il medio di una mano. Vi erano guide scritte che davano istruzioni ai pittori su come la mano doveva essere posizionata in particolari atteggiamenti cristiani, quali ad esempio la benedizione. Il dito indice rivolto verso l'alto è stato spesso inteso come la rappresentazione del grande potere di Dio in cielo.

Il segno "V"
Questo segno, ben noto come gesto d'insulto, ha le sue radici nelle tattiche di guerra del Medioevo. Nella battaglia di Azincourt del 1415, i francesi tagliarono le dita degli arcieri inglesi che avevano catturato per impedire loro di adoperare frecce ed arco. Gli arcieri inglesi rimasti liberi solevano agitare le loro dita in faccia ai francesi in segno di scherno e disprezzo.

Supplica
L'unione palmo contro palmo delle mani indica tradizionalmente la preghiera. Talvolta i pollici sono incrociati uno sopra l'altro per indicare il ripiegarsi della volontà nei confronti di un bene molto grande. Quando il gesto dell'unione dei palmi avviene fuori del contesto religioso è un segnale di persuasione o di supplica.

palmo in su, è un noto segno di accattonaggio, ma se entrambe le braccia sono protese, il gesto diventa un invito o un benvenuto.

Il ruolo del tatto

Toccare o tenere per il braccio o per il gomito è una convenzione accettabile quando si guida una persona, la si indirizza o si vuole attirare la sua attenzione. Toccare o tenersi per mano, invece, è un gesto più personale tra persone che si conoscono. L'eccezione è la stretta di mano che, essenzialmente gesto di saluto o benvenuto, offre una ricca serie di dati e informazioni sugli individui e sul reciproco rapporto tra loro. Una stretta floscia suggerisce una personalità di tipo debole. Una presa forte sottolinea una tipologia dominante; se si aggiunge una pressione violenta, il messaggio è di tipo ostile e intimidatorio. Una stretta più lunga del normale rivela interesse o attrazione particolare.

Agitare la mano
Agitare la mano per salutare è un gesto che può essere compiuto in vari modi. Nell'Europa del nord si agita la mano mostrando il palmo da un lato verso l'altro. In Italia invece il palmo viene girato e le dita agitate su e giù.

Gesti delle dita e del pollice

Numerosi gesti coinvolgono le dita usate singolarmente oppure in combinazione le une con le altre. Così possiamo rilevare alcune situazioni costanti che elenchiamo a seguito.
Il dito indice è il più versatile nella conversazione non verbale. Indicando l'ego, è logico che venga adoperato per richiamare l'attenzione verso di sé, o agitato nell'aria, per sottolineare, ammonire, mostrare ira o per deridere.
La maggior parte dei gesti volgari sono fatti con le dita, in particolare con il medio teso, come insulto sessuale. L'anulare non ha funzione preminente nel linguaggio dei gesti, forse perché è incapace di mantenersi eretto da solo. Mentre spesso a sua volta il mignolo alzato è associato all'affettazione.
Il pollice è il dito più importante; rappresenta forza di volontà, determinazione e controllo. Viene usato in un ampio spettro di segni che variano nel mondo a partire dai comandi per arrivare alle conferme, passando attraverso insulti e dimostrazioni di superiorità.

Il linguaggio della mano

La mano è sempre stata usata nella comunicazione, e per alcuni è il solo modo in cui farsi capire

L'USO DEI SEGNALI COMPIUTI CON LA MANO come parte della comunicazione non verbale rientra in tre grandi categorie. La prima comporta la diretta comunicazione del messaggio: premere il dito indice allungato sulle labbra, ad esempio, comunica silenzio. Il secondo comprende il meccanismo regolatore all'interno di una conversazione; qui i segnali del corpo aiutano il dialogo, a sveltirlo o rallentarlo o, nel caso in cui si sollevi la mano, a interromperlo per dare l'opportunità di far partecipare alla conversazione un'altra persona. La terza categoria descrive l'espressione oppure il controllo delle proprie emozioni: grattarsi il capo per dimostrare perplessità è un esempio, un altro è portare la mano alla bocca in segno di spavento. La persona può adoperare questi gesti incosciamente, anche nella risposta.

Indiani d'America
Il linguaggio dei segni consente la comunicazione anche a distanza. Alzare e abbassare l'indice è un segno di conferma e riconoscimento degli Indiani d'America.

Per chi non può ascoltare
Nella lingua speciale dei sordi è la mano che parla. Le parole vengono comunicate attraverso i gesti del braccio e della mano, oppure sillabate, utilizzando le dita per formare le lettere dell'alfabeto. A fianco, le lettere che compongono il nome dell'autrice.

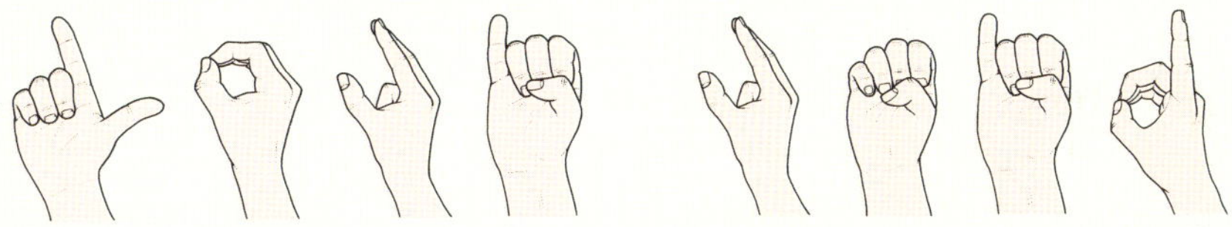

Differenze culturali

Quando si studiano la gestualità e il linguaggio del corpo, è importante tenere presente le differenze culturali. Alcuni gesti e segnali differiscono per singole nazioni e per razze diverse.
Così per esempio il classico pollice teso dell'autostoppista viene inteso come una richiesta di passaggio nella maggior parte del Nord Europa, mentre invece in Grecia non è gradito, poiché è considerato un pesante insulto personale. Rappresentando il prodotto antico di culture molto diverse tra loro, pochissimi sono i segni davvero universali.

Vittoria
Il gesto caratteristico di Churchill per indicare vittoria si allontana in modo significativo dall'insulto espresso con la stessa lettera. In questo segno il palmo è rivolto frontalmente e indica che non c'è nulla da nascondere. Viene associato con il successo e il trionfo, frequente negli atleti che hanno vinto una gara.

Agitare l'indice
Come scuotere la testa, significa "no". Però agitare tutta la mano con l'indice sollevato spesso accompagna un rimprovero a voce, specialmente quando si tratta di gestualità rivolta da un adulto nei confronti di un bambino.

L'ANATOMIA DELLA MANO

GALENO, IL MEDICO GRECO, studiò e descrisse le funzioni della mano nel primo secolo dopo Cristo; ne notò e osservò la grande capacità di manipolare, afferrare, sentire e toccare. Infatti, la mano è la parte più versatile dell'anatomia umana: la combinazione di 27 piccole ossa e di 37 muscoli dello scheletro, uniti alle ossa per mezzo di tendini, rende la mano uno strumento ingegnoso capace non solo di una forte presa, ma anche di una manipolazione precisa e delicata. Ma ciò che rende le mani uniche è il fatto che possiamo unire le estremità del pollice e delle altre dita. Ciò permette un'ampia possibilità di movimento e anche l'immensa sensibilità delle punte delle dita.

IL TATTO

IL NOSTRO SENSO DEL tatto è particolarmente acuto nelle mani perché qui sono concentrati specie nelle estremità, i recettori del tatto, o nervi sensori. Mediamente possediamo un centinaio di terminazioni nervose per centimetro quadrato contro le cinque che si trovano nelle zone meno sensibili del nostro corpo.

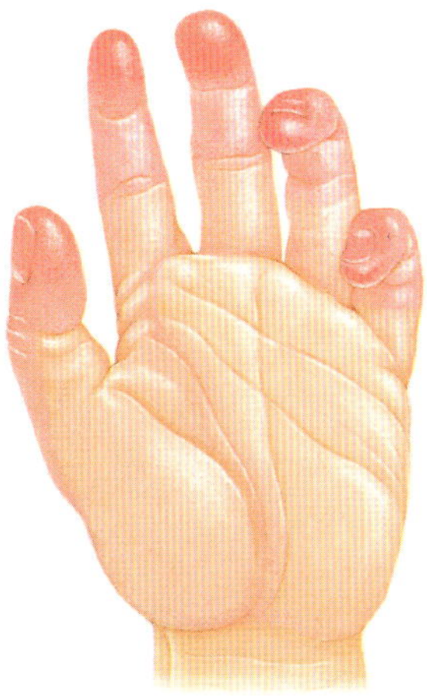

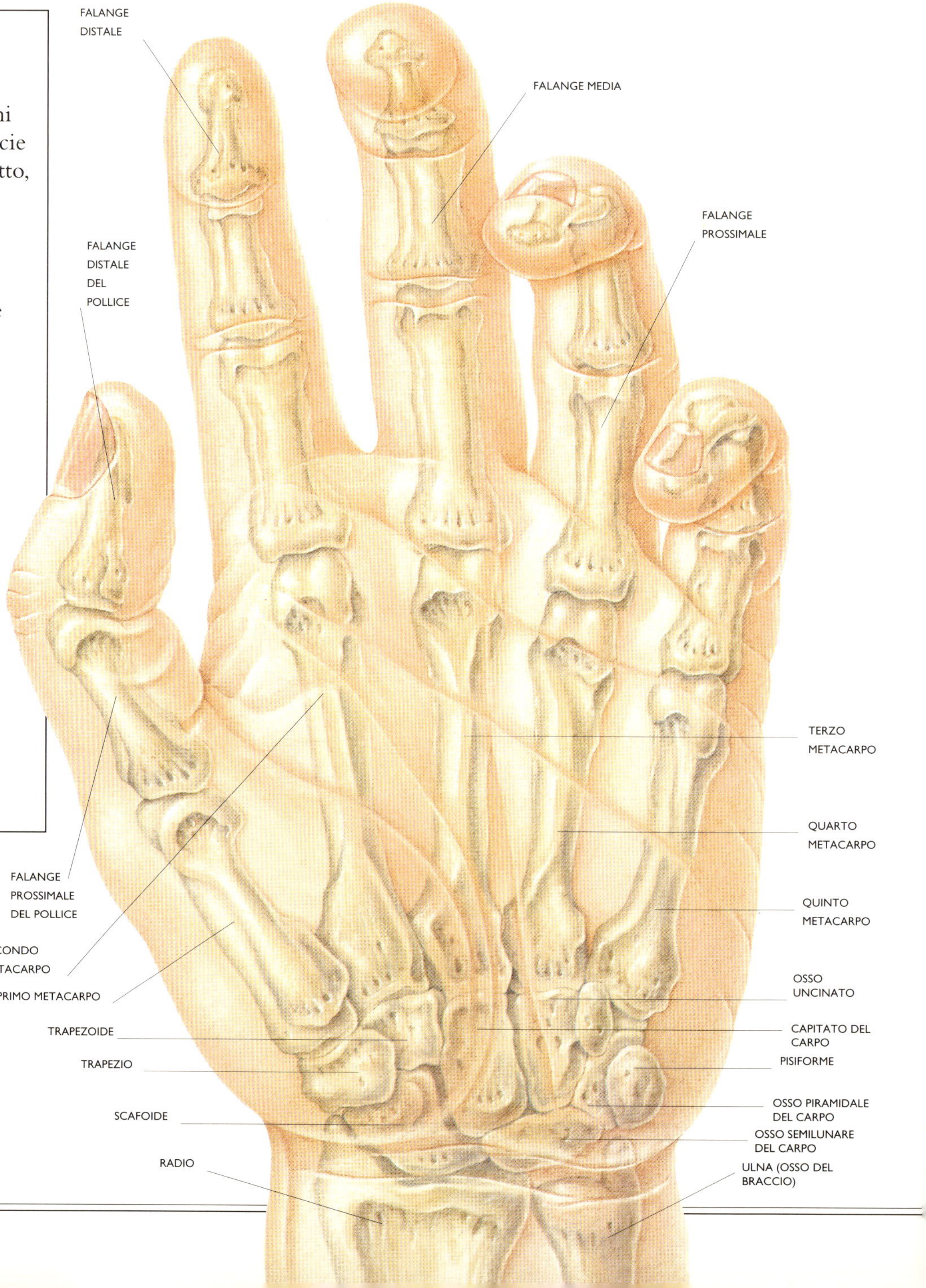

Le ossa della mano
Nella mano sono presenti 27 ossa. Di queste, 8 si trovano nel polso, o carpo, sistemate in due file interdipendenti atte a consentire l'articolazione o ad agire come ammortizzatori. Da qui si allargano nel palmo cinque ossa metacarpali, fino ad unirsi alle quattordici falangi che formano le dita: tre per ogni dito e due per il pollice.

La Struttura della Pelle

La pelle, l'organo più esteso del nostro corpo, è composta da due strati: l'epidermide esterna e il sottostante derma, che contiene i vasi sanguigni, i follicoli piliferi, le ghiandole sudoripare e le terminazioni nervose. Sul dorso la pelle è sottile e ricoperta di peli, mentre la pelle del palmo è più spessa e ricoperta di solchi e righe, identificati come i disegni delle nostre impronte.

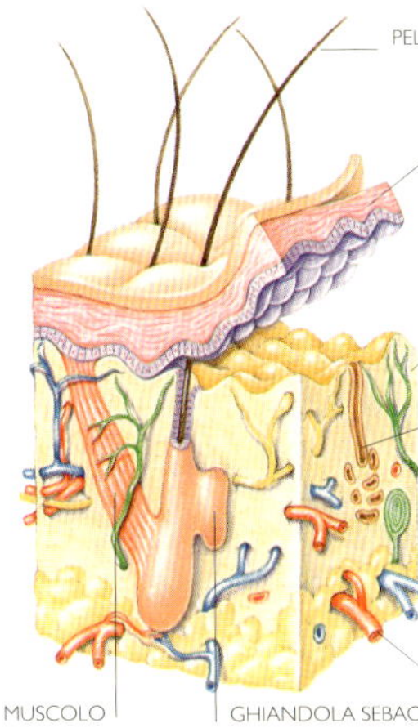

Le Unghie

Le estremità delle dita sono la zona più sensibile della mano, perciò sono protette dalle unghie. Queste sono composte di cheratina, una proteina che si trova anche nei capelli. Dapprima la cheratina è morbida come un gel, poi si indurisce in strati compressi man mano che l'unghia si fa strada, come un piccolo ghiacciaio, oltre la matrice e il letto sino al termine. Per crescere dalla cuticola all'orlo occorrono circa sei mesi.

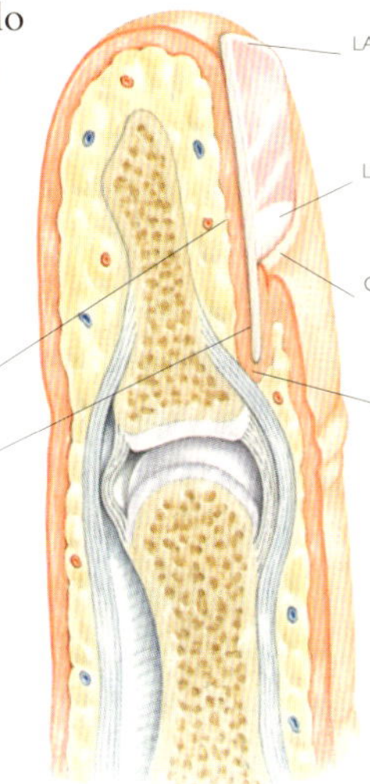

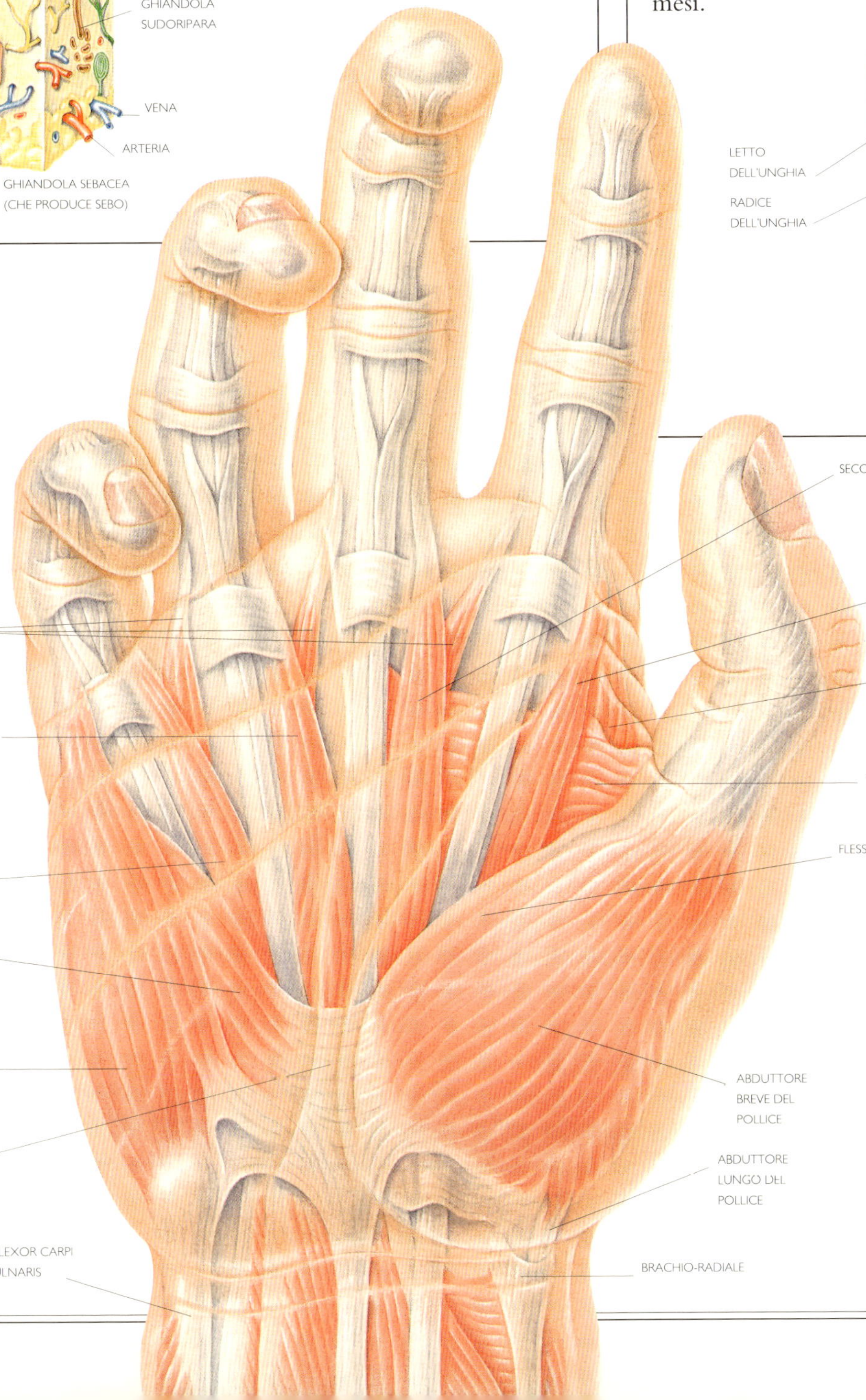

I muscoli della mano

I muscoli dell'avambraccio conferiscono potenza alla mano. Da questi muscoli i tendini passano nel polso sotto una fascia fibrosa attorno alle ossa carpali, poi si allargano attraverso il palmo fino alle dita. Un insieme di tendini unito alle dita e controllato da una serie di muscoli posti in cima al palmo rende possibile il loro piegamento.

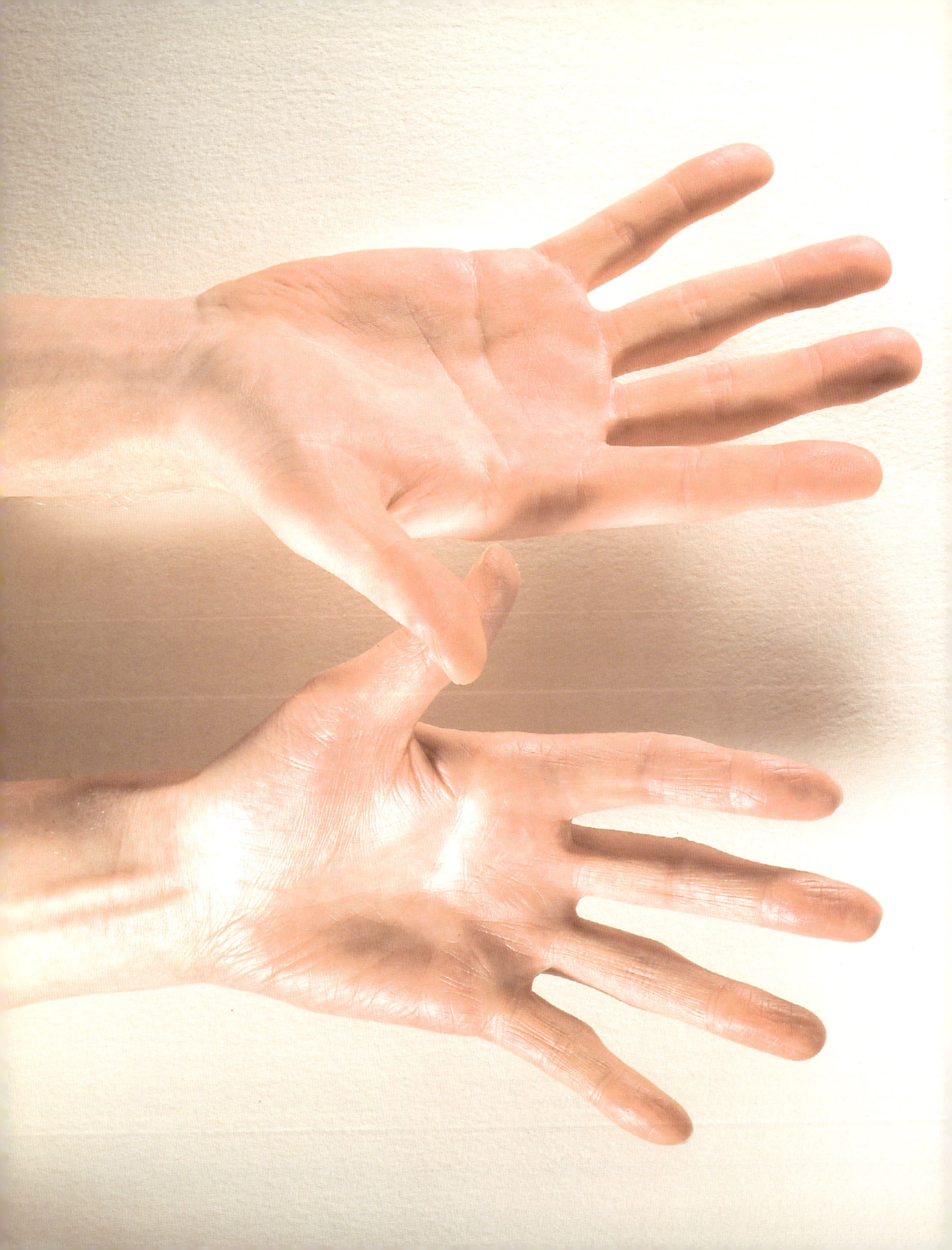

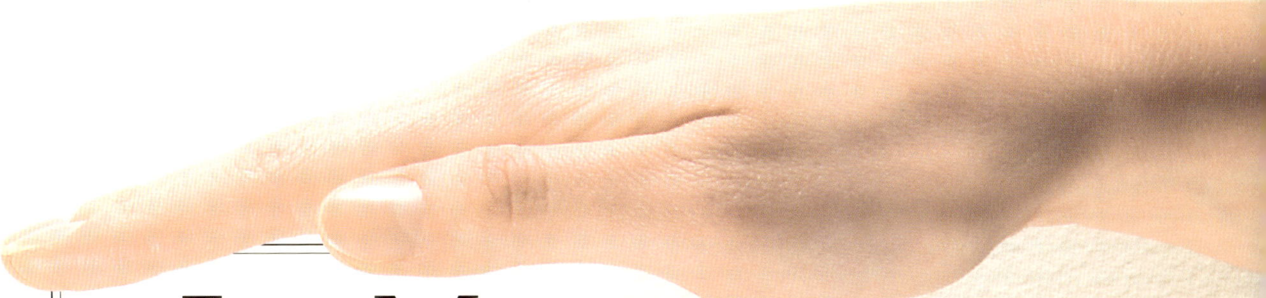

La Mano

Le mani hanno numerose forme e dimensioni e non ne esistono due uguali. La vostra mano è veramente unica: è proprio il vostro sigillo personale.

Leggere la Mano • La Forma della Mano
I Monti • I Contorni • Le Dita
Le Punte e le Falangi • Il Pollice
Le Unghie • Le Impronte Digitali
I Dermatoglifi Palmari

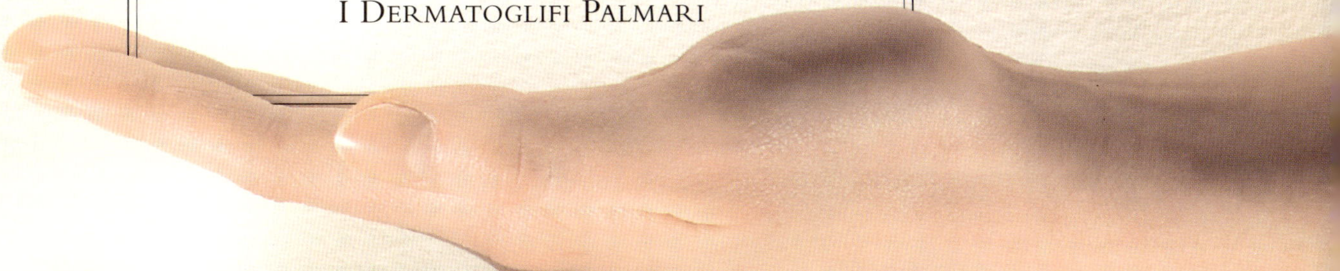

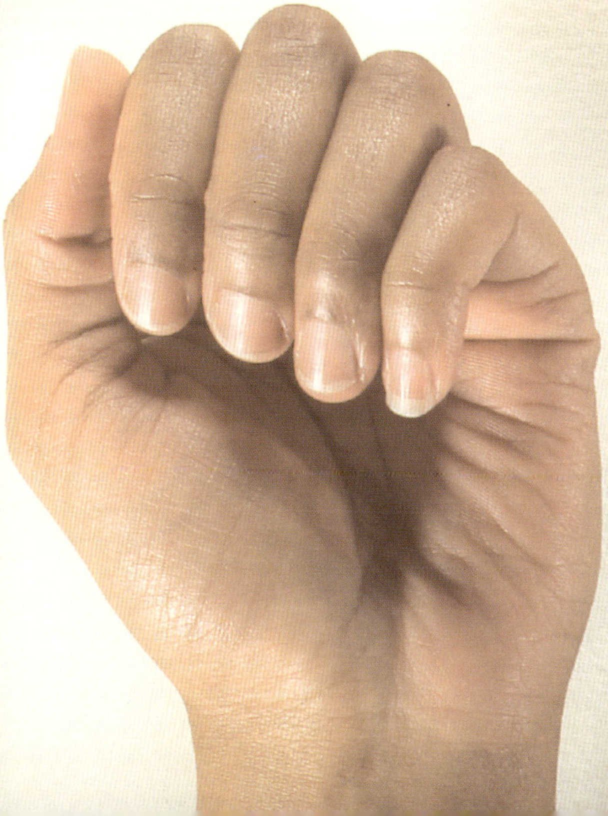

Leggere la Mano

Dalla forma base della vostra mano alla linea più piccola del palmo, dai disegni sulle estremità delle dita alle rascette in cima al polso, ogni singolo tratto presente in essa contiene informazioni su di voi.
Studiare la vostra mano per mezzo dell'impronta è uno dei migliori mezzi di valutazione. Le impronte sono essenziali per rivelare i dettagli minuti, difficili altrimenti a rilevare. Prese ad intervalli, offrono un diario degli eventi sperimentati nel corso dell'esistenza; prese dalla mano di un bambino, registrano la sua crescita.

Come fare un'Impronta della Mano

Prendere le impronte può essere un lavoro fastidioso, specie quando le dita muovendosi imbrattano la carta, o quando non si riesce ad imprimere qualche zona della mano. Un po' di tempo e pratica aiuteranno a perfezionare la tecnica, e i risultati compenseranno l'impegno. Avere il materiale adatto aiuta, ma con un po' di ingegno riuscirete a trovare le giuste alternative. Così la copertina lucida di una rivista può sostituire un vetro, mentre un mattarello potrà essere usato al posto del rullo dello stampatore.

Materiale

- Inchiostro da stampa solubile
- Lastra di vetro o foglio di plastica
- Coltello da cucina
- Rullo da stampa di 10 cm.
- Matita temperata o pennarello
- Fogli di carta

1 Premere un po' di inchiostro sulla lastra di vetro. Usare un inchiostro da stampa solubile, per poterlo rinnovare con acqua e sapone, altri tipi di inchiostro richiederebbero solventi.

2 Con il rullo spargere un leggero strato uniforme di inchiostro; continuare fino ad aver una leggera pellicola priva di bollicine. Il rullo dovrebbe essere coperto dall'inchiostro in modo uniforme, se è troppo denso oscurerà le linee del vostro palmo.

3 Iniziando dal polso e proseguendo verso le dita, passare il rullo sulla mano, cercando possibilmente di farlo in una sola volta per evitare una sovrapposizione. Si dovrà coprire la mano fino alle estremità delle dita e far scorrere il rullo sugli orli del palmo e delle dita, ritoccando ogni spazio scoperto.

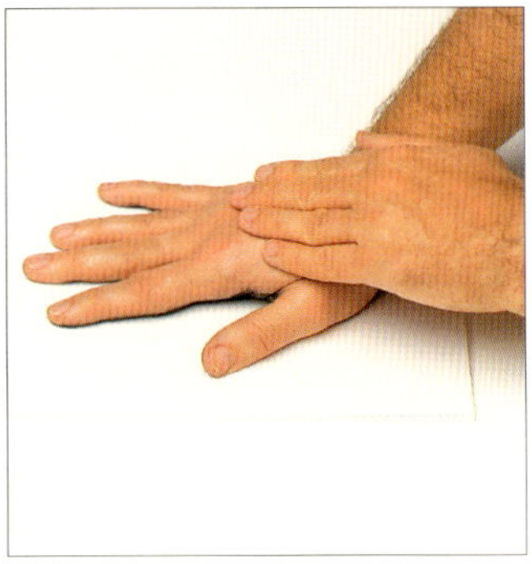

4 Scuotere con delicatezza la mano per rilassare le articolazioni, poi posarla nel modo più rilassato possibile sulla carta e premere leggermente.

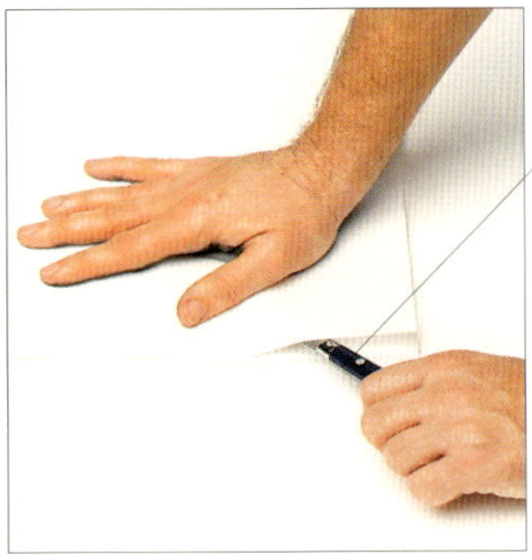

5 Far scivolare il coltello sotto il foglio, farlo scorrere attorno alla parte inferiore della mano e del polso, premendo sui contorni e sulla cavità del palmo. Questo fa sì che anche le linee dell'incavo della mano rimangano impresse.

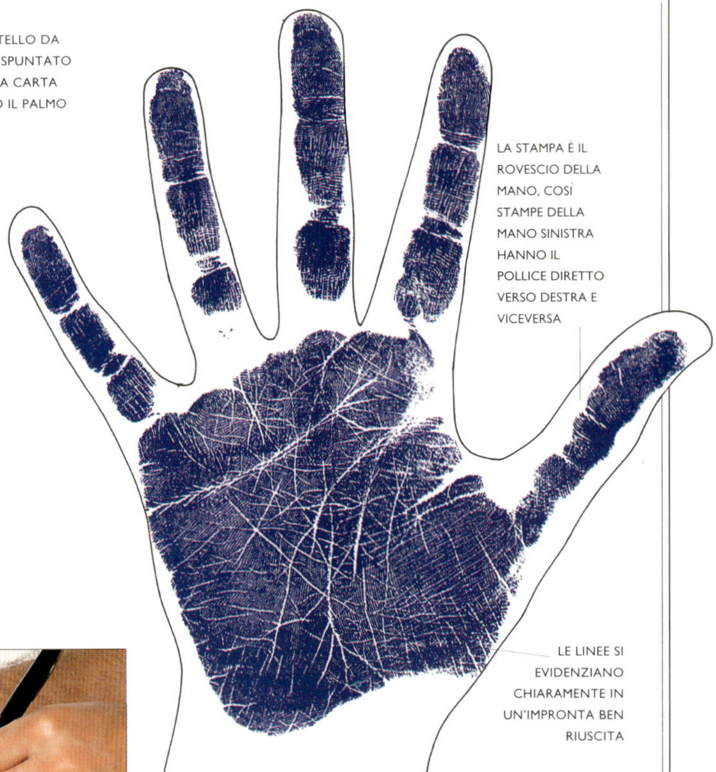

6 Ora disegnare il contorno della mano con 2-3 cm. di polso. Se la stampa non è chiara girare il palmo verso l'alto, mettervi la carta sopra e premere.

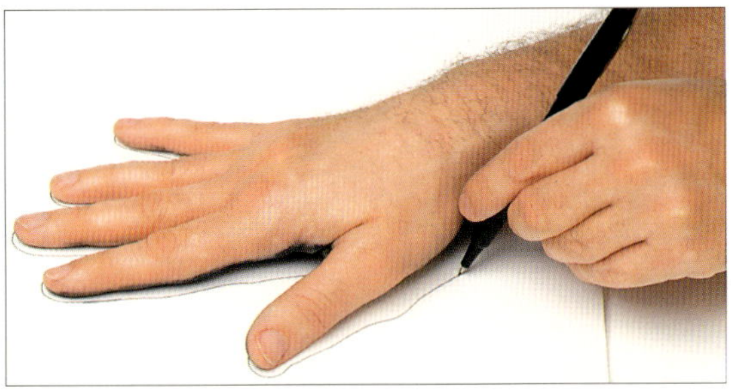

7 Ricordate di scrivere la data, il vostro nome e la data di nascita, e se siete mancino o destrimane. È opportuno fare la stessa cosa anche quando si prendono le impronte di parenti o amici.

Come Ottenere l'Impronta del Pollice

Per l'analisi è importante essere in grado di studiare il pollice, il quale raramente si evidenzia in modo chiaro quando si prende l'impronta della mano. Perciò è utile prendere un'impronta speciale del solo pollice; così come anche il contorno del pollice è importante per costruire un profilo della personalità *(pag. 40)*.

Materiali

Si può adoperare quello usato per prendere l'impronta della mano. In alternativa adoperare il cuscinetto d'inchiostro, ricordando però che può richiedere l'uso di speciali solventi.

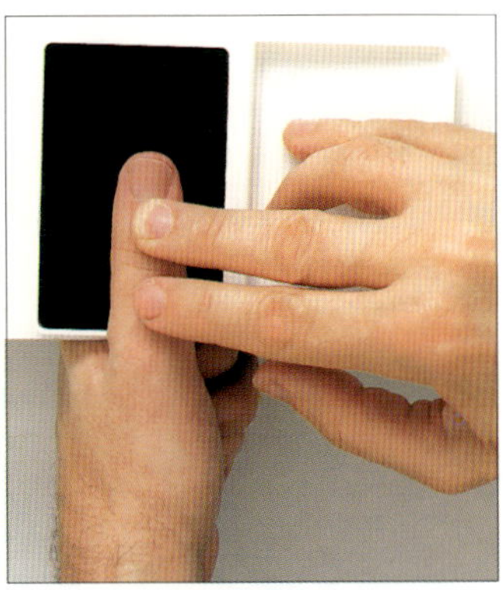

1 Ricoprite il pollice con un sottile strato d'inchiostro oppure, con un cuscinetto, premetelo su di esso ruotandolo da un lato all'altro per coprire l'intero dito.

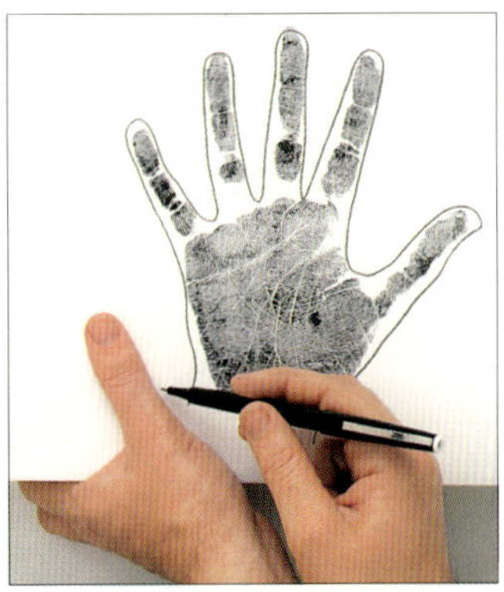

2 Che si tratti dell'impronta del pollice, o che esso venga aggiunto alla stampa della mano, posizionare la carta contro il bordo così che la parte piatta e la membrana si appoggino bene sul foglio.

3 Disegnare il profilo del pollice e annotare se si tratta del destro o del sinistro. Assicuratevi che al pollice corrisponda la relativa mano.

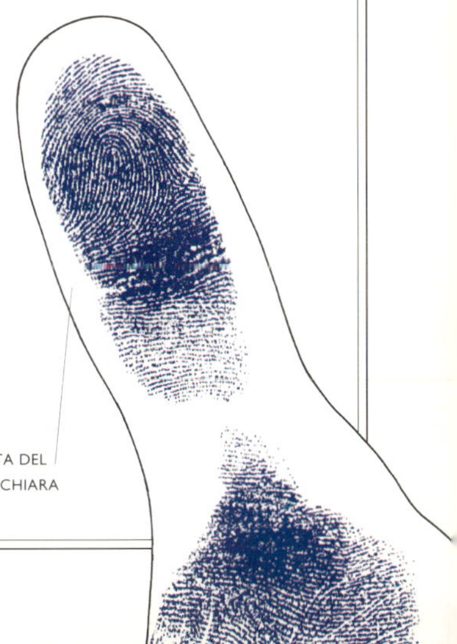

La Forma della Mano

Uno dei compiti più importanti dell'arte di leggere la mano è quello di imparare a identificarne la forma e stabilire a quale categoria appartenga. La forma infatti determina il carattere di base e costituisce il primo mattone per la costruzione del profilo. Tutte le mani rientrano in quattro categorie, a seconda che il palmo sia rettangolare o quadrato, le dita lunghe o corte. Ognuna di queste categorie, classificate come terra, aria, fuoco e acqua descrive un insieme di caratteristiche che sono comuni a tutti i componenti del gruppo.

La Mano di Terra

Le mani che appartengono a questa categoria hanno il palmo quadrato e le dita corte. Conosciuta come mano pratica, è associata alle persone serie, assennate, con un approccio concreto alla vita e senso di grande responsabilità. Mai timorosi del duro lavoro, sono i primi a rimboccarsi le maniche, impegnandosi nei compiti da affrontare. Queste persone sono tendenzialmente consuetudinarie. Sono completamente affidabili ed equilibrate, perfette come amici, affidabili e stabili.

La Mano del Fotografo

Per quanto la mano di terra descriva l'individuo pratico, essa si trova spesso nelle mani di persone creative. Potrebbero possedere mani di questo tipo artisti e musicisti, e coloro il cui sbocco creativo richiede il possesso di una grande destrezza manuale.

LA MANO DI TERRA HA PALMO QUADRATO E DITA CORTE

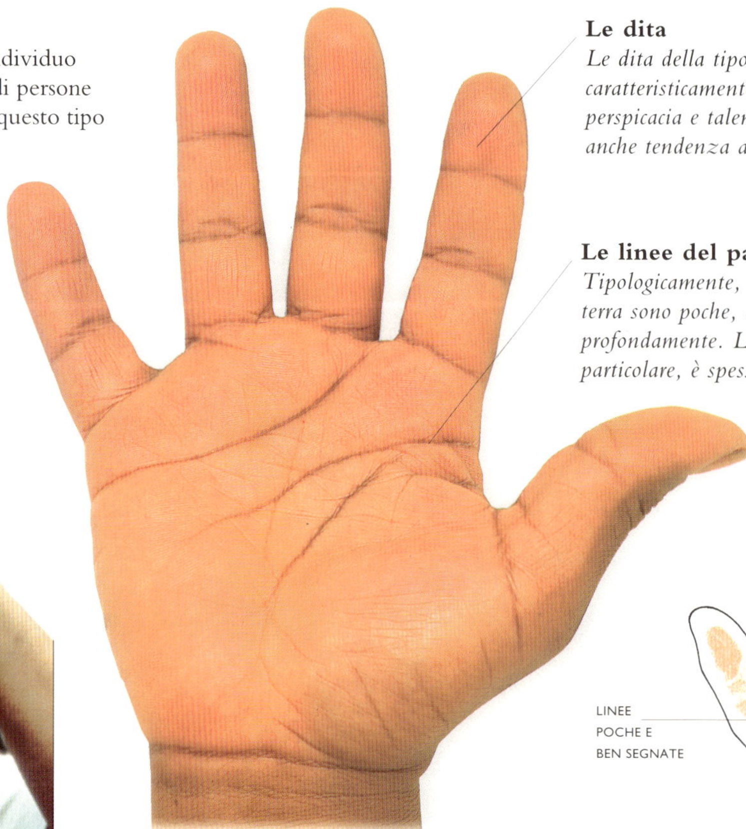

Le dita

Le dita della tipologia di terra sono caratteristicamente corte; mostrano acuta perspicacia e talento ispiratore, ma anche tendenza all'impazienza.

Le linee del palmo

Tipologicamente, le linee della mano di terra sono poche, ma segnate bene e profondamente. La linea della testa, in particolare, è spesso dritta.

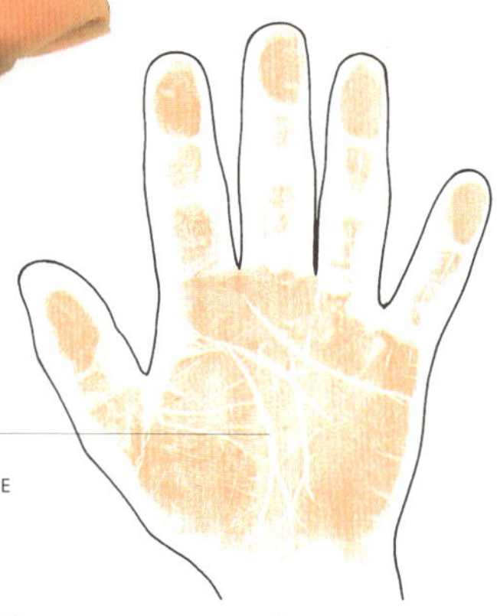

LINEE POCHE E BEN SEGNATE

La Mano di chi Ama la Natura

Gli individui con questa mano non sopportano di restare chiusi in casa, godono dell'aria fresca e amano la vita all'aperto. Si sentono meglio in campagna che in città, in quanto nutrono uno speciale rapporto con la natura.

Steven Spielberg

Le mani di terra di Steven Spielberg confermano il suo approccio metodico al lavoro e sono testimoni delle sue inesauribili energie. Sono questi fattori, assieme alla sua genialità, che lo rendono maestro della sua arte.

LA MANO D'ARIA

COME QUELLA DI TERRA, anche la mano d'aria possiede il palmo quadrato, ma il suo tratto distintivo è costituito dalla differenza nella lunghezza delle dita, infatti questa tipologia ha ragguardevoli dita lunghe. La caratteristica tipologica delle persone di questo gruppo è una mentalità molto attiva, sempre in movimento, con una mente acuta e indagatrice. La scarsa sopportazione della noia e il bisogno di costanti stimoli intellettuali significano che non amano la routine e anelano al cambiamento.

UNA MANO DA SCRITTORE

La comunicazione è la chiave della persona d'aria; e numerosi tra loro mostrano buone capacità vocali o letterarie, eccellono nelle lingue e spesso lavorano nella comunicazione, specie nei settori della scrittura, del giornalismo, della traduzione e dell'editoria.

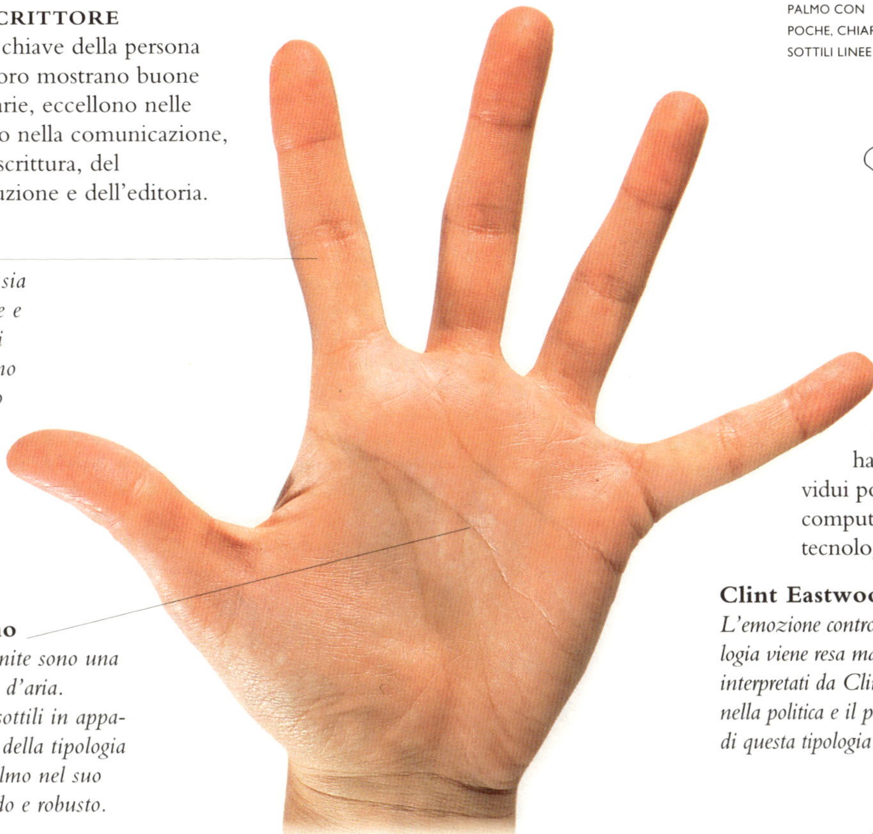

Le dita
Sebbene il palmo d'aria sia squadrato, le dita lunghe e flessibili caratteristiche di questa tipologia allungano la mano e le conferiscono un aspetto elegante. Le estremità delle dita tendono ad essere coniche.

Le linee del palmo
Linee chiare e ben definite sono una caratteristica del palmo d'aria. Solitamente linee più sottili in apparenza rispetto a quelle della tipologia di terra, ma con un palmo nel suo insieme di aspetto solido e robusto.

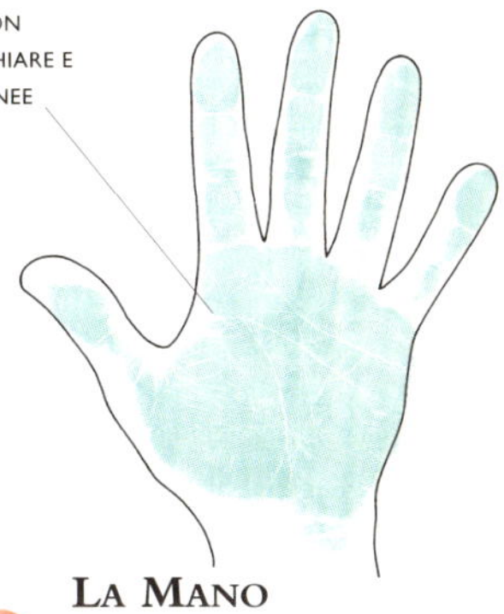

LA MANO MERCURIANA

Giochini e mezzi tecnologici incontrano il favore di chi ha la mano d'aria. Questi individui possono divenire maghi del computer, sempre aggiornati con le tecnologie più avanzate.

Clint Eastwood
L'emozione controllata appartenente a questa tipologia viene resa manifesta nei ruoli cinematografici interpretati da Clint Eastwood. Il suo ingresso nella politica e il parlare in pubblico sono peculiari di questa tipologia.

Lo sviluppo embrionale delle linee

I bambini vengono al mondo dotati delle serie completa delle linee maggiori, già formate e impresse nelle loro mani

LE LINEE PRINCIPALI, linea del Cuore, linea della Vita, linea della Testa, si formano nelle mani intorno al terzo mese di sviluppo fetale. La loro costruzione è determinata dal DNA. Anormalità congenite o cromosomiche o un blocco dello sviluppo a questo livello influenzerà il disegno e la costruzione delle linee.

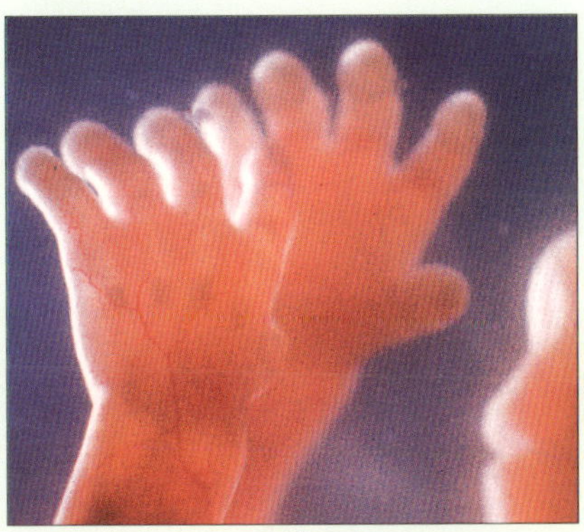

Linee che cambiano
Sebbene le linee principali della mano siano già formate al terzo anno di vita, esse crescono e cambiano nel corso dell'esistenza.

La Mano di Fuoco

La mano di fuoco ha il palmo lungo accompagnato da dita relativamente corte. Queste persone tendono ad essere vitali e dinamiche, hanno una natura vivace ed entusiasta che accetta il mondo come viene loro incontro. Non sopportano la vita tranquilla, prosperano con le sfide e con lo stato di eccitazione vivendo le loro esistenze nella corsa veloce e bruciando le tappe. Forti, positive e dotate di carisma, portano a termine qualsiasi cosa intraprendano con passione, assumendo naturalmente il comando del gruppo.

La Mano dell'Atleta
Fisicamente attive e sempre in movimento, queste persone sono guidate dal bisogno di brivido ed eccitazione. Pieni di vitalità, alcuni incanalano le proprie energie negli sport raggiungendo risultati da primato; ma, poiché si spingono all'estremo, possono rischiare incidenti o lesioni.

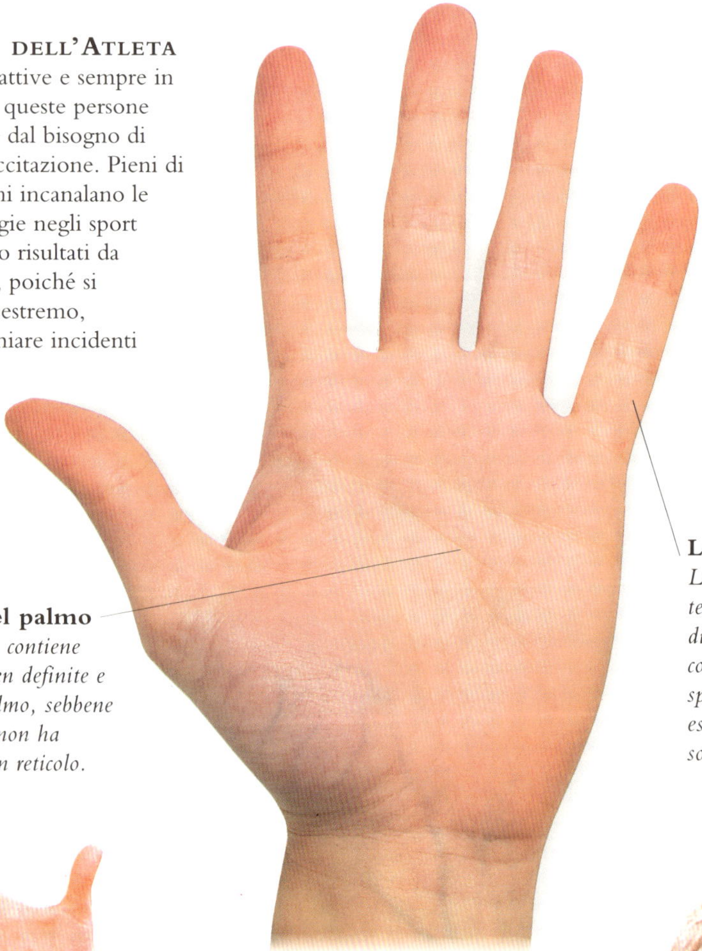

Le linee del palmo
Questa mano contiene molte linee ben definite e robuste; il palmo, sebbene interessante, non ha l'aspetto di un reticolo.

Le dita
Le dita che appartengono alla mano di fuoco sono più corte del palmo, e spesso le loro estremità sono spatolate.

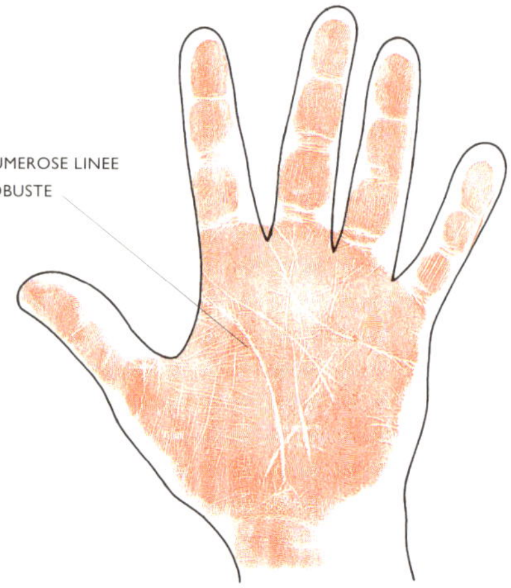

La Mano Estroversa
Al massimo della felicità quando si trovano sotto i riflettori, sono estroversi per eccellenza. Sono individui beneficiati di uno spirito solare che influenzano facilmente gli altri con il loro sconfinato entusiasmo per la vita. Estroversi, aperti e divertenti, sono gli animatori delle feste.

Liza Minnelli
Liza Minnelli incarna il temperamento teatrale e la personalità magnetica di queste persone, che trovano sbocco naturale nello spettacolo. Le star di questo tipo devono però fare attenzione a non bruciarsi.

LA MANO D'ACQUA

PALMI LUNGHI ACCOMPAGNATI da dita lunghe sono le caratteristiche della mano d'acqua. La sensibilità è il tratto distintivo di questo gruppo. Dotati del dono della creatività e della gentilezza, essi sono gli artisti e i poeti, i musicisti e i visionari. Il mondo dell'arte e quello della musica sono in gran parte abitati dai possessori di mani appartenenti a questa tipologia. Inoltre, sono spesso molto colti e raffinati e hanno un gusto squisito, ma sono anche ingenui e tendono a vivere con la testa tra le nuvole.

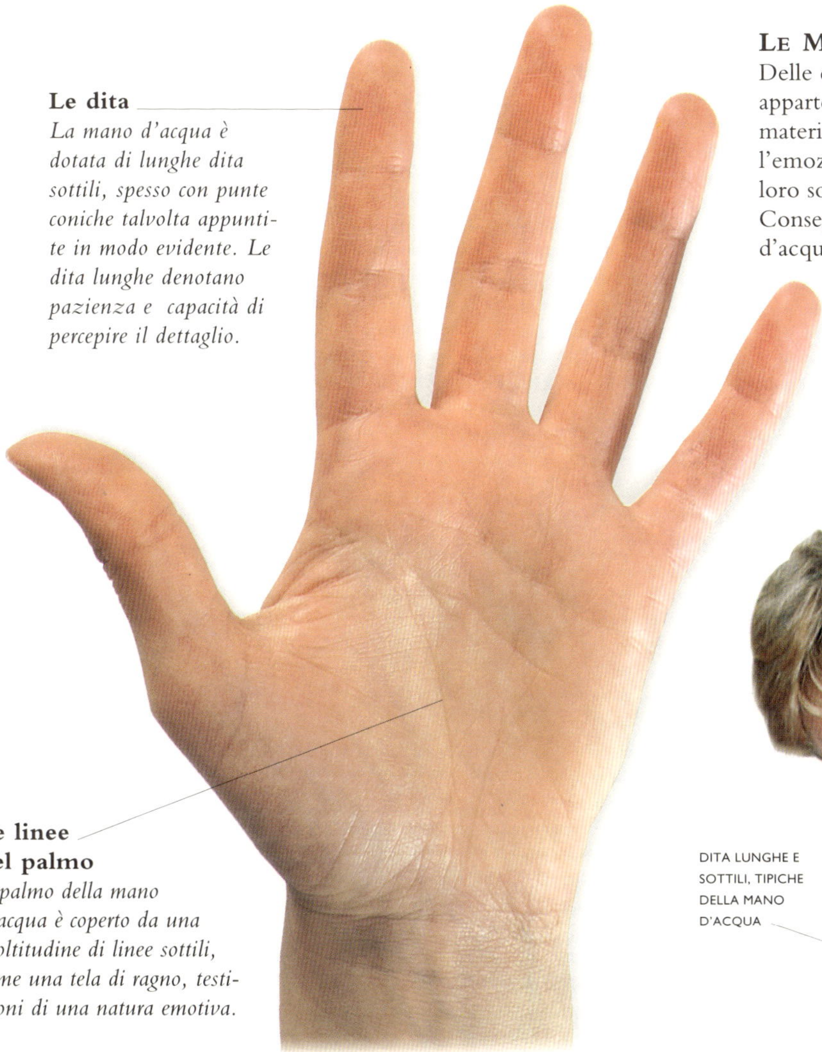

Le dita
La mano d'acqua è dotata di lunghe dita sottili, spesso con punte coniche talvolta appuntite in modo evidente. Le dita lunghe denotano pazienza e capacità di percepire il dettaglio.

Le linee del palmo
Il palmo della mano d'acqua è coperto da una moltitudine di linee sottili, come una tela di ragno, testimoni di una natura emotiva.

LE MANI DELL'ASTROLOGO

Delle quattro categorie di mani, le persone che appartengono al gruppo acqua sono le meno materialiste e tendono a lavorare mediante l'intuito e l'emozione piuttosto che con la pura ragione. Molte di loro sono provviste di poteri psichici. Conseguentemente, numerosi possessori della mano d'acqua si interessano di argomenti di genere psicologico e spirituale, ortodossi e non.

Diana, principessa del Galles
L'aspetto lungo e aggraziato della mano d'acqua riflette eleganza e stile. Le persone di questo gruppo sono invariabilmente raffinate, e molte di loro sono attratte dal mondo dell'estetica o della moda. La bellezza e lo stile della principessa Diana incarnano tutte le caratteristiche della mano d'acqua.

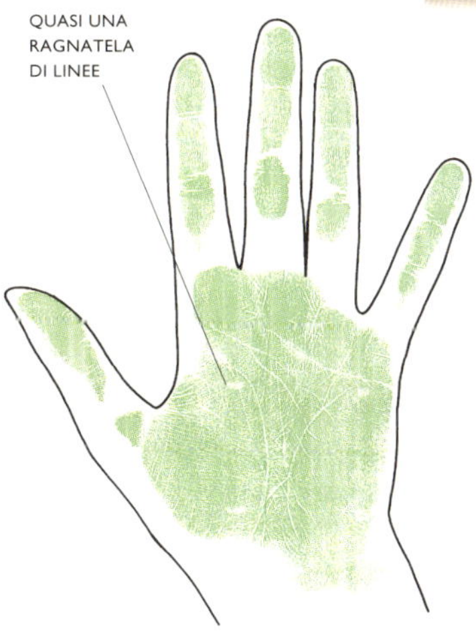

LA MANO SENSIBILE

Vulnerabili e spesso molto emotivi, incontrano difficoltà nell'affrontare le pressioni della vita moderna. Sintonizzati con un tempo più lento, non amano le situazioni competitive e si esprimono al meglio in un ambiente tranquillo.
Docili e impressionabili, possono mancare di indipendenza di giudizio.

I Monti

Quando aprite un atlante, solitamente notate che ogni paese è rappresentato in due modi. Vi è una mappa della geografia fisica che indica elementi quali le montagne e le pianure; questa è seguita da una carta politica con i percorsi stradali. Ora aprite le mani: le vostre linee sono come quelle strade e vie di comunicazione. Esse si trovano in un paese il cui territorio è formato da una pianura circondata da colline, conosciute come i monti della mano.

I Nomi dei Monti

La costruzione fisica del palmo è sufficiente a rivelare una ricchezza di informazioni su di voi e sul vostro carattere. Il palmo è ripartito in nove monti che circondano una pianura centrale. Ogni area è associata ad un particolare aspetto della vostra personalità. Le caratteristiche di questi aspetti sono impersonati dal nome classico che è stato assegnato ad ogni monte.

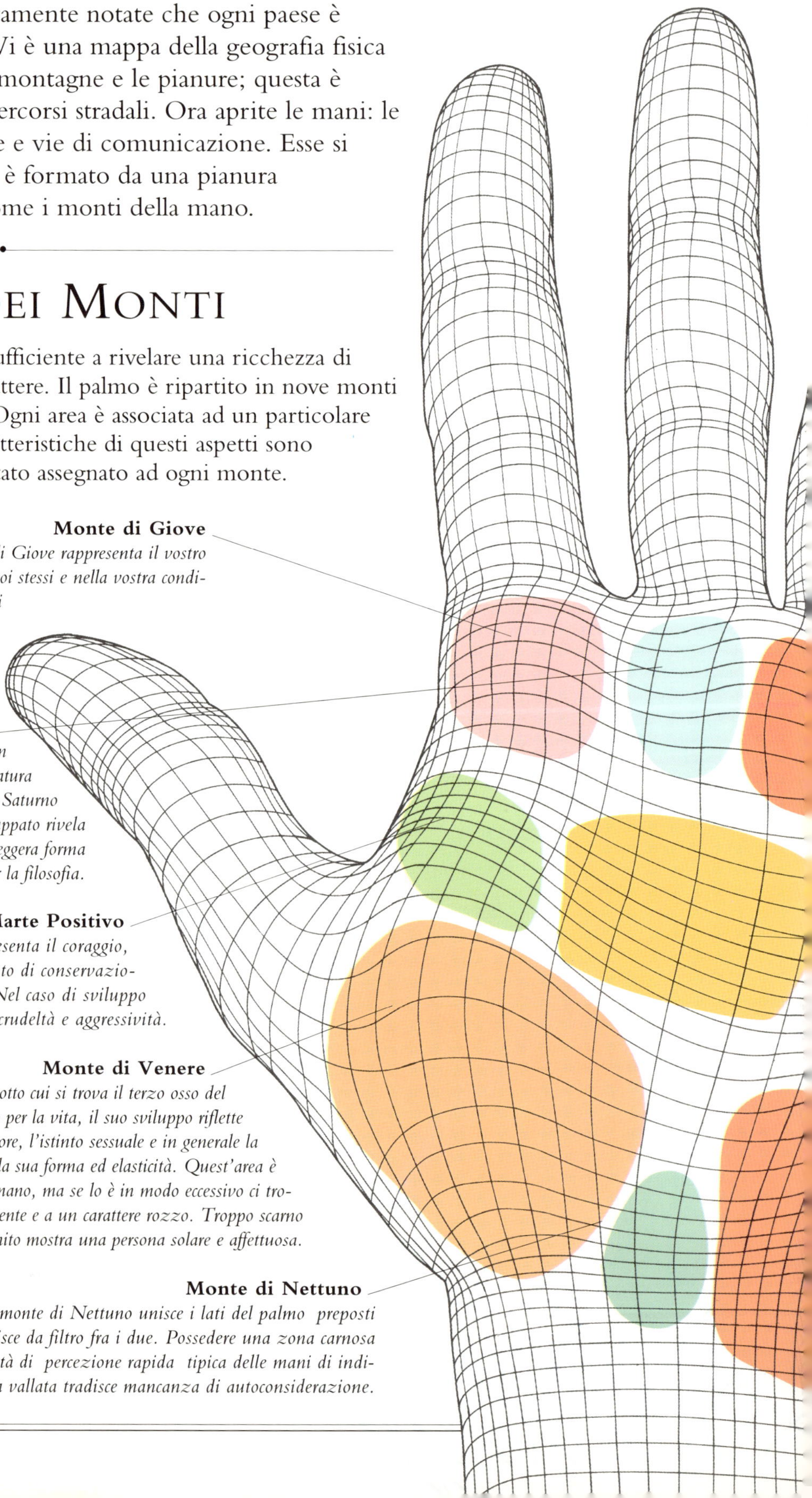

Monte di Giove
Collocato attorno alla radice del dito indice, il monte di Giove rappresenta il vostro senso di autorità e di autostima. Se avete fiducia in voi stessi e nella vostra condizione esistenziale il monte sarà arrotondato. Se si allarga in modo considerevole, siete socievoli e generosi. Se si erge al di sopra degli altri monti, suggerisce ambizione bruciante e autoritarismo.

Monte di Saturno
Tra tutti i monti, questo è l'unico che è meglio non sia sviluppato, poiché indica una natura malinconica. Situato sotto il medio, il monte di Saturno parla del vostro senso di responsabilità. Se sviluppato rivela una persona solitaria, fredda ed egocentrica. Una leggera forma a cuscinetto rivela un certo buon senso e amore per la filosofia.

Marte Positivo
Nascosto nella piega del pollice rappresenta il coraggio, l'energia, la capacità combattiva e l'istinto di conservazione. Piatto denota una certa codardia. Nel caso di sviluppo accentuato, è associato a crudeltà e aggressività.

Monte di Venere
Costituisce la struttura muscolare sotto cui si trova il terzo osso del pollice. Rispecchiando l'entusiasmo per la vita, il suo sviluppo riflette vitalità e tempra. La salute, il vigore, l'istinto sessuale e in generale la voglia di vivere vengono valutati dalla sua forma ed elasticità. Quest'area è solitamente più carnosa del resto della mano, ma se lo è in modo eccessivo ci troviamo di fronte a una libido prepotente e a un carattere rozzo. Troppo scarno rivela una salute cagionevole. Ben tornito mostra una persona solare e affettuosa.

Monte di Nettuno
Per via della sua posizione, il monte di Nettuno unisce i lati del palmo preposti al subconscio e al conscio, e agisce da filtro fra i due. Possedere una zona carnosa in quest'area denota una capacità di percezione rapida tipica delle mani di individui carismatici. Una profonda vallata tradisce mancanza di autoconsiderazione.

Lo Sviluppo dei Monti

Ogni monte rappresenta una riserva di energia che, grazie alla sua forma e costruzione, suggerisce le forze e le debolezze del proprietario nelle qualità associate a quel monte. Per capire se un monte è ampio, ben sviluppato o piatto, occorre confrontarlo con gli altri. Per esempio, una mano magra avrà monti relativamente poco sviluppati, ma uno o due di essi possono essere più sviluppati o meno, paragonati agli altri.

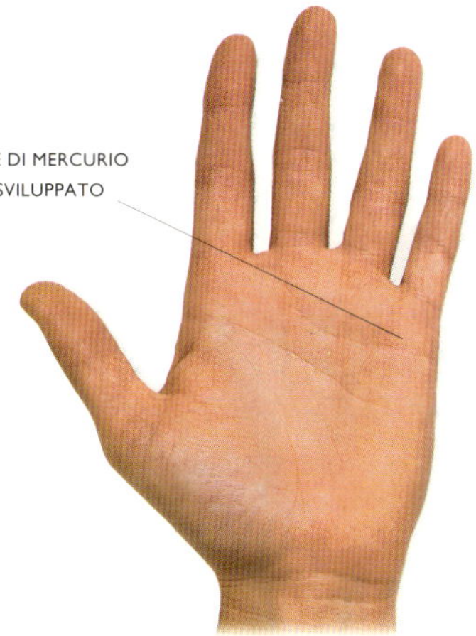

Un Monte poco Sviluppato

Se un monte è poco sviluppato rispetto ai suoi vicini, rivela che le caratteristiche proprie di questa conformazione, che sono l'energia o l'interesse, mancano nella specifica personalità dell'individuo.

Un Monte molto Sviluppato

Escludendo il monte di Venere, che è normalmente più sviluppato degli altri, un monte eccessivamente dominante rivela che le caratteristiche ad esso associate sono presenti in modo eccessivo nella natura della persona.

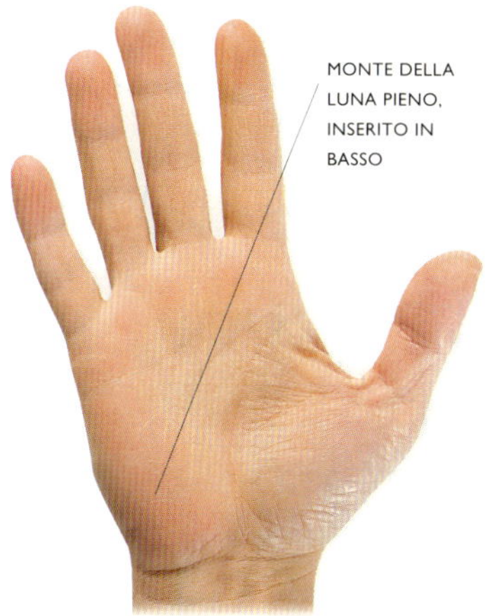

Monte di Apollo

Situato alla base dell'anulare, questo monte è associato al talento creativo, all'amore per l'arte e alla vibrazione emotiva. Le persone dall'atteggiamento solare e dalla personalità vivace possiedono invariabilmente un monte arrotondato. Poco sviluppato suggerisce disinteresse per le arti; ipersviluppato tradisce una certa ostentazione e presunzione.

Monte di Mercurio

Posto al di sotto del mignolo, rappresenta l'abilità di comunicare con altri. Quando è ben sviluppato suggerisce una natura calda, se è scarno invece indica scarsa disponibilità per gli altri. Se ridondante, una natura garrula.

Piana di Marte

Giace in mezzo ai nove monti e racconta di quanto bene siano controllate le passioni e le emozioni. Ampia e spessa mostra un temperamento irascibile, magra e incavata può indicare una personalità carente di presenza e impatto nelle relazioni interpersonali.

Marte negativo

Posto sulla percussione esterna tra il monte di Mercurio e quello della Luna, Marte negativo parla di forza morale, integrità e coraggio nelle convinzioni. Nella vita pratica, rivela la capacità di resistenza e l'abilità di reagire alle pressioni.

Monte della Luna

È associato all'immaginazione e al subconscio, rappresenta la sensibilità e l'intuizione. Rivela la misura del talento artistico e dell'estro. Sviluppato tanto da sovrastare il polso, evidenzia tendenze psichiche particolari o una stretta fusione con la natura. Se è particolarmente ampio indica variabilità di umore; se è piatto, scarsa immaginazione.

Per Valutare i vostri Monti

Immaginate un paesaggio di colline. Sono tutte più o meno della stessa misura e altezza, oppure una di esse domina sulle altre perché molto più ampia o più alta? O, forse, una collina è notevolmente più piccola e forma quasi un avvallamento dell'orizzonte? Questa analogia vi aiuterà quando prenderete in considerazione i vostri monti, poichè è fondamentale determinare come sono l'uno in relazione agli altri. Ponete la mano a coppa per evidenziare i monti, e guardate attraverso il palmo dal polso alle dita. Cercate di individuare quale monte sia dominante e quale insignificante.

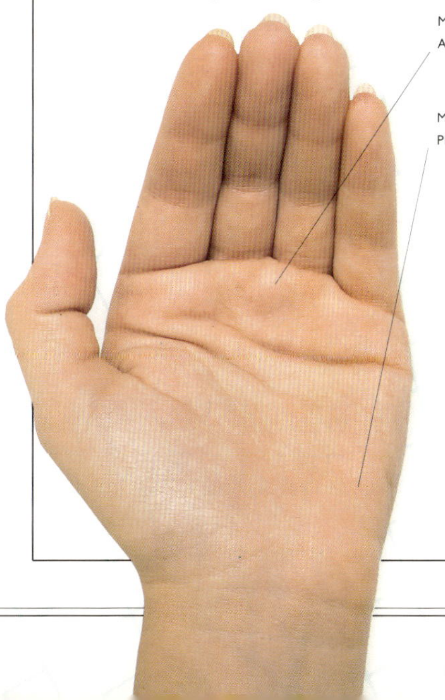

Monti che Cambiano

I monti eccessivamente ampi mostrano un eccesso di energia. Tuttavia, se le energie vengono riequilibrate e gli interessi reindirizzati, i monti scarsi si riempiranno nel tempo, e quelli esagerati si ridurranno.

Le Segnature sui Monti

Molte persone sono consapevoli delle linee principali che attraversano il loro palmo perché sono tratti distintivi che tutti possediamo in una forma o in un'altra. Meno evidenti, e forse anche fonte maggiore di curiosità, sono i segni più piccoli che si possono trovare disseminati su tutto il palmo. Questi sono composti da linee minuscole riconducibili a cinque tipi di disegni principali. Essi possono essere non sempre perfettamente formati, tuttavia sono situati in modo indipendente sulle aree dei monti. Segnature simili, che si trovano sulle linee del palmo, hanno interpretazioni diverse, spiegate in *Introduzione alle linee* a pagina 52.

Identificare i Segni

I principali sono: stella, croce, griglia, quadrato, triangolo. Ogni segno rappresenta una influenza rispetto alle caratteristiche che quel monte rappresenta. In generale le croci e le griglie sono segni negativi, che simboleggiano una opposizione o un'energia sfavorevole, diretta verso l'area della vita rappresentata dal monte. Le stelle indicano buona fortuna o guadagno; i triangoli indicano successo accompagnato da saggezza. I quadrati sono segni di protezione in grado di addolcire l'impatto di un evento negativo.

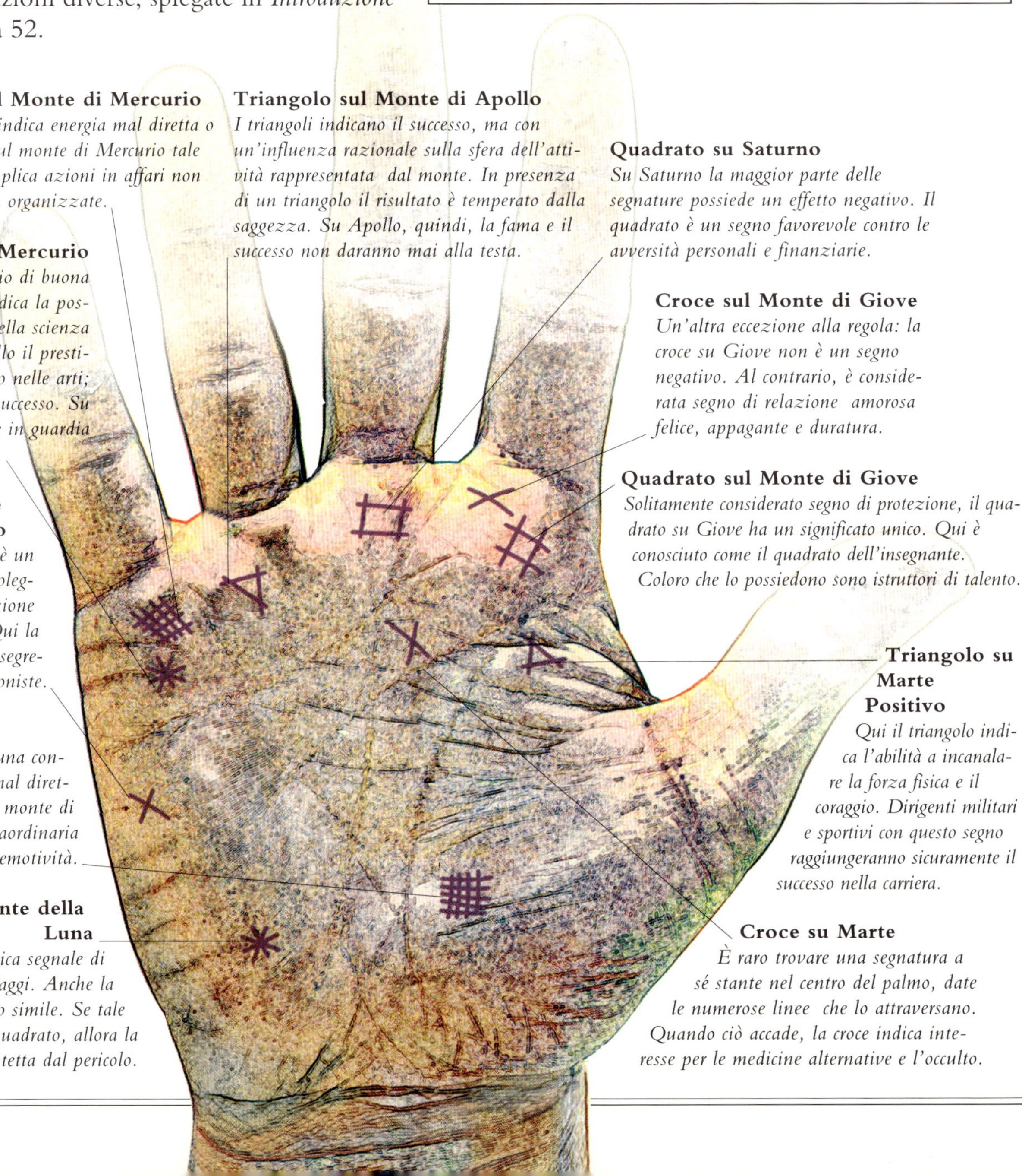

Griglia sul Monte di Mercurio
Una griglia indica energia mal diretta o dispersa, e sul monte di Mercurio tale segnatura implica azioni in affari non mirate o non organizzate.

Triangolo sul Monte di Apollo
I triangoli indicano il successo, ma con un'influenza razionale sulla sfera dell'attività rappresentata dal monte. In presenza di un triangolo il risultato è temperato dalla saggezza. Su Apollo, quindi, la fama e il successo non daranno mai alla testa.

Quadrato su Saturno
Su Saturno la maggior parte delle segnature possiede un effetto negativo. Il quadrato è un segno favorevole contro le avversità personali e finanziarie.

Stella su Mercurio
La stella è sempre augurio di buona fortuna. Su Mercurio indica la possibilità di distinguersi nella scienza e nella finanza; su Apollo il prestigio raggiunto soprattutto nelle arti; su Giove è foriera di successo. Su Saturno, però, mette in guardia dalle difficoltà.

Croce sul Monte di Giove
Un'altra eccezione alla regola: la croce su Giove non è un segno negativo. Al contrario, è considerata segno di relazione amorosa felice, appagante e duratura.

Croce su Marte Negativo
Solitamente la croce è un segno negativo, che simboleggia opposizione o attrazione di energie sfavorevoli. Qui la segnatura denota nemici segreti o forze antagoniste.

Quadrato sul Monte di Giove
Solitamente considerato segno di protezione, il quadrato su Giove ha un significato unico. Qui è conosciuto come il quadrato dell'insegnante. Coloro che lo possiedono sono istruttori di talento.

Triangolo su Marte Positivo
Qui il triangolo indica l'abilità a incanalare la forza fisica e il coraggio. Dirigenti militari e sportivi con questo segno raggiungeranno sicuramente il successo nella carriera.

Griglia su Venere
La griglia rappresenta una concentrazione di energie mal dirette e tensioni. Sul monte di Venere mostra una straordinaria intensificazione dell'emotività.

Stella sul Monte della Luna
Tradizionalmente indica segnale di pericolo durante i viaggi. Anche la croce ha un significato simile. Se tale segno è chiuso in un quadrato, allora la persona sarà protetta dal pericolo.

Croce su Marte
È raro trovare una segnatura a sé stante nel centro del palmo, date le numerose linee che lo attraversano. Quando ciò accade, la croce indica interesse per le medicine alternative e l'occulto.

Le Divisioni della Mano

Osservate come è costruita la vostra mano. La base del palmo è lunga e spessa, o è più ampia la cima? Forse il lato della percussione è più sviluppato del lato del pollice? Ogni area della mano è associata ad aspetti diversi. Dividendo la mano in zone e paragonando lo sviluppo di ogni sezione, possiamo accertarci di quali siano i tratti dominanti della nostra personalità e quali siano invece quelli che consideriamo i meno importanti.

Due Zone

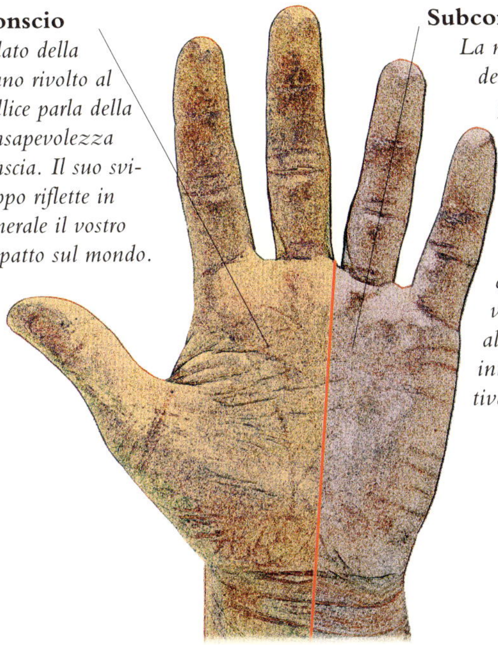

Conscio
Il lato della mano rivolto al pollice parla della consapevolezza conscia. Il suo sviluppo riflette in generale il vostro impatto sul mondo.

Subconscio
La metà esterna della mano rappresenta le motivazioni e spinte inconsce. La costruzione rivela quanta enfasi voi attribuite alla parte intuitiva, ricettiva o spirituale.

Tre Zone

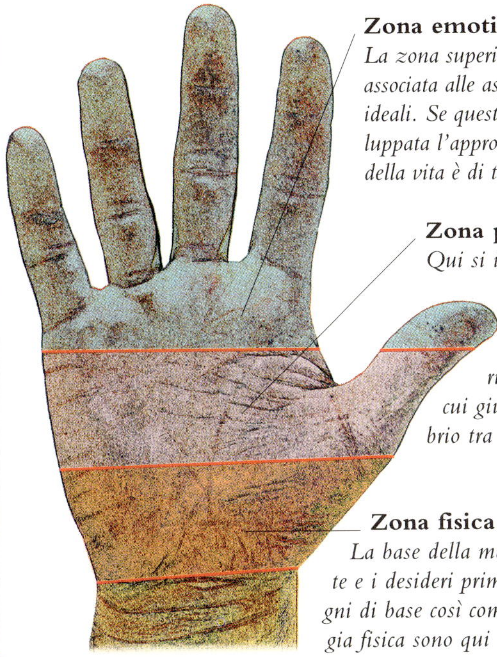

Zona emotiva
La zona superiore della mano è associata alle aspirazioni e agli ideali. Se questa è l'area più sviluppata l'approccio nei confronti della vita è di tipo intellettuale.

Zona pratica
Qui si incontrano le energie fisiche ed emozionali. La sua forza rivela il modo in cui giungete all'equilibrio tra i due piani.

Zona fisica
La base della mano rivela le spinte e i desideri primari. I vostri bisogni di base così come la vostra energia fisica sono qui rappresentati.

Quattro Zone

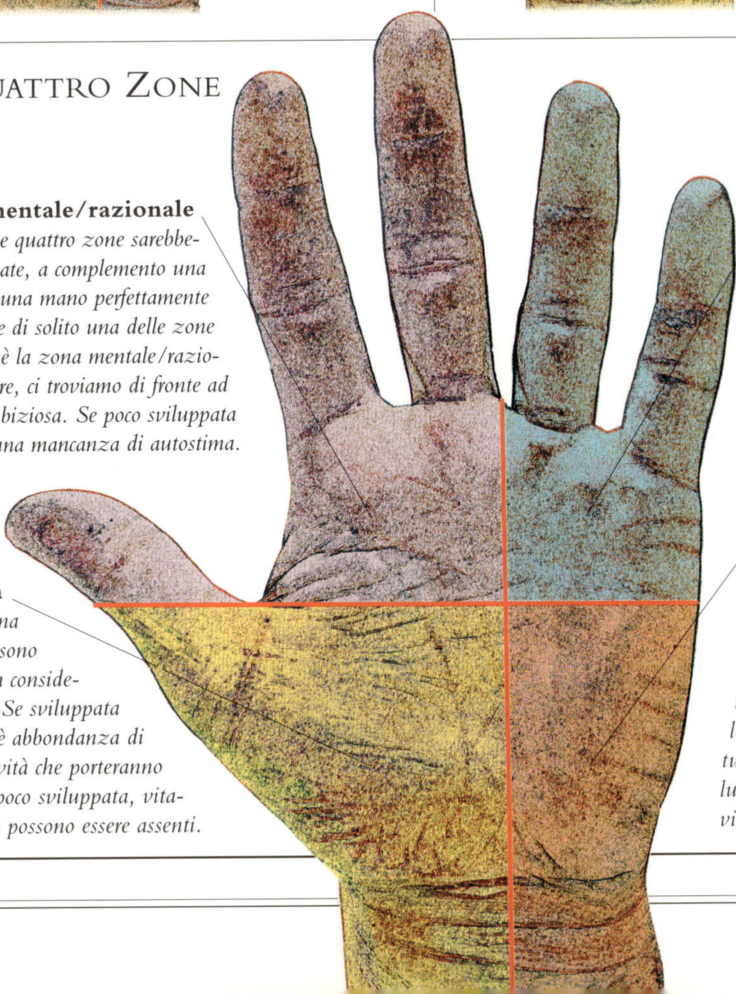

La zona mentale/razionale
In un mondo ideale le quattro zone sarebbero egualmente sviluppate, a complemento una dell'altra. In realtà, una mano perfettamente equilibrata è rara, e di solito una delle zone domina le altre. Se è la zona mentale/razionale a predominare, ci troviamo di fronte ad una personalità ambiziosa. Se poco sviluppata suggerisce una mancanza di autostima.

La zona mentale/istintiva
Se è questa la zona predominante, allora il bisogno di esprimersi in modo creativo è molto importante. La comunicazione è essenziale, questa formazione si trova spesso infatti nelle mani di scrittori, artisti e scienziati. Coloro che posseggono una zona poco sviluppata in questo settore troveranno appagamento in campi diversi dell'arte.

Zona fisica/pratica
Coloro in cui predomina questa zona, nella vita sono spinti principalmente a considerazioni di tipo materiale. Se sviluppata in modo eccessivo vi è abbondanza di energia incanalata in attività che porteranno gratificazioni fisiche. Se poco sviluppata, vitalità ed entusiasmo possono essere assenti.

Zona fisica/intuitiva
Questa zona, che comprende sia gli elementi fisici che quelli subconsci della personalità, è associata all'intuito. Rappresenta la ricettività nei riguardi del mondo che ci circonda. Se è la zona dominante, l'individuo è spirituale e sensibile. Se è poco o affatto sviluppata suggerisce che ci si accosta alla vita in modo molto razionale.

Il Contorno della Mano

Il contorno della vostra mano descrive la costruzione: sia esso sottile o spesso, siano le dita dritte o contorte, siano le giunture del pollice prettamente ad angolo o il palmo si gonfi in un punto qualsiasi lungo la percussione esterna. Questi dettagli danno comunque una importante interpretazione della personalità, con informazioni sui talenti, sul modo di pensare, e sulla direzione in cui incanalate le energie. Per questa ragione disegnare il profilo della mano quando si prende l'impronta è parte essenziale dell'analisi. Anche senza impiegare rullo e inchiostro, disegnarne il semplice contorno vi aiuterà a individuare gli elementi di riferimento.

La Percussione

Si tratta dell'area del palmo che si trova sul lato esterno della mano. Essa comprende i monti della Luna, Marte negativo, Mercurio, e insieme queste tre zone rappresentano i sentimenti istintivi e il potenziale creativo. Sono la forma della percussione e il suo profilo a rivelare come esprimiamo all'esterno il nostro lato interiore, in quale modo forgiamo, incanaliamo ed esprimiamo i nostri talenti e istinti e come poi li dirigiamo verso il mondo esterno. L'orlo carnoso della percussione si può facilmente alterare quando lo si disegna, pertanto è importante esercitare solo una leggera pressione.

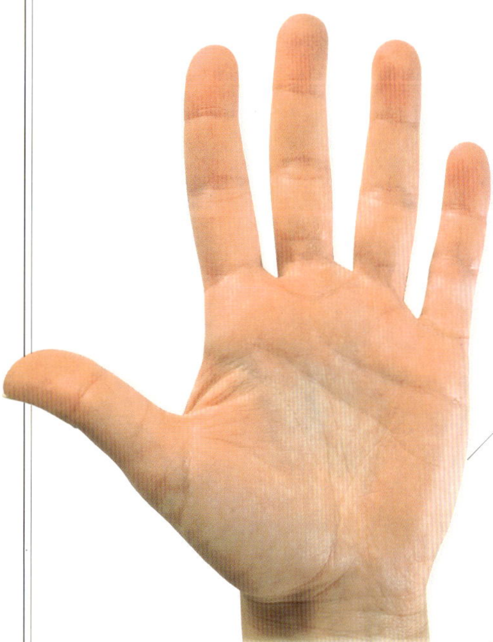

Percussione Curva
Nel caso di percussione incurvata in cui lo sviluppo più grande appare verso il polso, il talento creativo è di natura pratica. Tali persone riescono meglio a interpretare i pensieri degli altri piuttosto che generare idee proprie. Una curva con una sporgenza centrale mostra l'abilità a creare nuovi concetti e la perizia con cui questi vengono attuati.

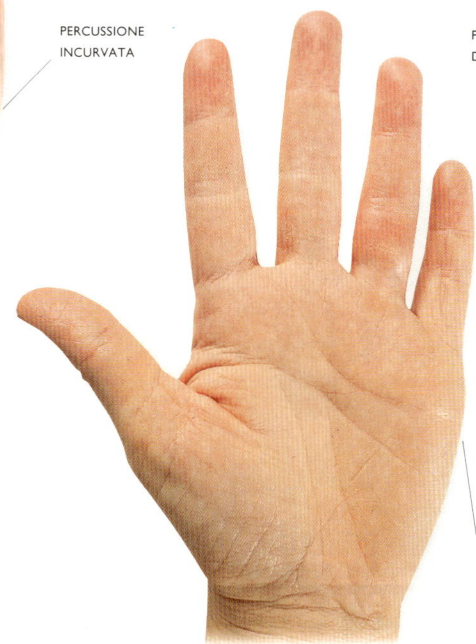

Percussione Affusolata
Una percussione che sporge in modo evidente sotto il mignolo e poi si assottiglia verso il polso sottolinea un'energia di tipo mercuriano. Le persone con questa formazione possiedono menti iperattive e irrequiete, trovano difficoltà a rilassarsi perché pensano, progettano e modificano continuamente.

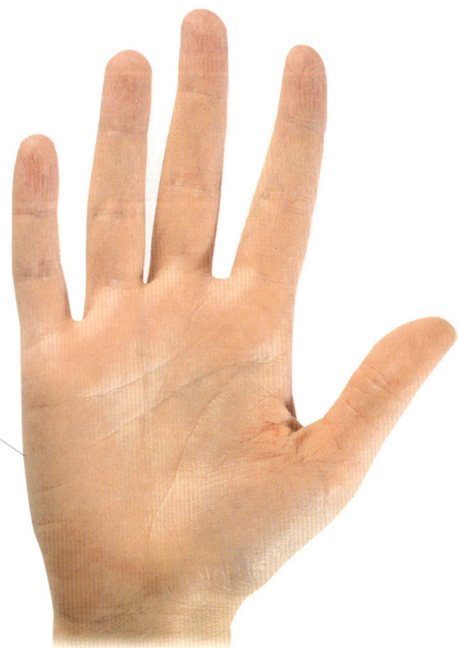

Percussione Dritta
Poche sono veramente dritte, poiché in genere sono presenti cuscinetti. Le mani con percussione piatta suggeriscono che i possessori sono poco interessati a sviluppare la creatività. Possono anche prestare poca attenzione all'inconscio. Nel caso in cui sia perfettamente dritta, altre parti della mano saranno sviluppate e quindi atte a identificare campi d'interesse.

Angoli del Pollice

Se le articolazioni sono pronunciate, formano gli angoli del pollice.Così l'angolo in cima (*a*) denota testardaggine. Se l'articolazione successiva (*b*) sporge di molto ci troviamo di fronte al cosiddetto angolo della destrezza manuale. Le persone la cui mano forma un angolo nel punto in cui si incontra con il polso (*c*), l'angolo della precisione, amano la musica.

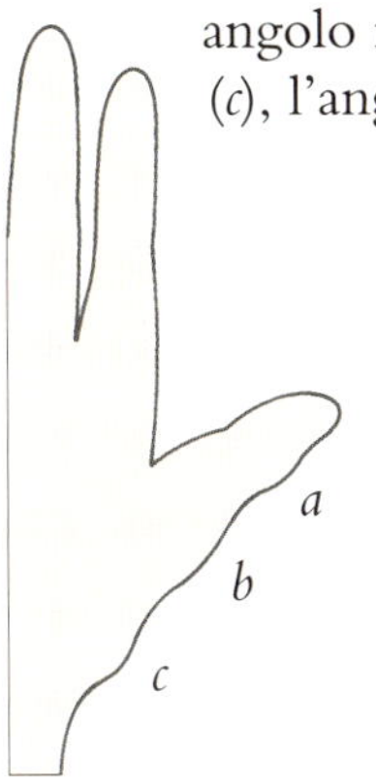

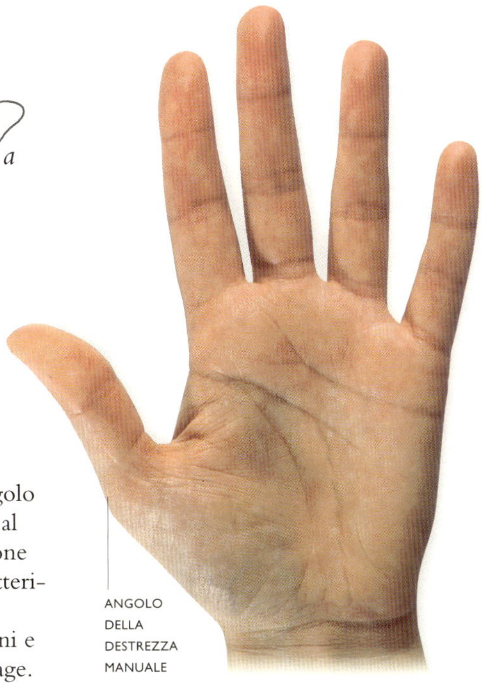

Angolo della Destrezza Manuale
Alcuni pollici formano un angolo nel congiugersi al palmo. Le persone con questa caratteristica sono abili nell'usare le mani e amano il bricolage.

Le Nocche

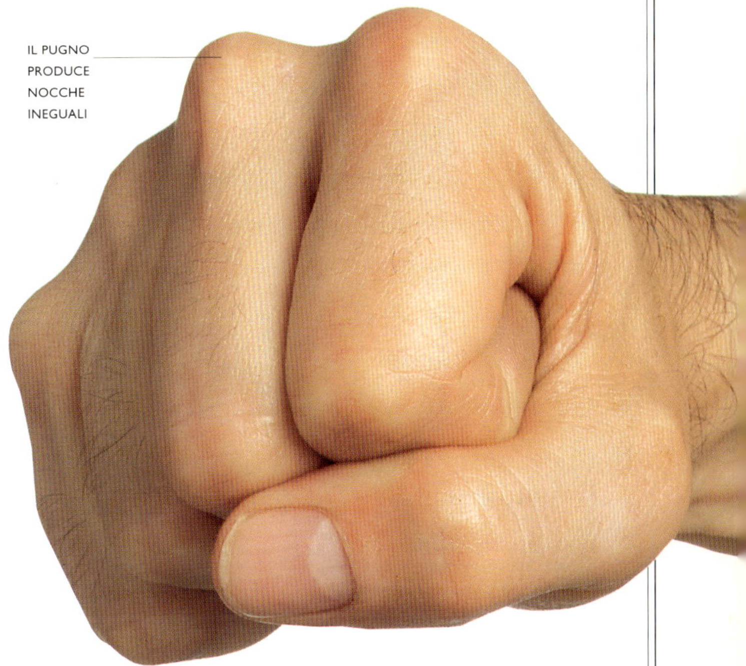

Le nocche sono le giunture tra le ossa alla base delle dita e le ossa che attraversano il palmo fino al polso. Quando si forma il pugno, alcune mani formano una linea di articolazioni lisce e ondulate, altre ineguali e nodose. Le nocche lisce sono di coloro che usano meticolosità e perfezionismo nella cura della persona e lo stesso esigono dall'ambiente in cui vivono. Nocche ineguali suggeriscono un approccio più rilassato.

Articolazioni delle Dita

Le vostre dita sono lisce o nodose? Il profilo delle dita lisce è dritto, le nodose formano una silhouette decisamente irregolare. Due sono i tipi di dita nodose. Quelle dalle articolazioni superiori e inferiori pronunciate sono conosciute come dita filosofiche. Il secondo tipo ha articolazioni pronunciate solo alla base, conosciute come nodi dell'ordine materiale. Stabilirne la differenza è molto importante, perché rivela come trasformate l'informazione e esprimete i vostri pensieri.

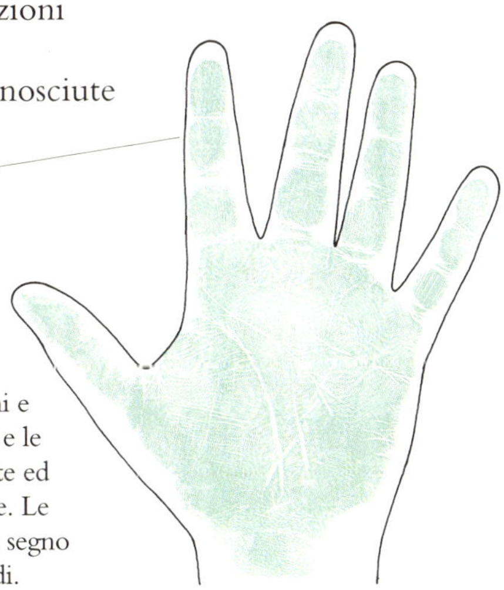

Articolazioni Lisce
Queste persone sono ricettive agli stimoli esterni e alle informazioni. Le idee e le impressioni sono incanalate ed elaborate immediatamente. Le dita lisce, inoltre, sono un segno di pensiero ed azione fluidi.

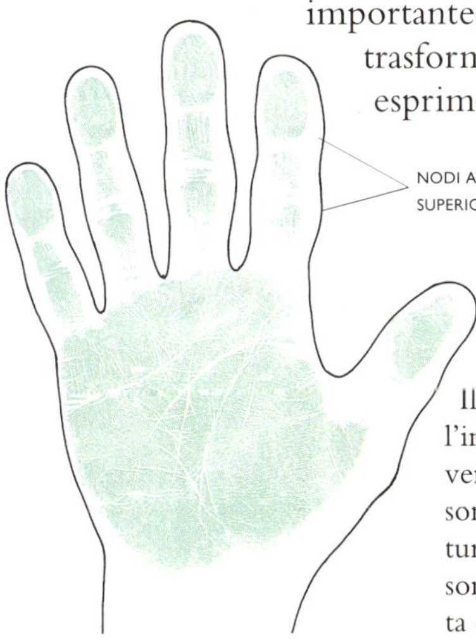

Articolazioni Pronunciate
Il pensiero è ordinato e l'informazione è analizzata e verificata, prima dell'azione. Se sono pronunciate solo le giunture alla base delle dita la persona è mentalmente organizzata e ha bisogno di ordine.

LE DITA

ATTRAVERSO LE DITA noi esprimiamo i nostri talenti e ognuna di esse rappresenta una diversa sfera d'azione. C'è un dito che emerge in modo particolare? Se è più lungo, più dritto o meno sviluppato può rivelare elementi della personalità. Occorre verificarne la lunghezza. Se il vostro dito medio è lungo quasi quanto il palmo, avete dita lunghe; se misura meno di tre quarti della sua lunghezza, possedete dita corte. Le dita lunghe denotano amore per il dettaglio, mentre quelle corte rivelano velocità sia di apprendimento che in capacità di sintesi.

DANDO UN NOME ALLE DITA

OGNI DITO rappresenta una differente area della vita ed è tradizionalmente chiamato con nome mitologico: Giove, Saturno, Apollo, Mercurio. Le caratteristiche esprimono l'area di influenza del dito; la sua forma e grandezza invece indicano fino a che punto possedete le qualità che esso rappresenta.

Giove – il dito indice
Nella mitologia classica Giove era il capo degli dei e il governatore del mondo. Il dito indice viene chiamato così perché rappresenta l'ego, la capacità di comando e la posizione nel mondo. Riflette l'ambizione e la capacità di imporsi. Un indice dritto indica integrità, uno molto lungo autoritarismo, uno corto insicurezza.

Saturno – il dito medio
Chiamato come il padre di Giove, Saturno è associato alla saggezza. Questo dito rivela il modo in cui vi confrontate con la responsabilità e se avete un atteggiamento serio oppure noncurante nei confronti della vita. Un medio lungo suggerisce una mente industriosa ma anche priva di umorismo. Corto denota una personalità irresponsabile.

Apollo – il dito anulare
Apollo era il dio del sole ed è tradizionalmente associato con la musica e la poesia. L'anulare rispecchia la vostra creatività e il vostro senso di benessere. Un Apollo forte è facilmente individuabile nelle mani di artisti e intrattenitori. Un anulare debole determina mancanza di talento creativo, mentre uno lungo rivela l'istinto del giocatore.

Mercurio – il dito mignolo
Mercurio, il messaggero degli dei, è associato alla comunicazione. Questo dito rivela i poteri di libera espressione della propria personalità, quindi più lungo è più siete loquaci. Un Mercurio corto suggerisce che potreste avere difficoltà nel tradurre in parole i vostri pensieri. Tradizionalmente un mignolo incurvato indica scaltrezza, ma può anche denotare duplicità e inganno.

Spazi fra le dita

CON LE MANI appoggiate al tavolo o in grembo in modo confortevole, osservate come le dita siano poste in relazione l'una all'altra. Se sono strette insieme siete il tipo gregario, ossia vi sentite molto più felici in compagnia che soli. Se sono tutte staccate, è segno di apertura ed estroversione. Lo spazio che si crea tra le dita è anch'esso significativo.

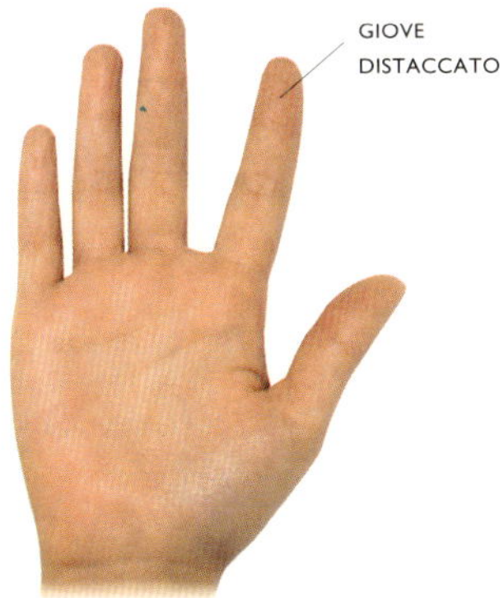

GIOVE DISTANZIATO
Indipendenza intellettuale e ambizione sono le principali caratteristiche riscontrate nelle persone con un Giove che si stacca dalle altre dita. Queste persone sono liberi pensatori.

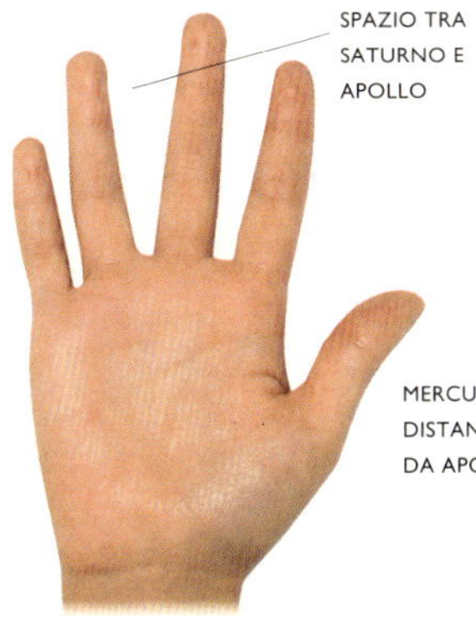

DITA MEDIE DISTACCATE
Se queste dita sono staccate ci troviamo di fronte a una natura piena di risorse e autonomia, che ha bisogno di stare sola per un po' di tempo ogni giorno.

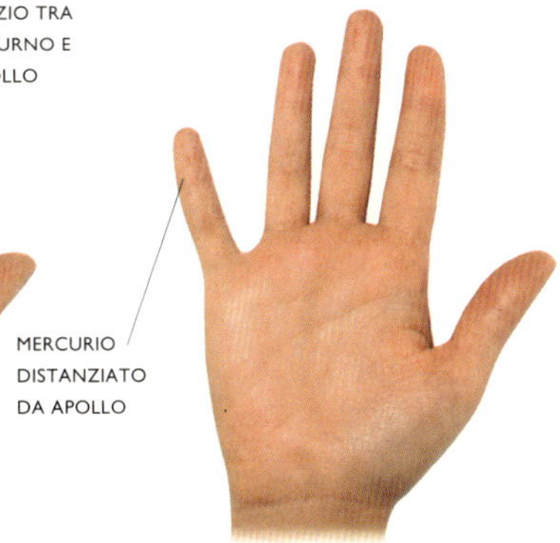

MERCURIO STACCATO
Un ampio spazio tra Mercurio e Apollo indica indipendenza. Le persone con questo tipo di formazione non amano essere circoscritte né fisicamente né psicologicamente.

L'Inserimento delle dita

FORZA DI CARATTERE e altri elementi della personalità possono venire dedotti dall'attacco delle dita al palmo. Guardate la linea che si forma nel punto dove le vostre dita incontrano il palmo. È dritta, curva o irregolare?

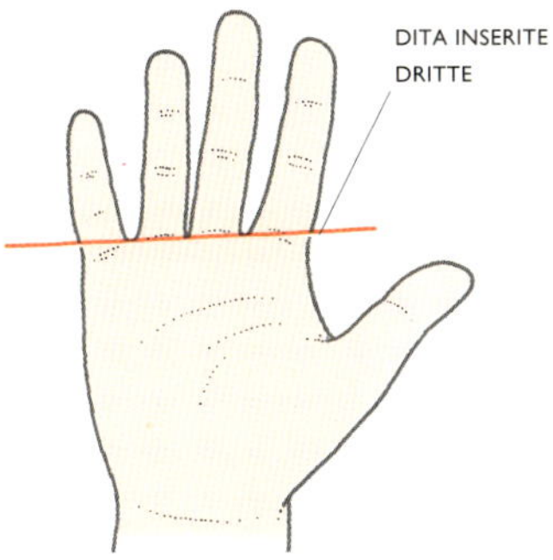

INSERIMENTO ORIZZONTALE
Poco comune, indica fiducia e sicurezza. Dotate di buon senso e di atteggiamento positivo, queste persone non possono non raggiungere il successo nella loro vita.

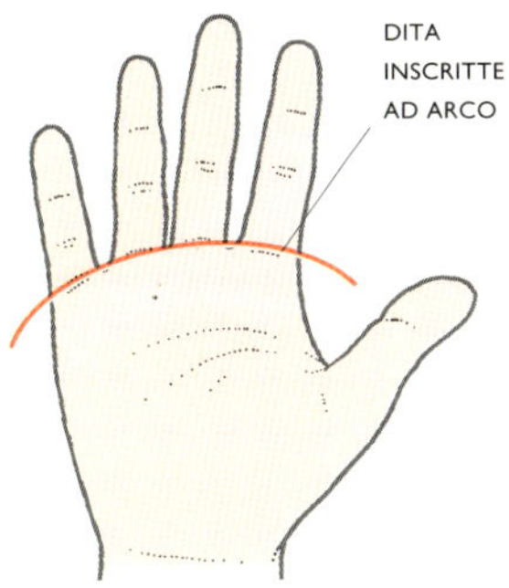

INSERIMENTO AD ARCO
Suggerisce una natura che non è né arrogante né timida. Indica una persona equilibrata.

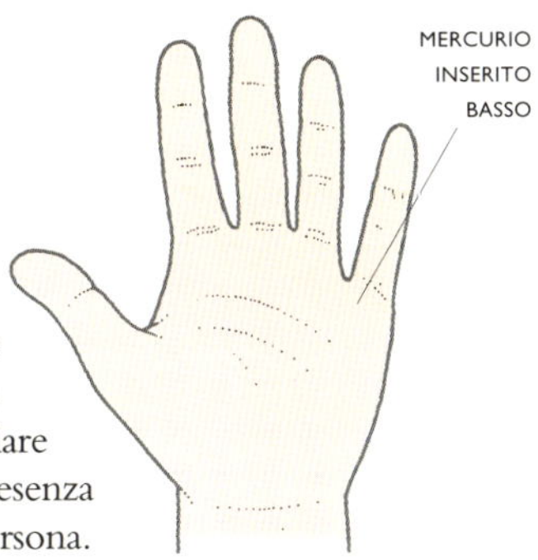

INSERIMENTO IRREGOLARE
Quando il dito di Mercurio si inserisce più in basso rispetto alle altre dita, rivela una significativa mancanza di autostima. Se lo è in modo particolare possiamo cercare la conferma della presenza di un complesso di inferiorità della persona.

Polidattilia e Anna Bolena

Circa 50 bambini su 100.000 nascono con più dita delle mani o dei piedi.

AL GIORNO D'OGGI la polidattilia – così viene chiamato il possedere dita in più rispetto alla norma – è riconosciuta come anomalia genetica tramandata nelle famiglie. Nel Medioevo la presenza di un sesto dito era connessa alla stregoneria, e il suo proprietario veniva considerato esperto di magia nera. Si dice che Anna Bolena, moglie di Enrico VIII e madre di Elisabetta I, possedesse sei dita per mano. In verità, essa indossava sempre abiti con maniche lunghe per nascondere le "mani da strega", e i suoi nemici erano soliti apostrofarla come "Anna la strega".

Anna Bolena
L'antica superstizione associava la polidattilia alla buona fortuna. Non fu così per Anna Bolena decapitata nel 1536 per ordine di Enrico VIII.

Estremità e Falangi

La forma della punta delle dita rivela come gli interessi della persona vengono espressi all'esterno. Molte informazioni possono essere dedotte dalle sezioni delle dita chiamate falangi, termine adoperato per descrivere anche le ossa all'interno delle dita. Ogni dito è composto da tre falangi, e ogni falange deve essere studiata nel suo sviluppo: ad esempio, nella lunghezza eccessiva, nello spessore o nella fragilità che la possono distinguere in qualche modo dalle altre. Le falangi superiore, mediana e inferiore rappresentano sfere diverse di interesse, e ogni precisa differenza sottolinea l'accentuarsi o la relativa assenza dell'interesse in questione. Valutando la forma di ogni singola falange si può identificare e dare una definizione precisa alle qualità più generali che sono associate con le dita cui esse appartengono.

La Forma delle Dita

Pochissime mani possiedono dita che terminano tutte con punte della stessa forma. Più spesso se ne trovano di conformazioni diverse nella stessa mano; quindi, ogni estremità dovrà essere analizzata tenendo presenti innanzitutto la qualità rappresentata dal dito e, in seguito, come quella qualità verrà espressa, con la forma particolare della punta. Per riassumere:

– Giove è associato all'ego,
– Saturno rappresenta il senso di responsabilità,
– Apollo si occupa di arte e creatività,
– Mercurio della comunicazione.

In base al tipo di punta distinguiamo quattro classi.

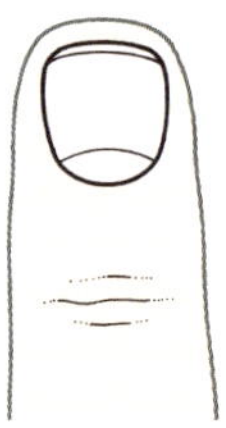

Quadrate

Sono caratteristiche di pensatori cauti e metodici. La forma quadrata, segno di carattere pratico, si trova nelle mani di chi ha una visione razionale. Se mancano di creatività, rimediano con un ottimo complesso di abilità tecniche.

Appuntite

Estremità appuntite denotano una personalità fragile e sensibile. Si riscontrano immaginazione e talento artistico. Chi possiede questa precisa caratteristica tende a sognare ad occhi aperti e a perdersi in voli pindarici. Sono generalmente associate a scrittori, poeti e teorici.

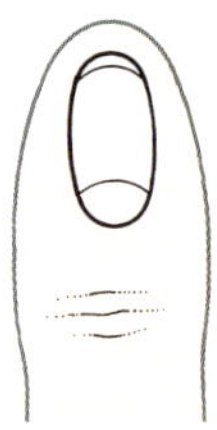

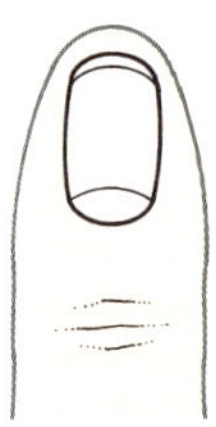

Coniche

Simboleggiano una tendenza creativa. Possedere questo tipo di punte rivela apprezzamento delle arti e flessibilità. Queste persone sono felici di seguire le circostanze che si presentano loro, ma hanno bisogno di sicurezza emozionale per la pace della mente.

Spatolate

Tale forma è associata all'azione, e le persone che possiedono questo tipo di estremità sono pensatori originali. Generalmente hanno tutti idee avanzate e sono dei veri e propri innovatori; conseguentemente possono essere inventori, esploratori o pionieri.

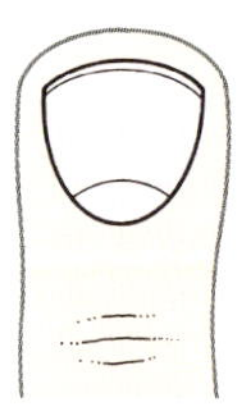

Il Significato delle Goccioline

Le persone che possiedono questa caratteristica – piccoli cuscini imbottiti simili a gocce d'acqua sul punto di cadere dalle punte – hanno una natura tattile. Detti anche cuscinetti della sensibilità, rivelano un acuto senso del tatto. Possono anche non essere presenti su tutte le dita.

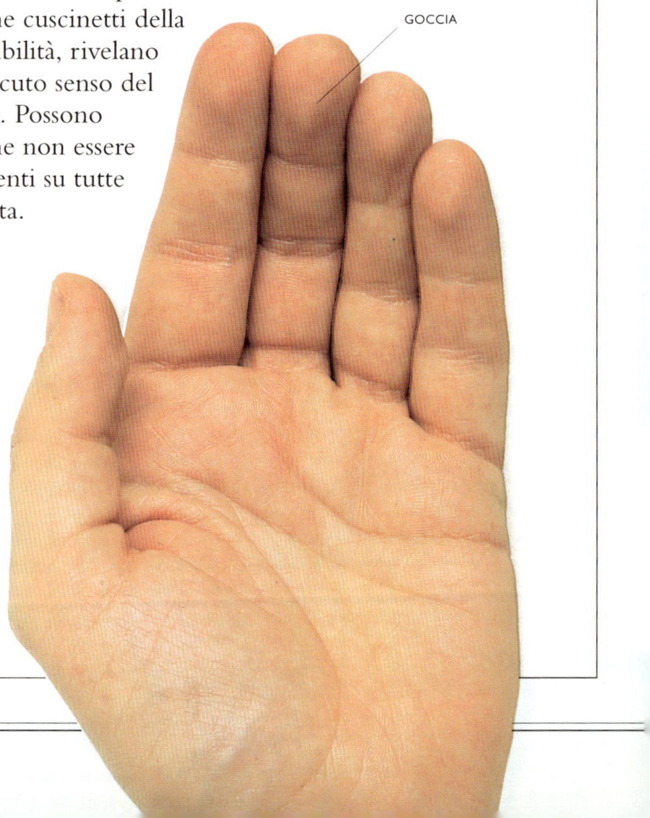

Le Falangi

La forma e lo sviluppo delle falangi superiori rivelano come noi reagiamo mentalmente alle caratteristiche rappresentate dal dito. La forma delle falangi mediane spiega come applichiamo i nostri talenti in quelle aree. Le falangi inferiori invece descrivono le nostre reazioni fisiche o istintive.

Giove

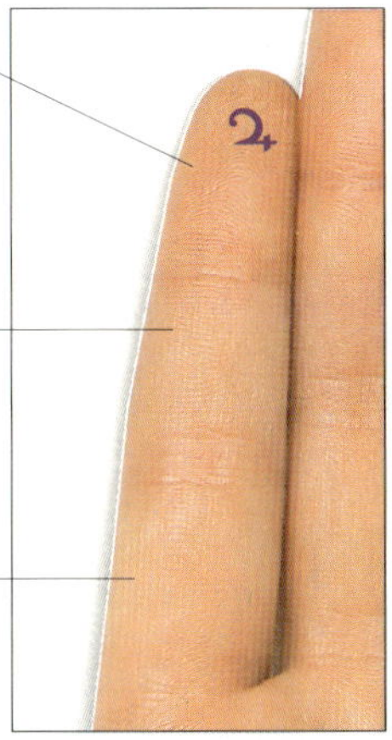

Falange Superiore
Se questa sezione è corta, la persona è profondamente materialista. Tale caratteristica viene rafforzata se la falange è anche grossa. Una falange lunga è segno di perspicacia.

Falange Mediana
Lunga rivela una super efficienza; i manager spesso possiedono questa caratteristica. Corta rivela mancanza di ambizione.

Falange Inferiore
Corta denota un atteggiamento rilassato, lunga uno autoritario. Sottile indica una persona meticolosa e pignola, ma esperta.

Saturno

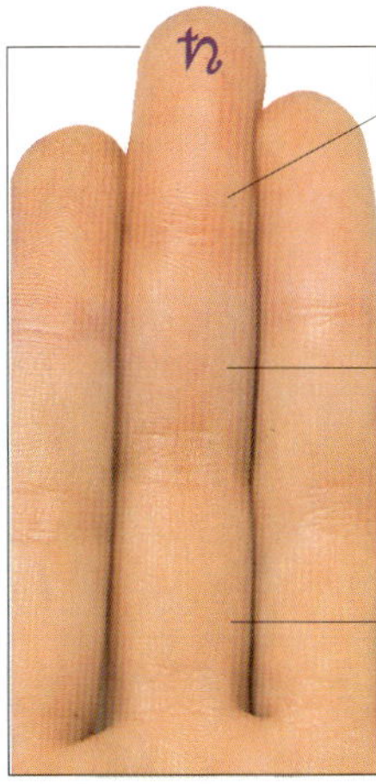

Falange Superiore
Lunga, indica serietà e amore per la ricerca. Corta, aggiunge una certa affidabilità. Un atteggiamento di tipo scettico viene qui rivelato da una falange superiore sottile.

Falange Mediana
Corta, indica una mente scientifica. Lunga, indica un manager efficiente. Una falange spessa dice che ha il "pollice verde".

Falange Inferiore
Ci troviamo di fronte a un individuo egocentrico, se questa è lunga. Se è corta, indica una natura avara.

Apollo

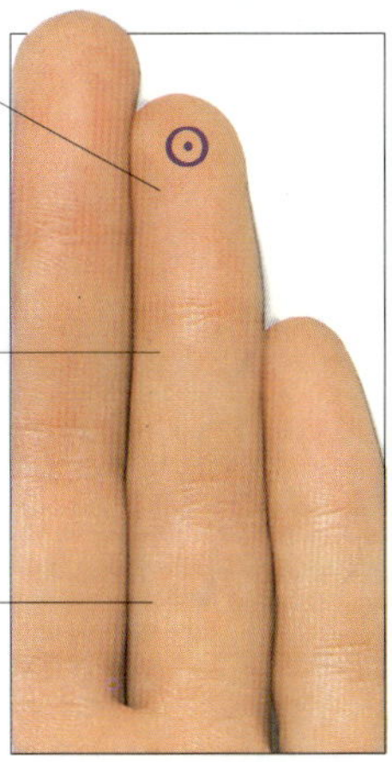

Falange Superiore
Una falange superiore lunga rivela amore per l'arte, se troppo lunga parla di tendenze narcisiste. Una punta spatolata sottolinea qualità teatrali.

Falange Mediana
Lunga e magra mostra talento e sensibilità dei colori e del tratto. Corta o sottile simboleggia scarso giudizio artistico.

Falange Inferiore
Una sezione basale molto lunga denota avidità. Corta rivela cattivo gusto, mentre carnosa contraddistingue il collezionista.

Mercurio

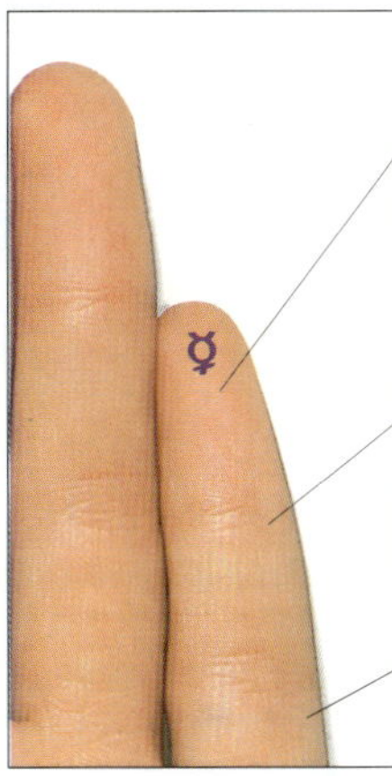

Falange Superiore
Eccellenti capacità di eloquenza vengono illustrate da una falange superiore lunga; se invece è appuntita rivela capacità di persuasione. Corta implica pigrizia.

Falange Mediana
A una sezione mediana lunga viene associato il talento per la finanza. Corta, denota una mente disorganizzata. Grossa, parla di mancanza di precisione.

Falange Inferiore
Corta, appartiene a individui ingenui, semplici. Lunga, parla di autoinganno. Spessa, mancanza di immaginazione.

Falangi: Tratti Distintivi di Gruppo

Sebbene per principio ogni falange sia a sé e vada valutata individualmente, talvolta può essere valutata globalmente. Falangi mediane lunghe e falangi inferiori piene sono quelle degne di nota.

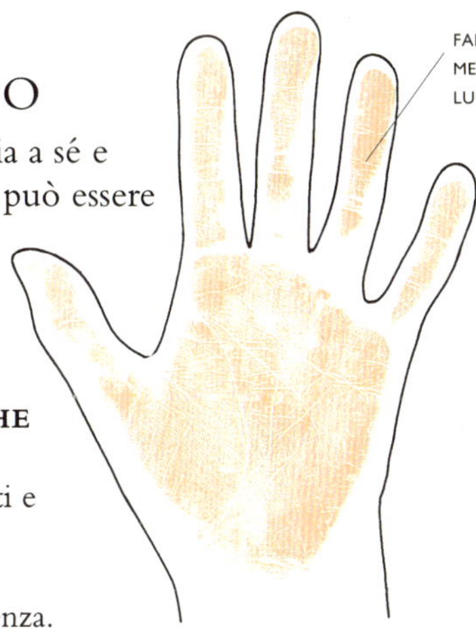

Falangi Mediane Lunghe

Se particolarmente lunghe, appartengono a individui prudenti e parsimoniosi. Queste persone dirigono i loro affari, a casa e in famiglia, con precisione ed efficienza.

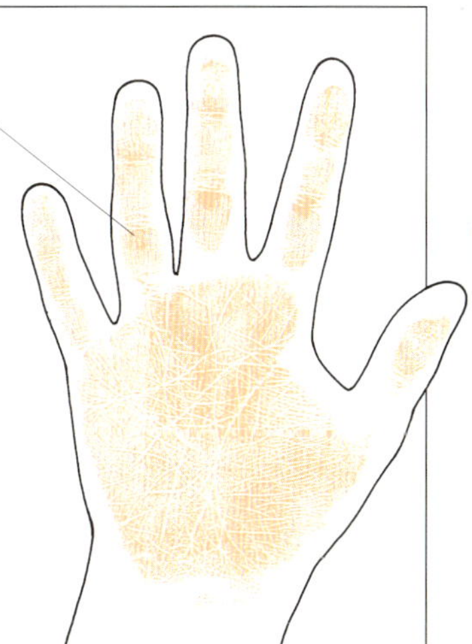

Falangi Inferiori Piene

Una serie di falangi basali consistenti e arrotondate denota una natura sensuale. Una certa indulgenza verso se stessi e l'amore per gli agi e la mondanità possono essere evidenziati.

IL POLLICE

IL POLLICE è un'opera di ingegneria e di tecnologia. Essendo inserito in opposizione alle altre dita, la sua azione permette di afferrare e manipolare gli oggetti con una destrezza sorprendente. Il suo sviluppo nelle mani ci conferisce l'abilità di creare, di trasformare i sogni in realtà, e così facendo di creare il nostro universo e plasmare il nostro ambiente. Nessuno stupore, se si afferma che il pollice rappresenta la forza di volontà e di carattere. È uno strumento di solidità ed energia che rivela quanta iniziativa possediamo; inoltre stigmatizza come l'iniziativa viene usata e resa importante: se in modo logico o intuitivo, aggressivo o sottile, continuativo o intermittente.

CARATTERISTICHE DEL POLLICE

COME LE ALTRE DITA, anche il pollice è formato da tre sezioni. Le falangi superiore e mediana costituiscono quello che noi chiamiamo pollice vero e proprio. La sezione alla base però è incuneata nella mano e forma parte del monte di Venere. Il pollice può essere analizzato tanto nel suo insieme quanto singolarmente.

Falange superiore

La falange superiore del pollice rappresenta la forza di volontà, la determinazione e la tenacia usata nel raggiungere lo scopo. Rivela l'energia motivazionale attraverso la lunghezza, la forma della punta, la forma in generale, informando su quanta tempra si è disposti a impiegare in ciò che viene intrapreso.

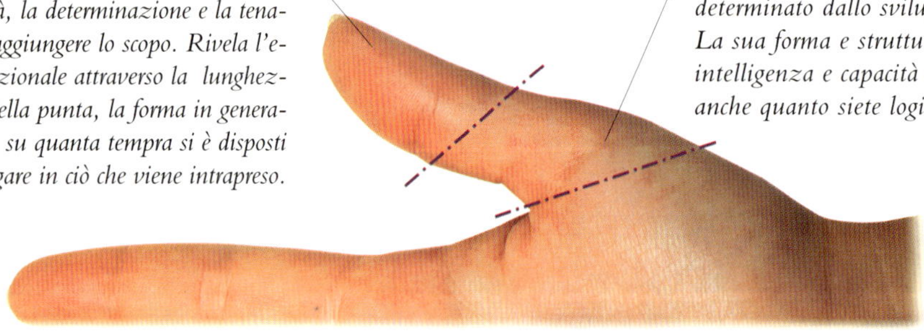

Falange inferiore

Come applicate la vostra spinta motivazionale è determinato dallo sviluppo della falange inferiore. La sua forma e struttura sono misura della vostra intelligenza e capacità di ragionamento. Rivela anche quanto siete logici nelle vostre azioni.

FORME DEL POLLICE

LA FORMA DEL POLLICE descrive come siano combinate volontà e logica nella personalità dell'individuo. La punta invece dice come queste siano espresse. Una punta quadrata conferisce un aspetto tronco, rivelando la mancanza di sottigliezza nel rapporto con altri. Un pollice per lo più armonioso rivela grande agilità mentale ed eccellenti capacità percettive in tutti i campi.

APPUNTITO
Più appuntito è il pollice, più impulsivo è il suo proprietario. Tali individui possiedono una natura sensibile, ma tendono a manipolare i sentimenti altrui.

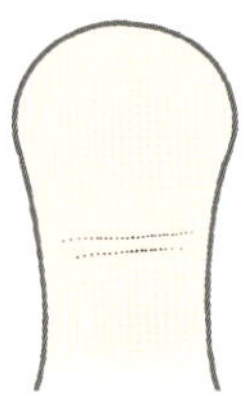

SPATOLATO
Guidati dall'avventura e dall'eccitazione, coloro che hanno il pollice spatolato hanno una mente originale. Da non confondere con la forma bulbosa. *(pag. 41)*

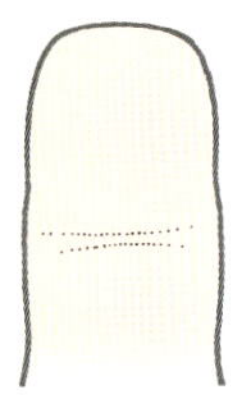

QUADRATO
Pratico, logico e rispettoso delle leggi, gioca stando alle regole. Distintivo il buon senso. Onestà e imparzialità nel modo di avvicinarsi alla vita e agli altri.

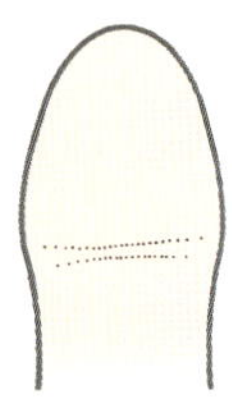

CONICO
In questa forma il dono dell'eloquenza e del pensiero creativo. Le apparenze sono importanti per lui, che ama fare buona impressione sulle altre persone.

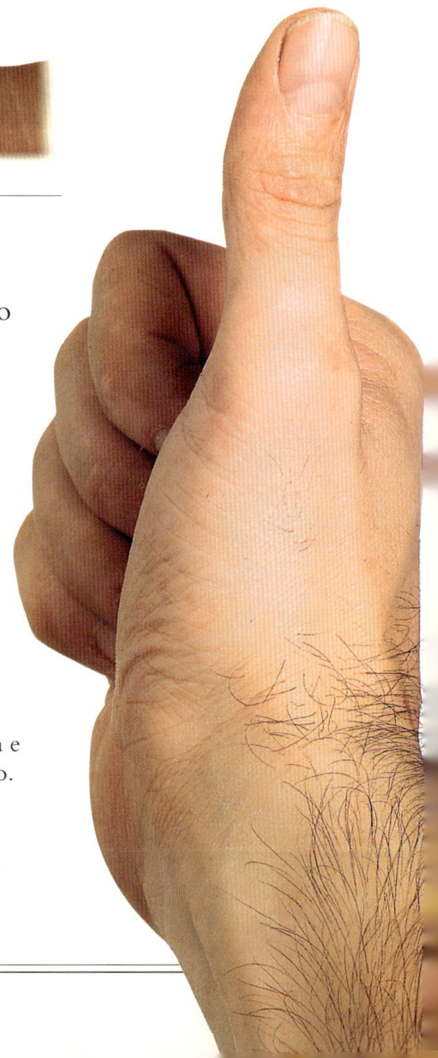

Spessore della Falange

Ulteriori indizi importanti sul carattere e la personalità sono dati dallo spessore del pollice, sia nel suo insieme che nella specificità delle due falangi. La grandezza del pollice descrive essenzialmente il modo in cui ci si accosta agli altri: gentile o brusco, insistente, persuasivo, intenso o rilassato.

Prima di valutare le falangi occorre considerare il pollice nel suo insieme rispetto al resto della mano. Entrambi devono risultare armonici. Se il pollice è molto lungo rispetto al palmo, l'individuo possiede un carattere forte e dominante; se risulta piccolo e debole o sottile, è poco dinamico.

Falange Superiore

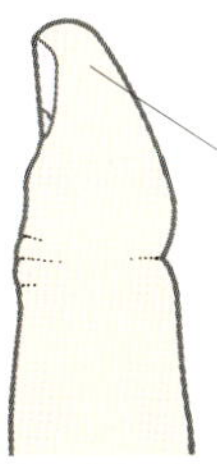

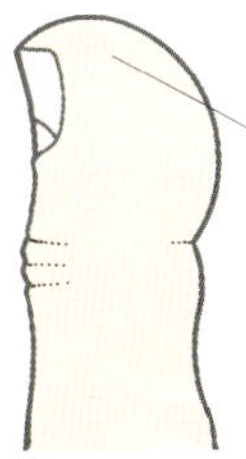

Punta Sottile
Questa falange appare smussata lateralmente. Chi possiede un pollice simile è perfetto nei rapporti sociali, in quanto è caratterizzato da una sensibilità psicologica molto sviluppata.

Punta Bulbosa
Il pollice grosso con punta bulbosa appartiene a una natura aggressiva e importuna. Chiamato anche pollice a clava, il suo possessore è irragionevole e ostinato.

Falange Inferiore

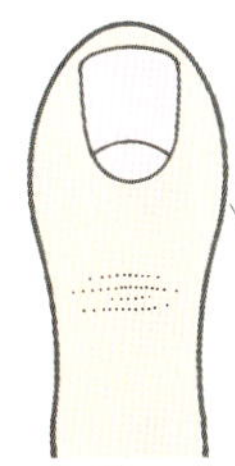

Falange Inferiore Sottile
Falangi sottili implicano una certa sagacia; se la sezione inferiore è più stretta, il pollice è "avvitato". La persona è ricca di tatto e diplomazia.

Falange Inferiore Grossa
Coloro che possiedono questo tipo di pollice spesso mancano di tatto tanto da sembrare insensibili e imprudenti.

Lunghezza della Falange

La falange superiore del pollice rappresenta la forza di volontà, quella inferiore la capacità di ragionamento. Quindi, per avere equilibrio tra l'una e l'altro, entrambe dovrebbero avere la stessa lunghezza. In questo caso, la determinazione è temperata dal pensiero razionale e i progetti vengono portati a compimento mediante la forza di volontà. Comunemente si possiede una falange più lunga dell'altra.

Punta Corta, Base Lunga
Tipiche sono la progettualità e le buone intenzioni, però l'entusiasmo tende a smorzarsi prima che le idee vengano portate a compimento, secondo la formula " lo spirito è forte, ma la carne è debole".

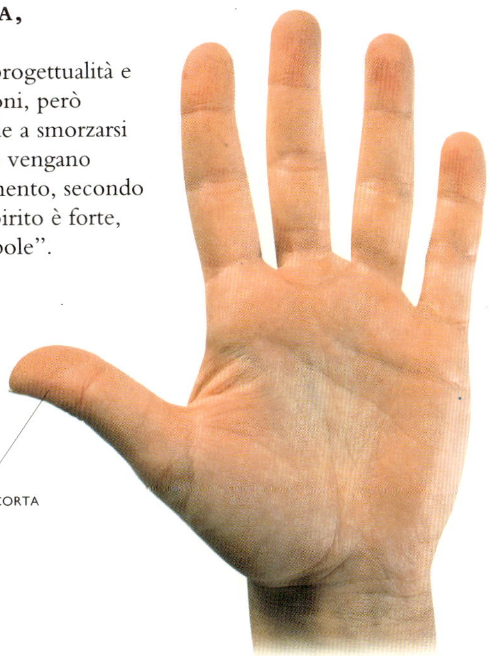

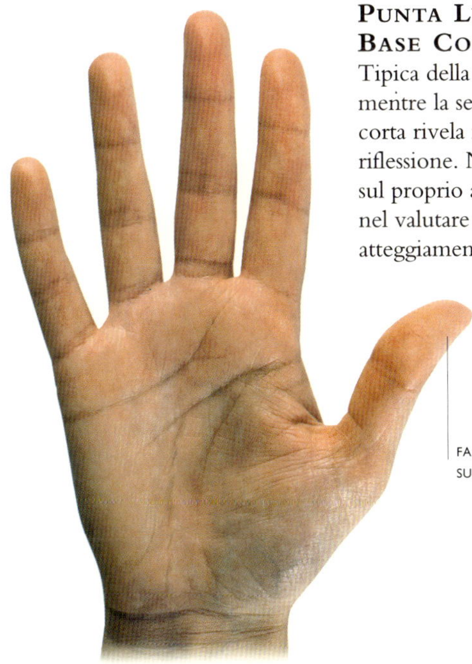

Punta Lunga, Base Corta
Tipica della persona d'azione, mentre la seconda sezione corta rivela mancanza di riflessione. Non ci si interroga sul proprio agire, o si sbaglia nel valutare i compiti con atteggiamento critico.

La Posizione del Pollice

Quando il pollice risulta proporzionato al resto della mano il carattere e i talenti personali sono armonici tra loro e conducono alla realizzazione. La sua misura deve essere calcolata in rapporto al resto della mano, in modo da stabilirne la relativa forza o debolezza. Un pollice chiaramente dominante nella mano è considerato forte, tanto più quanto più getta ombra sul palmo e sulle dita. Un pollice che appare invece inconsistente rispetto al resto della mano è considerato debole. Pollici forti portano a buoni risultati anche in mani con scarse indicazioni di talenti. Pollici deboli ingenerano la dispersione dei talenti potenziali. Il tipo di inserimento indica se si è naturalmente estroversi o introversi, mentre la posizione in cui viene tenuto, più o meno vicino al palmo, rivela il modo in cui ci si relaziona agli altri.

I gesti del pollice

Dal succhiare il pollice al segnalare tenendolo rivolto in su, i gesti che esso compie sviluppano un ruolo importante nel linguaggio del corpo.

Unire le punte del pollice e dell'indice a formare un cerchio tenendo le altre dita sollevate è un segnale riconosciuto in alcuni paesi per annunciare una soluzione perfetta. Il segnale con il pollice rivolto verso l'alto ha un significato simile. Segnali negativi che si servono di questo dito e vengono fatti sollevandolo con decisione sopra la propria spalla implicano il messaggio "vattene".

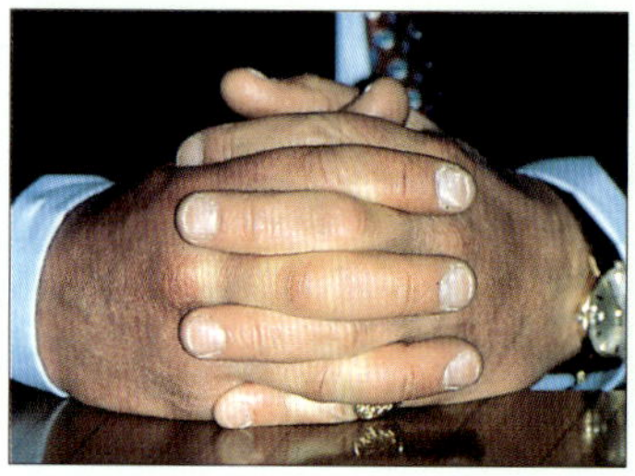

Pollici incrociati
Intrecciare le dita incrociando i pollici è un gesto di rassicurazione, tenerle 'a campanile' (i polpastrelli delle mani uniti) esprime fiducia in se stessi.

Inserimenti del Pollice

L'inserimento alto o basso del pollice distingue gli individui ispirati mentalmente rispetto a quelli che privilegiano la praticità.
Se è inserito basso dà l'impressione di essere staccato dal palmo a formare con esso un angolo ampio; se è inserito alto rimane posizionato più vicino al palmo, creando così uno stretto angolo di apertura.

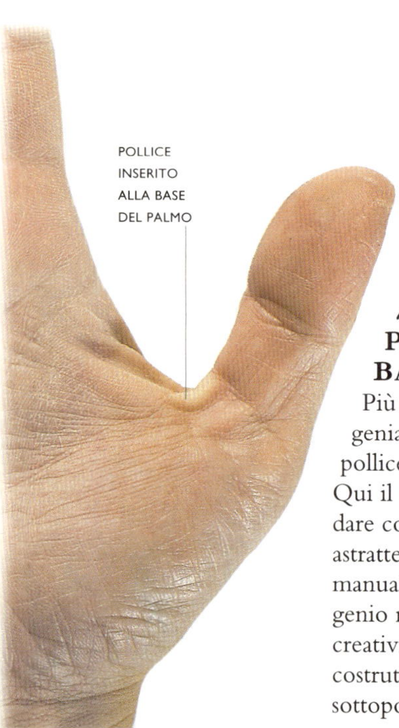

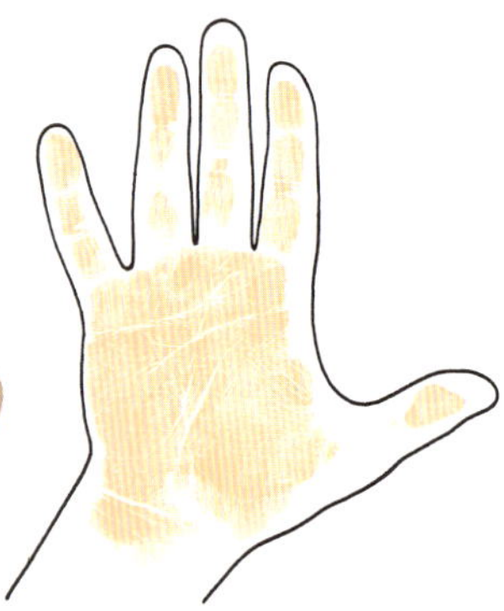

Pollice Inserito Basso
Più un tecnico che un ideatore geniale, il possessore di questo pollice è dotato di senso pratico. Qui il talento risiede nell'abilità di dare concretezza alle teorie astratte. Significa essere manualmente geniali, poiché il genio risiede appunto nella creatività di genere pratico o costruttivo. Se gli altri sottoporranno un'idea, sarà questa persona a metterla in pratica.

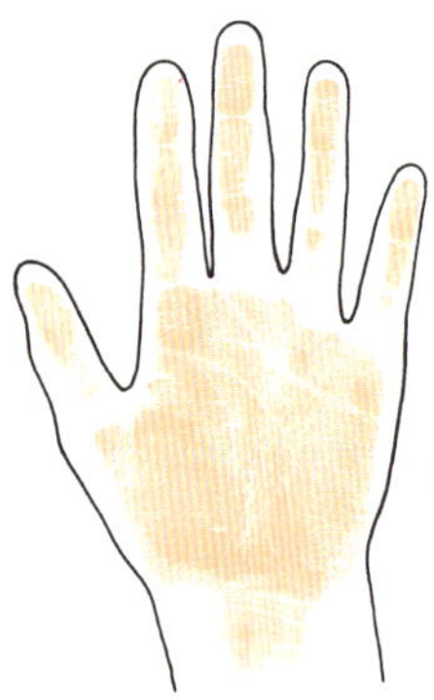

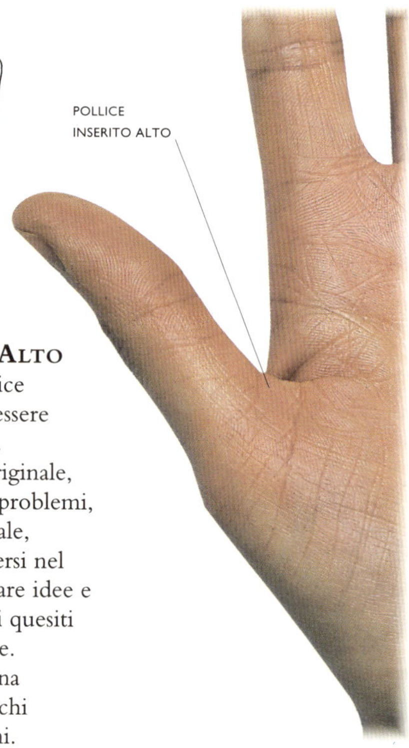

Pollice Inserito Alto
Coloro che hanno il pollice inserito alto tendono ad essere intellettualmente creativi. Possiedono una mente originale, sono geniali risolutori di problemi, abili nel pensiero trasversale, sempre felicemente immersi nel regno del mentale; generare idee e trovare soluzioni a vecchi quesiti procura loro soddisfazione.
Il pollice inserito alto è una caratteristica positiva per chi opera nelle comunicazioni.

Angoli di apertura

Gli stati d'animo e gli atteggiamenti nei confronti degli altri sono riflessi dall'angolo che il pollice forma quando si apre il palmo. Se l'angolo è stretto, si è particolarmente cauti. Se è ampio la natura individuale è più espressiva, amichevole, aperta.

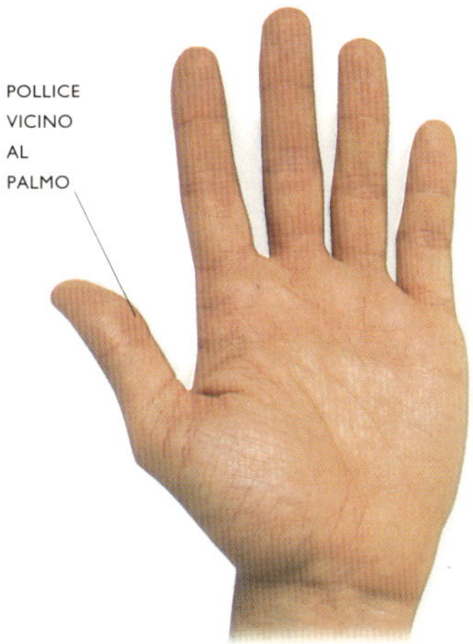

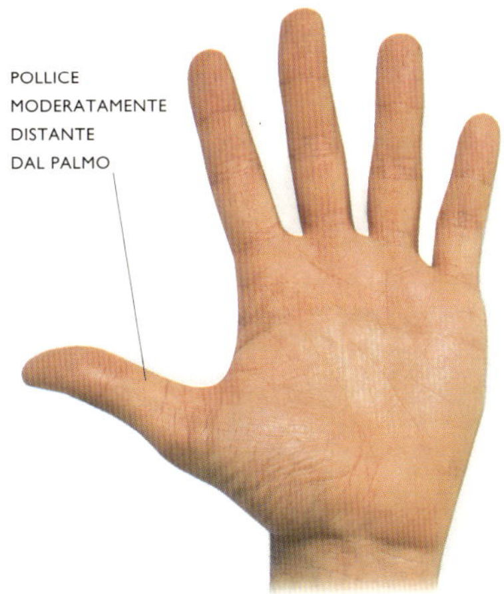

Pollice Chiuso
Il pollice che forma un angolo stretto rivela una natura inibita e una personalità riservata. Pur essendo anche segno di determinazione e costanza, può indicare ristrettezza di vedute. Se la mano è pallida e lunga, siamo di fronte a un egoista.

Pollice a 45°
È l'apertura riscontrata più comunemente, e va dai 45° ai 90°. Rivela una natura rilassata, aperta e fiduciosa, che possiede la giusta dose di autostima in ogni circostanza. Persone di questo tipo sono cordiali e amichevoli.

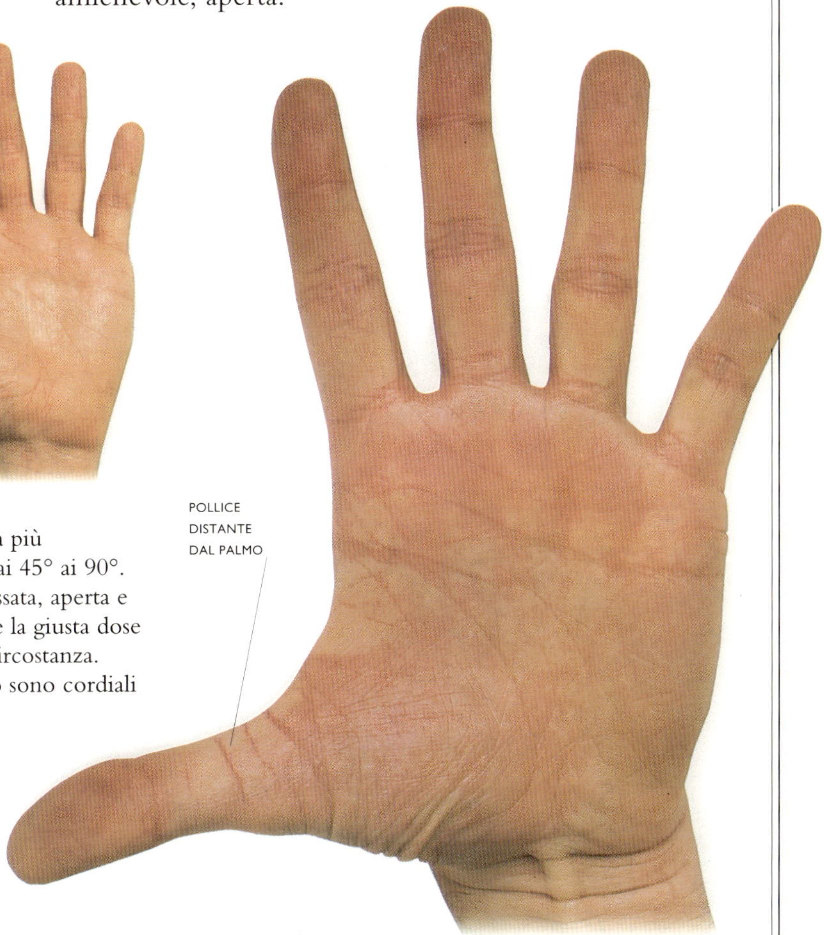

Pollice a 90°
I chirologi orientali sostengono che il pollice aperto a 90° contraddistingue l'individuo equilibrato. Se però l'angolo è più ampio, la natura è eccessivamente espansiva ed estroversa e l'individuo può mancare di autocontrollo. Una scarsa capacità di concentrazione indica che le energie non sono incanalate.

Flessibilità del pollice

La flessibilità del pollice viene valutata in base all'articolazione superiore. Se questa falange sembra fusa con la seconda tanto che la punta del dito pare rifiutare di piegarsi, il pollice è considerato rigido. Se la falange unghiata si piega all'indietro all'altezza dell'articolazione, è considerato flessibile.

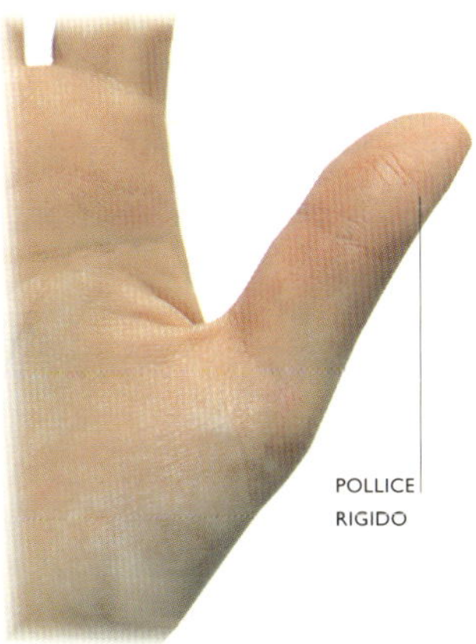

Pollice Rigido
Il pollice rigido è segno di atteggiamento duro e di natura inflessibile.
Indica una persona resistente e caparbia, con grande potere di concentrazione.
Provvista di volontà ferrea, riesce a focalizzarsi su un compito finché non raggiunge l'obiettivo desiderato.
Solo allora si ritiene soddisfatto.
Ostinata e determinata, pur nella sua riservatezza ha forza di carattere.

Pollice Flessibile
Il pollice flessibile sottolinea l'individuo accomodante e adattabile, felice di lasciarsi trascinare dalla corrente.
Intellettualmente aperto e orientato alla creatività.
Pronto a prendere in considerazione diverse idee nello stesso tempo, spesso si assume troppe responsabilità.
Facilmente accontentabile, è tendenzialmente distratto in tutti i suoi atteggiamenti, senza valutarne le conseguenze.

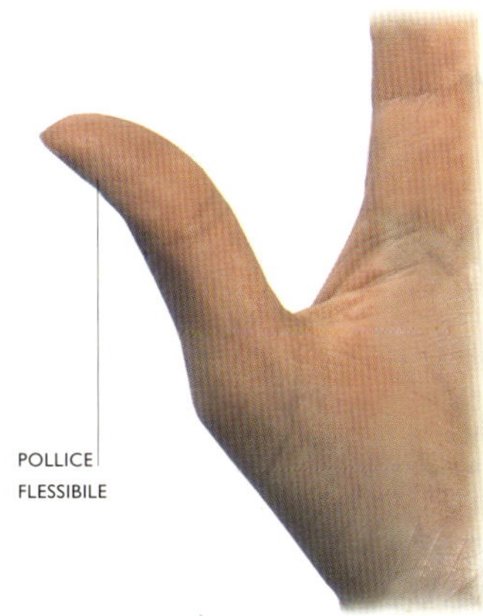

LE UNGHIE

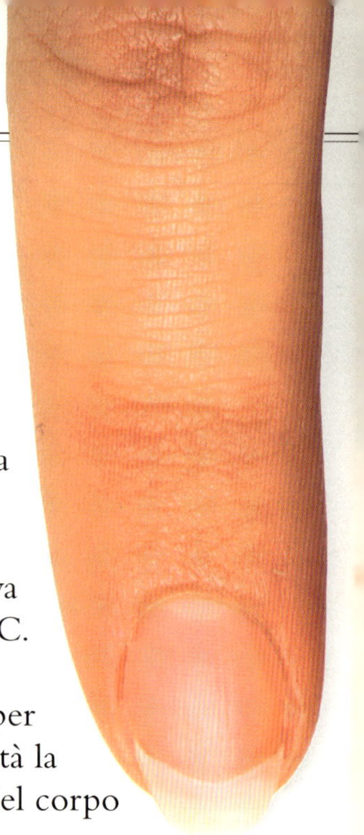

LE UNGHIE RIVELANO dell'individuo molte più cose di quanto ci si possa immaginare. Mordicchiate, ad esempio, indicano una disposizione nervosa o ansiosa; macchiate su Saturno e Giove svelano il fumatore; ben curate denotano una certa dose di orgoglio; poco curate una certa imprecisione. Esse sono in grado di offrirci, oltre ai semplici indizi sul comportamento e lo stile di vita, altre informazioni preziose.
La loro forma, la costruzione e il colore descrivono il carattere e il temperamento; registrano anche l'impatto che gli eventi importanti hanno nelle nostre vite e, per via della loro crescita costante, agiscono come misuratori del tempo indicando quando questi eventi ebbero luogo. Altresì, le unghie sono utili indicatori circa il nostro stato di salute ed il nostro benessere.
Questo tipo di interpretazione va addirittura fatta risalire al 400 a.C. quando Ippocrate diffondeva la propria convinzione dottrinale per cui le unghie riflettevano in realtà la condizione fisica e psicologica del corpo in ogni individuo.

CARATTERISTICHE DELLE UNGHIE

LE UNGHIE POSSIEDONO VARIE forme e misure. Idealmente dovrebbero essere lisce e lucide, di tessuto elastico e, in base alla razza, colore roseo o beige, accompagnato da una lunetta bianco-latte. Quando valutate la forma e la grandezza delle vostre unghie prendete in considerazione solo la parte colorata, giacchè quella bianca, non essendo più viva, va comunque esclusa dall'analisi.

FORME DELL'UNGHIA

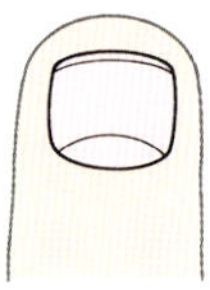

QUADRATA
Indica una natura pacifica e un temperamento equilibrato. Più larga è l'unghia, più equilibrato è l'individuo. L'unghia piccola denota un certo cinismo della persona.

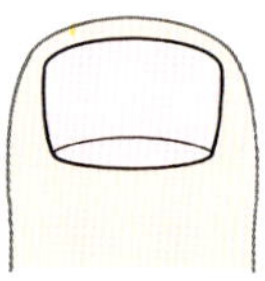

RETTANGOLARE
Unghie più larghe che lunghe vengono trovate per lo più sul pollice. Rivelano un carattere forte e un temperamento vulcanico, che però si spegne velocemente.

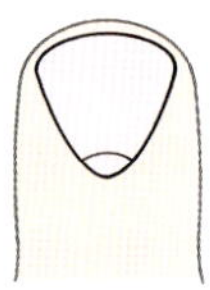

A VENTAGLIO
O a conchiglia, quest'unghia viene associata a una disposizione nervosa. Può essere che le unghie adottino questa forma quando il loro possessore è sotto stress.

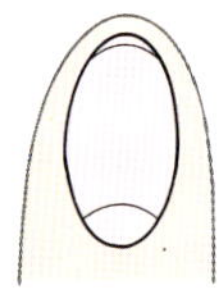

A MANDORLA
Chi possiede unghie di questo tipo ha una natura gentile e cortese. Spesso sono individui creativi e sognatori. Possono però mancare di robustezza fisica e psicologica.

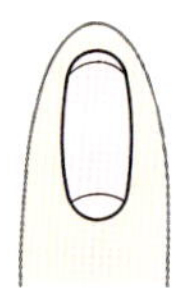

STRETTA
Possedere sulla mano diverse unghie di forma stretta denota una natura per lo più sostanzialmente fredda. L'individuo tende ad essere egoista ed egocentrico.

TIPI DI CRESCITA

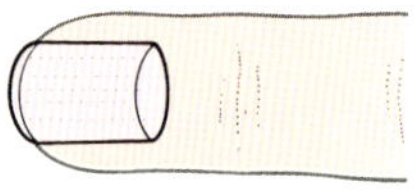

SOLCHI VERTICALI
Solchi verticali nella composizione dell'unghia producono un tessuto rigato che indica la tendenza a disturbi reumatici o della pelle.

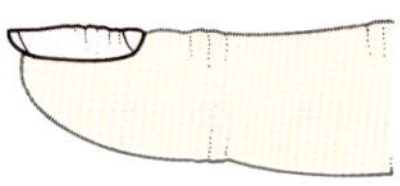

SOLCHI ORIZZONTALI
Possono essere attribuiti a carenze di ordine alimentare. Avvallamenti singoli possono indicare una dieta ferrea, una malattia o un trauma.

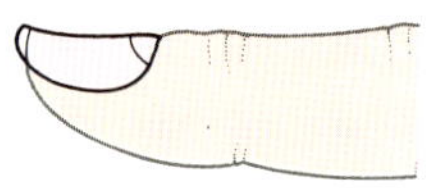

CONCAVA
È segno di squilibri chimici dovuti a deficienze nutritive che, se non vengono corrette, possono portare a malattie anche molto serie.

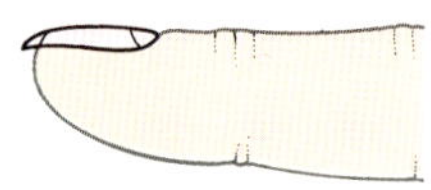

CONVESSA
L'unghia che si incurva suggerisce una natura predace. Interpretata sotto il profilo fisico indica disposizione ai problemi respiratori.

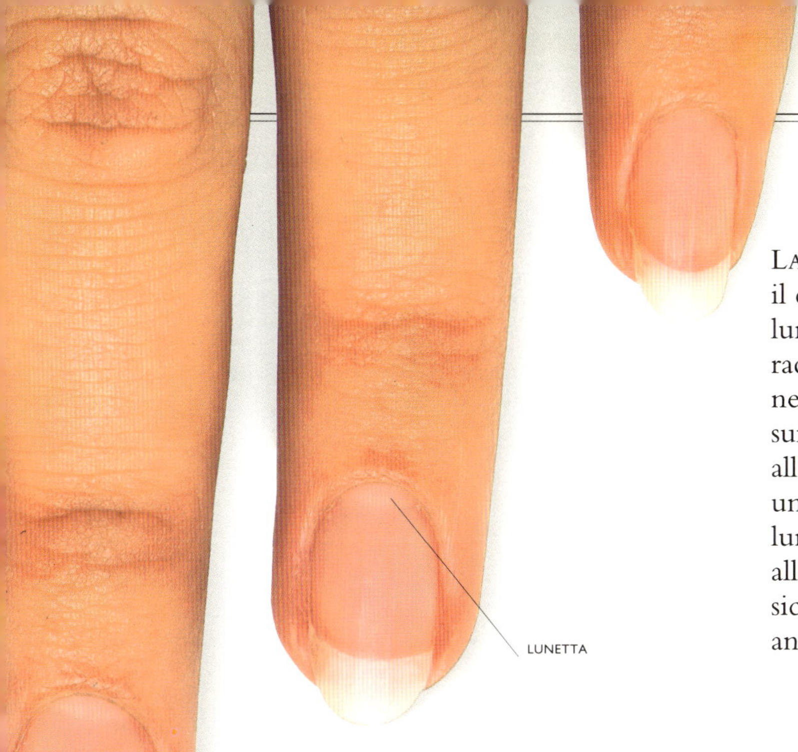

CARATTERISTICHE DELLA LUNETTA
La forma, la grandezza e il colore delle lunette sono ereditari, perciò rivelano le predisposizioni familiari alla cattiva salute.

LE LUNETTE

LA FORMAZIONE DELL'UNGHIA avviene nello spazio sotto il dito dietro la cuticola. La lunula a semicerchio, o lunetta, che si trova alla base dell'unghia, è parte della radice e risulta, per via di strati, bianco-lattea. Persino nelle mani in cui è poco visibile, sarà possibile ritrovarla sui pollici. Lunette molto ampie indicano predisposizione all'ipertiroidismo, assenti all'ipotiroidismo. In generale una costituzione debole è associata a unghie prive di lunette. Lunette mal formate segnalano predisposizione alle malattie cardiache; se esse sono bluastre, sono sicuramente in causa problemi respiratori e possono anche indicare presumibili inconvenienti cardiovascolari.

COLORE DELLE UNGHIE

IL COLORE DELLE UNGHIE dovrebbe risultare di una sfumatura più chiara rispetto al tono che prevale sul dorso della mano. Negli europei, il letto dell'unghia mostra un colore roseo attraverso lo strato cheratinoso, mentre negli africani è di un beige cremoso. Una colorazione gialla, marrone o blu fornisce indicazioni diagnostiche sulla salute. Macchie, macchioline o alterazioni del colore, come puntolini bianchi, sono sovente indicatori di squilibri nutrizionali.

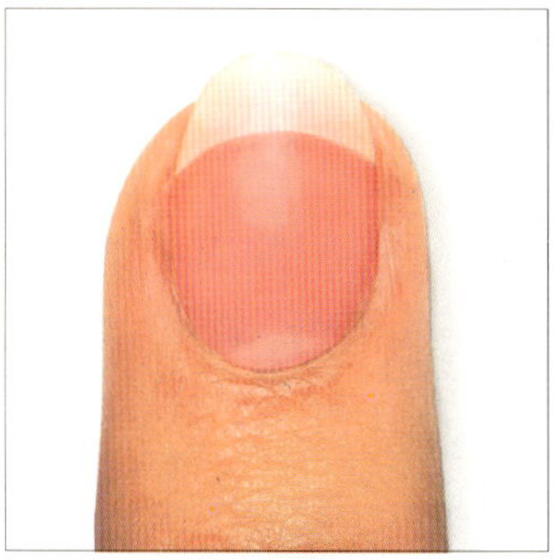

UNGHIE ROSSE
Fisiologicamente, il colore rosso delle unghie indica abbondanza di energia; questo colore è anche associato al carattere collerico e denota un temperamento irascibile con attacchi di rabbia e impazienza.

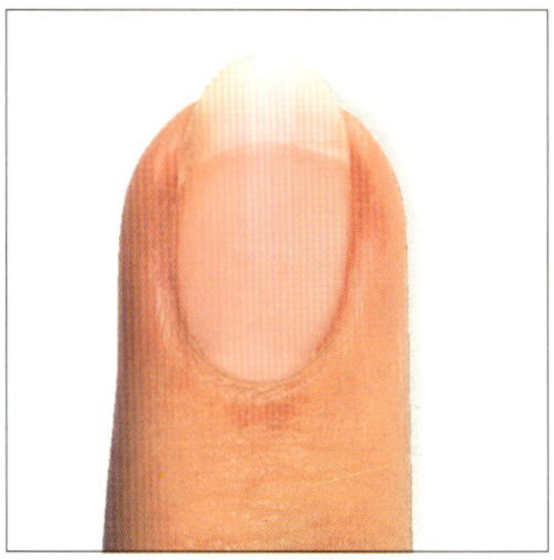

UNGHIE PALLIDE
Le unghie che risultano più pallide della pelle circostante possono indicare carenza di ferro. Per quanto riguarda la personalità, un colore molto pallido, bianco o grigiastro è spesso indice di un carattere tendente all'egoismo.

Le unghie più lunghe del mondo

Ricchezza e status sociale venivano storicamente abbinati a unghie molto lunghe dal momento che il loro possessore non eseguiva lavori manuali.

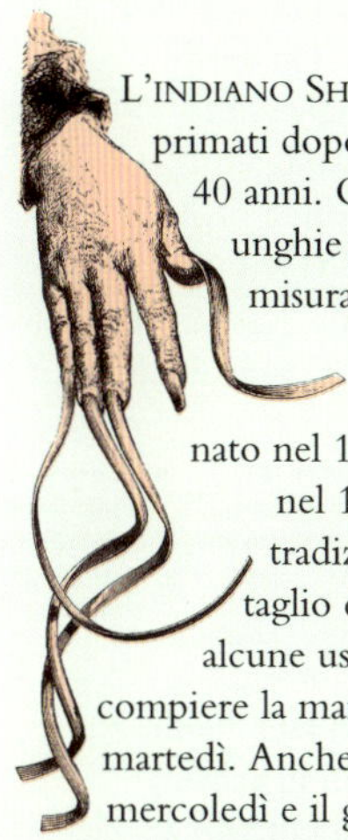

L'INDIANO SHRIDHAR CHILLAL è entrato nel libro dei primati dopo aver fatto crescere le unghie per più di 40 anni. Ora è l'orgoglioso proprietario delle unghie più lunghe del mondo. La più corta misura 102 cm e appartiene all'indice della mano sinistra; poco, in confronto a quella del pollice, che misura 132 cm. Shridhar, nato nel 1937, tagliò per l'ultima volta le sue unghie nel 1952. Esistono molte tradizioni popolari legate al taglio delle unghie. Secondo alcune usanze i giorni migliori per compiere la manicure sono il lunedì e il martedì. Anche il mercoledì e il giovedì vengono considerati favorevoli, mentre il venerdì pare porti sfortuna. Si dice che se ci si taglia le unghie di sabato, questo sarà causa di perdite; se lo si fa di domenica si verrà colpiti da grande sfortuna prima del fine settimana!

BATTE OGNI RECORD
S. Chillal mostra le sue unghie, le più lunghe del mondo.

Impronte Digitali

I disegni presenti sulla pelle furono documentati per la prima volta nel 1823 dal dottor Jan Purkinje, medico cecoslovacco. Egli notò che la pelle ricoprente il lato palmare delle mani aveva una superficie costituita da righe e solchi che formavano disegni. Ogni impronta digitale è unica al punto che i disegni della mano destra non sono uguali a quelli della sinistra. Essi crescono di dimensioni dall'età infantile a quella adulta. Che la pelle subisca tagli, strappi ustioni o altro, dopo la guarigione, ripresenterà comunque sempre gli stessi disegni.

Disegni di Impronte Digitali

Le impronte vengono classificate in tre tipi: il cappio, la spirale e l'arco, che includono ulteriori variazioni. Ogni modello è associato a particolari caratteristiche e offre indizi sulla personalità. Contate i disegni presenti sulle vostre dita: quello numericamente dominante rivela le forze preminenti.

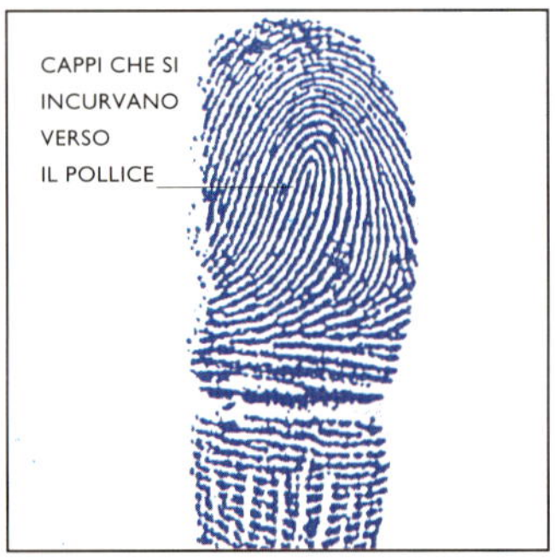

Cappio Ulnare
È il più comune, e si allunga dalla direzione della percussione per puntare verso il pollice. Rivela un atteggiamento adattabile ed equilibrato che necessita di numerosi interessi e attività.

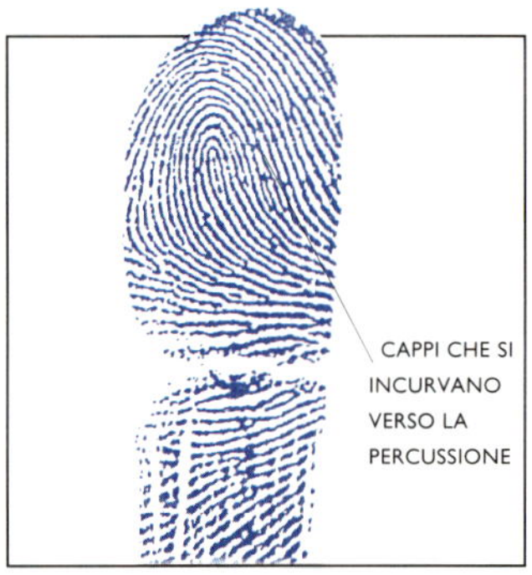

Cappio Radiale
È un cappio piuttosto insolito, che parte dalla direzione del pollice per puntare verso la percussione. Appartiene a persone flessibili, ma più autoritarie rispetto a quelle del cappio ulnare.

Spirali Concentriche
Un insieme di spirali non si trova facilmente. È più facile rintracciare questo disegno sul pollice, Giove o Apollo. Mostra un carattere inflessibile ma responsabile, che tiene la situazione sotto controllo.

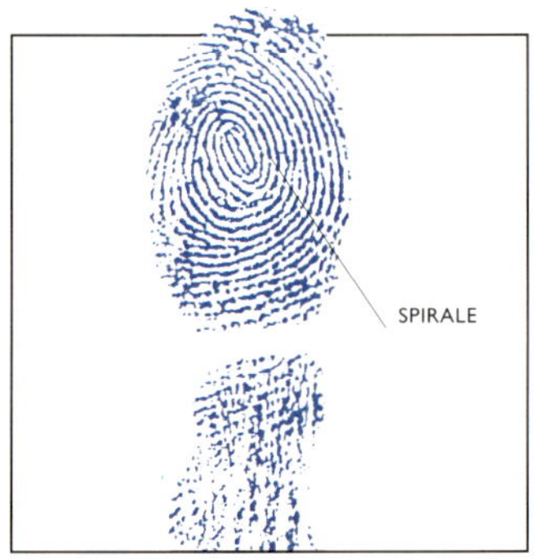

Spirale Concentrica
Meno fitta della precedente, questa versione concentrica suggerisce caratteristiche simili, quali atteggiamenti rigidi e opinioni immutabili. Chi possiede questo disegno è felice se lavora da solo.

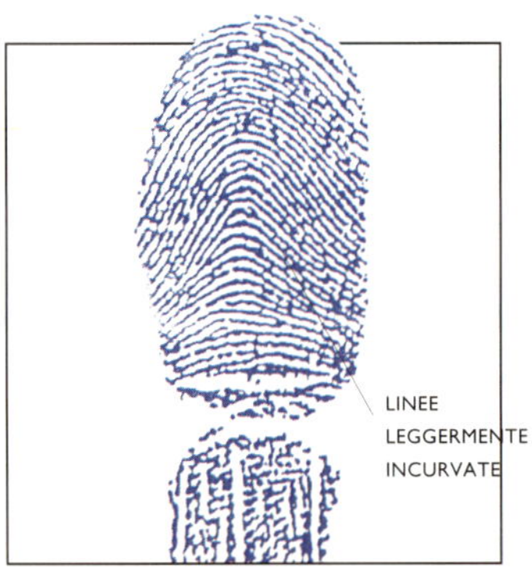

Archi
Raramente presenti su Mercurio, gli archi appartengono a individui che possiedono abilità pratiche. Solidi, lavoratori e riservati, hanno un'ottica materialistica.

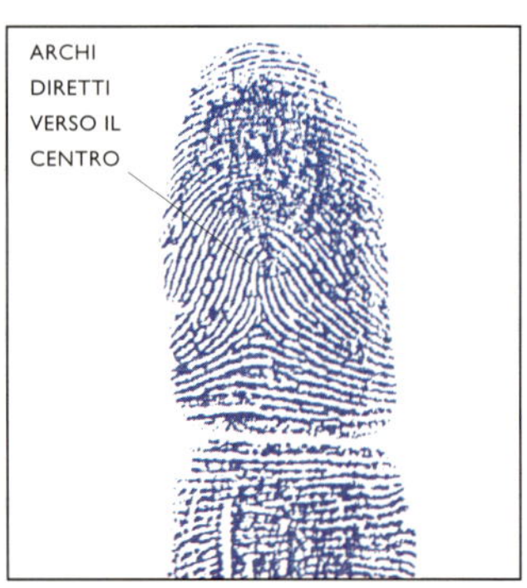

Archi a Tenda
Un disegno insolito, così chiamato per la forma che assume al centro. Hanno le stesse caratteristiche di coloro che hanno archi semplici, ma sono più entusiasti e impulsivi.

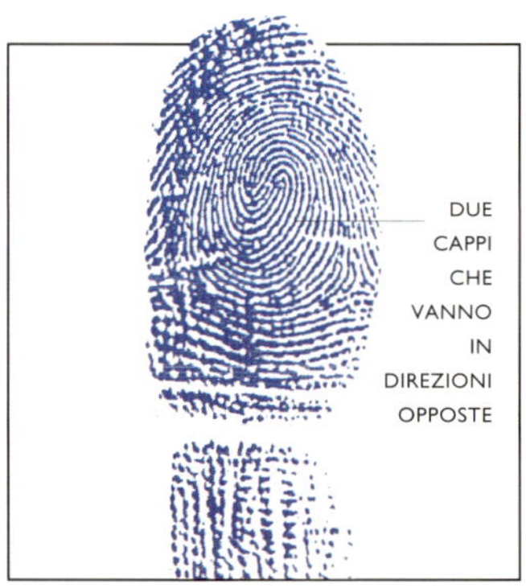

Compositi
Formato da due cappi che vanno in direzioni opposte, questo disegno indica apertura mentale, capacità di vedere i problemi da angoli diversi, ma anche indecisioni palesi.

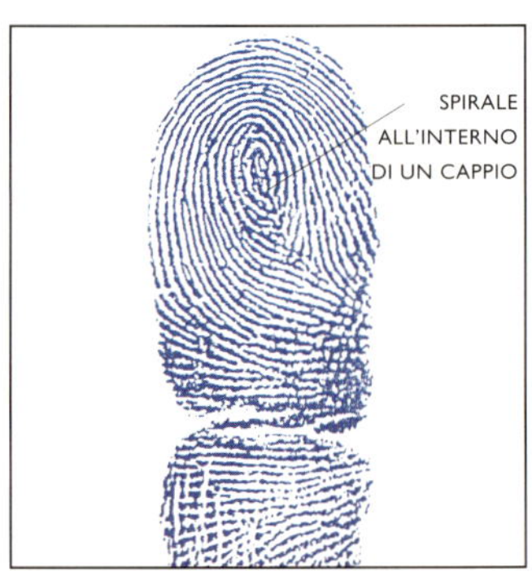

Occhio di Pavone
Una piccola spirale racchiusa in un cappio è segno di fortuna e conferisce protezione al suo possessore. Questo disegno, raro, si trova comunque solo su Mercurio e Apollo.

Caratteristiche dei Disegni

Il tipo di disegni che possedete e la loro posizione sulle punte delle dita rivelerà il vostro modo di affrontare la vita. Alcune persone hanno lo stesso disegno di impronta digitale su ogni dito, ma in genere tutti hanno un misto di disegni. È importante analizzare ogni disegno nel contesto del dito.

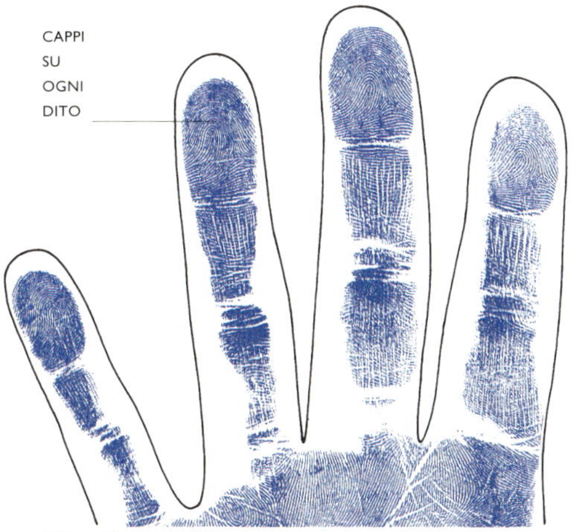

Un Solo Disegno per una Serie
La stessa impronta presente in tutte le dita accentua le qualità proprie di quel tipo di disegno. Così, una serie di cappi enfatizza la flessibilità, mentre lo spirito pratico è annunciato dal ripetersi degli archi.

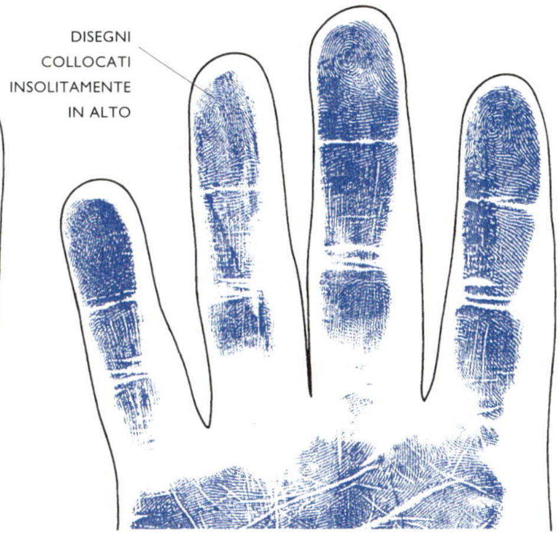

La Collocazione del Disegno
Normalmente il centro del disegno è collocato approssimativamente al centro della falange superiore, ma se appare più in alto l'energia è di tipo intellettivo. Se è in basso l'energia è utilizzata per fini pratici.

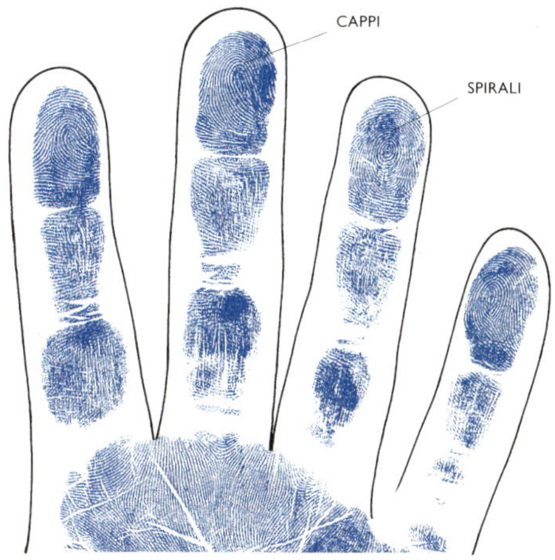

Disegni Misti
Valutate ogni disegno secondo l'influenza del dito. Sul pollice: la spinta personale; su Giove: l'ambizione; su Saturno: la sicurezza; su Apollo: l'appagamento; su Mercurio: la comunicazione.

Le Impronte

I solchi della pelle sono punteggiati da file di piccoli pori attraverso i quali traspiriamo. Quando tocchiamo un oggetto, depositiamo minuscole perle di sudore emesse da ogni poro, lasciando impressionato il disegno palmare.

Segni Rivelatori
Le impronte che lasciamo sugli oggetti sono conosciute come latenti. Anche la mano più asciutta lascia impronte.

Impronte digitali e polizia

Fin dalla sua adozione da parte della polizia britannica nel 1901 come metodo affidabile di identificazione, la scienza delle impronte digitali ha rivoluzionato l'opera della polizia in tutto il mondo.

Il 13 settembre del 1902, quando Henry Jackson fu condannato a sette anni di carcere per aver preso parte a un furto con scasso, era la prima volta in cui una giuria giudicava colpevole un imputato sulla base di un'impronta individuata da un poliziotto sul luogo del crimine. La tecnica relativa all'identificazione dei criminali, da quella prima occasione storica ha compiuto passi da gigante. Tuttavia ancora oggi, con lo sviluppo delle tecniche di archiviazione elettronica, gli strumenti laser e le possibilità di ricerca e recupero dati mediante computer, sono ancora necessarie ore di lavoro.

Archivi della polizia
La tecnologia ha rivoluzionato il sistema di archiviazione delle impronte e i computers sono stati utilizzati fin dal 1970 a questo scopo. Il computer di New Scotland Yard a Londra contiene in memoria quasi cinque milioni di impronte digitali, mentre quello dell'FBI, negli USA, ne contiene più di 70 milioni.

Dermatoglifi Palmari

Sebbene si sia consapevoli dei disegni presenti sui polpastrelli delle dita, non sempre ci si accorge di possedere formazioni simili sui palmi. Tutta la superficie palmare è ricoperta di pelle che, tra le sue numerose proprietà specifiche, contiene solchi e righe che scorrono talvolta in linee parallele, talvolta seguendo le linee familiari dei disegni a cappio e a spirale che troviamo sulle punte. Questi disegni vengono ereditati geneticamente e sono già impressi nelle mani intorno al terzo mese di sviluppo fetale. Essi sono utili per evidenziare qualità particolari della natura individuale.

Tipi di Dermatoglifi

Il disegno a cappio è quello che si trova più comunemente nel palmo, mentre le spirali sono le meno frequenti. Alcune mani contengono più di un tipo di disegno, altre possono non averne alcuno. Solitamente i dermatoglifi sono situati in prossimità della membrana palmare. In alternativa, possono trovarsi sui monti di Venere e della Luna (vedi pagina 49). Le mani prive di disegni possiedono un'impronta chiamata "a campo aperto".

Solchi e Righe

Lo studio dei segni sulla pelle è conosciuto come dermatoglifica. Questo termine deriva dal greco *derma*=pelle e *glyphè*=incisione; descrive la serie di solchi e righe che appaiono incisi sulla pelle.

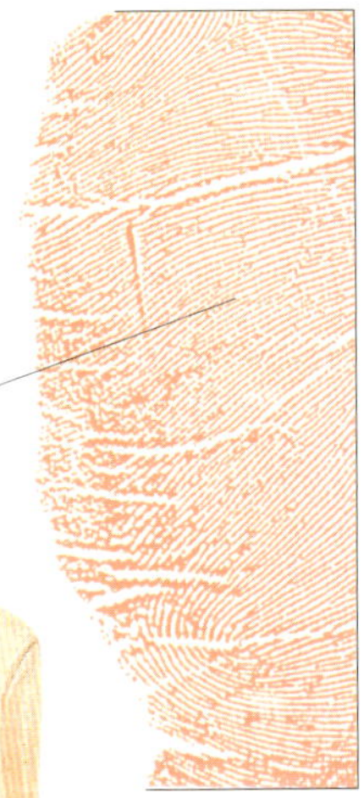

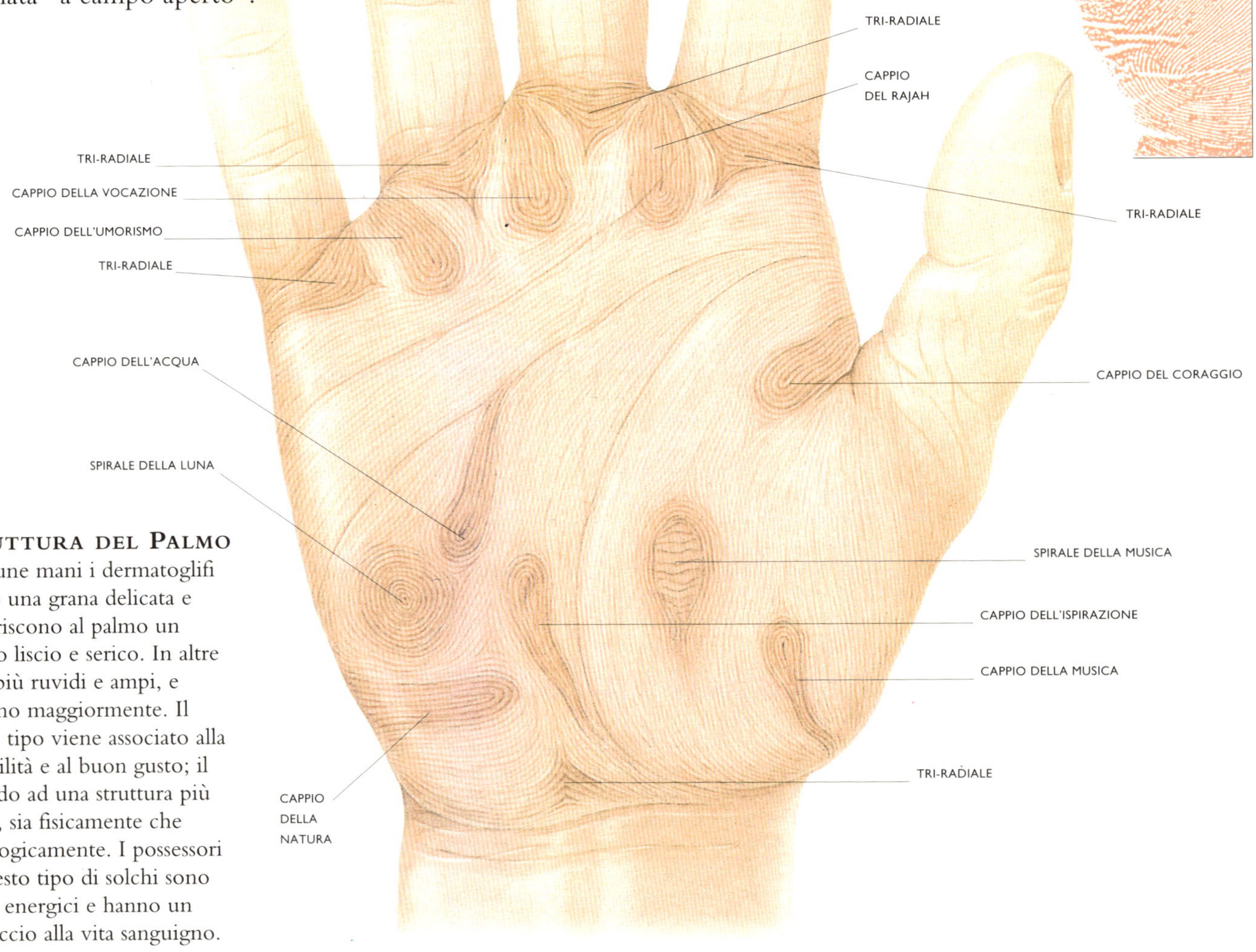

Struttura del Palmo

In alcune mani i dermatoglifi hanno una grana delicata e conferiscono al palmo un aspetto liscio e serico. In altre sono più ruvidi e ampi, e risaltano maggiormente. Il primo tipo viene associato alla sensibilità e al buon gusto; il secondo ad una struttura più solida, sia fisicamente che psicologicamente. I possessori di questo tipo di solchi sono attivi, energici e hanno un approccio alla vita sanguigno.

Tri-Radii

Nel caso in cui diverse righe scorrano insieme e poi si incontrino, queste formano un triangolo noto come tri-radiale. I tri-radii sono definiti punti focali di energia.

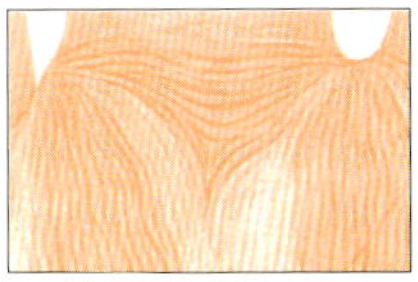

Trovare i Tri-Radii
Possediamo diversi tri-radii nelle nostre mani, ma di solito i più visibili sono quelli che si trovano in cima al palmo, attorno alla base di ogni dito.

Cappi

Sebbene possa trovarsi anche da altre parti, la localizzazione più frequente del cappio è sulla membrana interdigitale o sui monti.

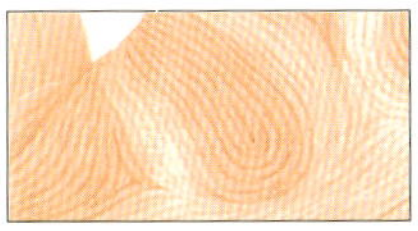

Cappio dell'Umorismo
Collocato tra Apollo e Mercurio, questo disegno denota umorismo pungente e disposizione gioviale.

Cappio della Vocazione
Si trova tra le dita di Apollo e Saturno, la sua presenza rivela dedizione al lavoro e alla carriera.

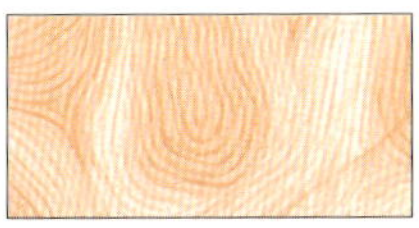

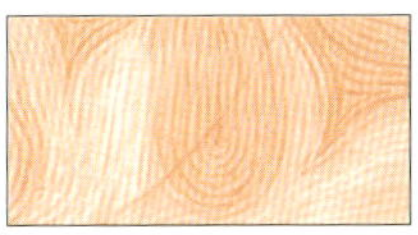

Cappio del Rajah
Segno raro, collocato tra Giove e Saturno; rivela qualità legate al comando, e si pensa indichi sangue nobile.

Cappio del Coraggio
Un altro disegno insolito, posizionato sopra al punto in cui il pollice si inserisce nel palmo. La sua presenza rivela uno spirito coraggioso.

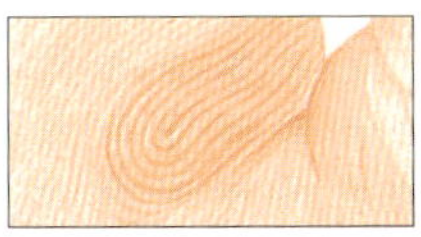

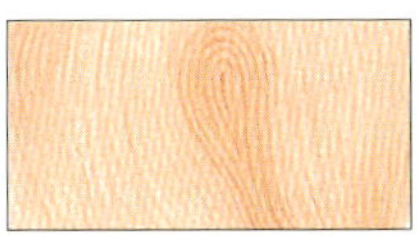

Cappio della Musica
Un cappio che si allunga dalla base del pollice verso il monte di Venere è associato all'apprezzamento della musica.

Cappio dell'Ispirazione
Questo cappio, che denota creatività ispirata, viene associato a poeti e artisti e si colloca al centro del palmo, partendo dal polso.

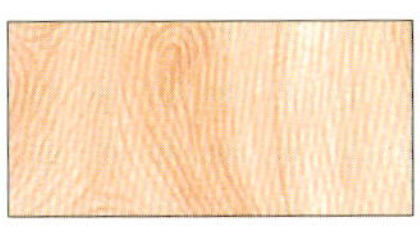

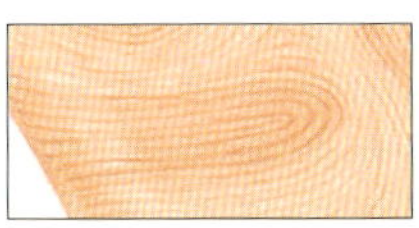

Cappio della Natura
Un cappio collocato attraverso il monte della Luna implica un rapporto sensibile e in sintonia con la natura.

Cappio dell'Acqua
Questo disegno che scorre verso il monte della Luna rivela affinità con l'acqua. Trovarsi vicino all'acqua è terapeutico.

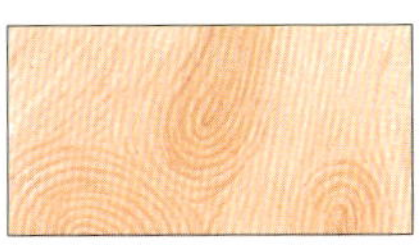

Spirali

Le spirali non si trovano spesso tra un dito e l'altro e sono rare nel palmo. Di tanto in tanto, è possibile riscontrarne sul monte di Venere o sul monte della Luna.

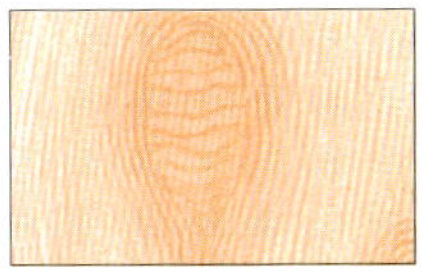

Spirale della Musica
Denota talento per la musica ed è molto rara; se racchiude un insieme di righe orizzontali e si trova sul monte di Venere è chiamata "ape" perché somiglia all' insetto.

Spirale sul Monte della Luna
La spirale indica in generale concentrazione, intensità di energia. In questo monte rivela una concentrazione di immaginazione, ed è distintiva di attori, pittori e scrittori.

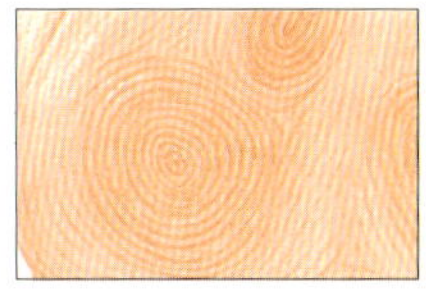

Il cappio del Rajah

Secondo la tradizione indiana, il cappio del Rajah è segno di sangue reale.

Maria, Regina degli Scozzesi
Maria Stuarda fu regina di Scozia dal 1542 al 1567.

I chiromanti orientali sostengono che chiunque possieda un cappio tra Giove e Saturno discende da lignaggio reale. Di conseguenza essi hanno conferito il titolo di Rajah a questo disegno estremamente raro, anche se in Occidente i chirologi sono riluttanti a fare una tale associazione, per quanto si sia rilevato che coloro che possiedono questo cappio raggiungono una posizione di potere e di status sociale elevato nel corso della vita. Si è visto che alcuni individui che possiedono questa segnatura ma che non hanno alcuna prova di titolatura, sono certi di discendere da stirpe nobile.

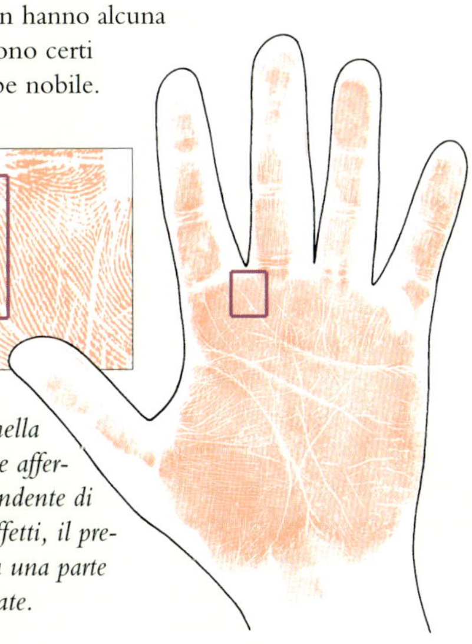

Legami reali
Il cappio del Rajah nella mano di un uomo che afferma di essere un discendente di Maria Stuarda. In effetti, il prenome di lei costituiva una parte del nome delle antenate.

Le Linee

Le linee delle mani registrano eventi e suggeriscono sviluppi. Si modificano, per le scelte consapevoli che noi compiamo, fornendo in tal modo una mappa del progresso e della evoluzione attuata nel corso dell'esistenza.

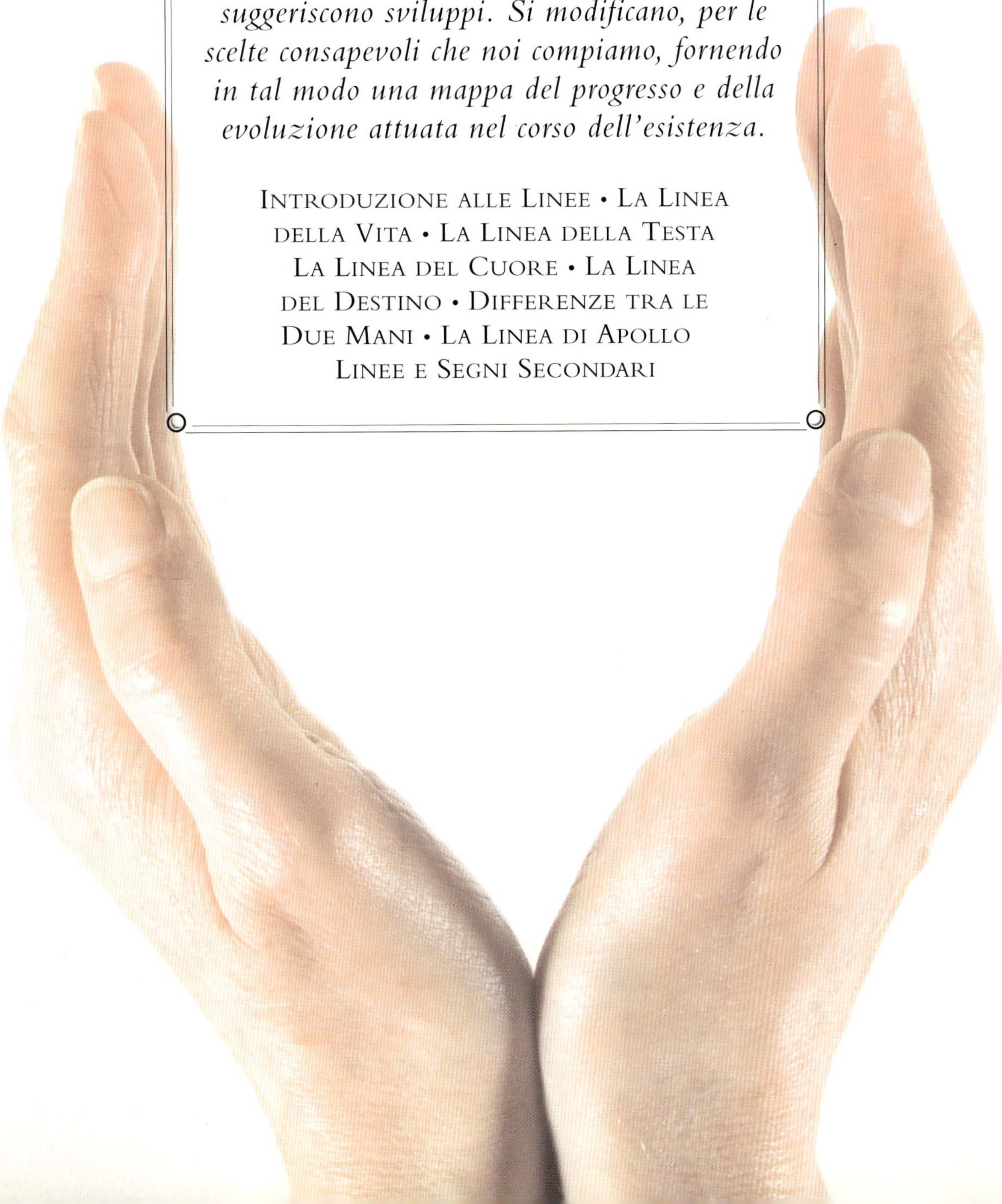

Introduzione alle Linee

Le persone che non hanno alcuna conoscenza dell'analisi della mano credono che le linee dei palmi altro non siano che pieghe generate dai movimenti delle dita e delle mani. Se davvero fosse così, perché allora non abbiamo tutti le stesse segnature? Perché le mani di alcuni sono ricoperte da numerose linee e quelle di altri ne hanno solo il minimo indispensabile? E ancora, perchè chi lavora con le mani ha meno linee di chi esercita professioni manageriali o clericali? Le linee non sono semplici pieghe create da movimenti ripetuti. Esse, generate dal sistema nervoso, sono legate alla nostra psicologia e alla chimica dell'organismo.

Le Linee

La linea della Vita, la linea della Testa e la linea del Cuore si formano nel corso dei primi mesi di sviluppo fetale; così come ereditiamo geneticamente il colore dei capelli ereditiamo anche la forza e la direzione delle linee e la forma delle mani. Le altre linee principali solitamente si formano più tardi. Un neonato può possedere un insieme completo di linee alla nascita, ma quasi sempre esse appaiono con gli anni. Le linee non sono statiche, ma si evolvono proporzionalmente al progresso e allo sviluppo individuale durante la vita.

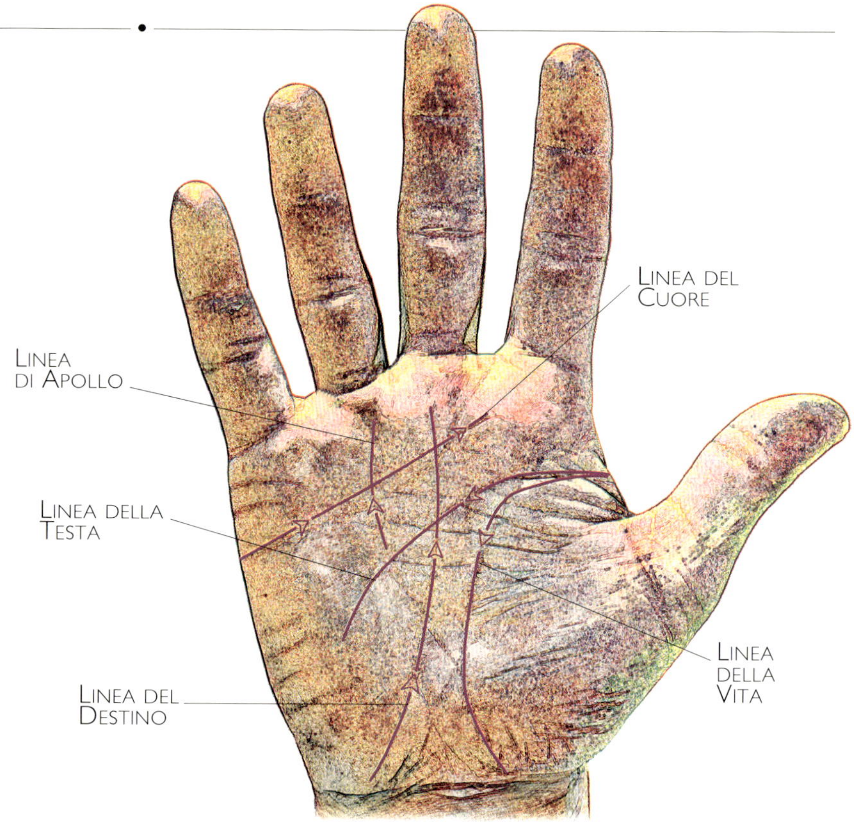

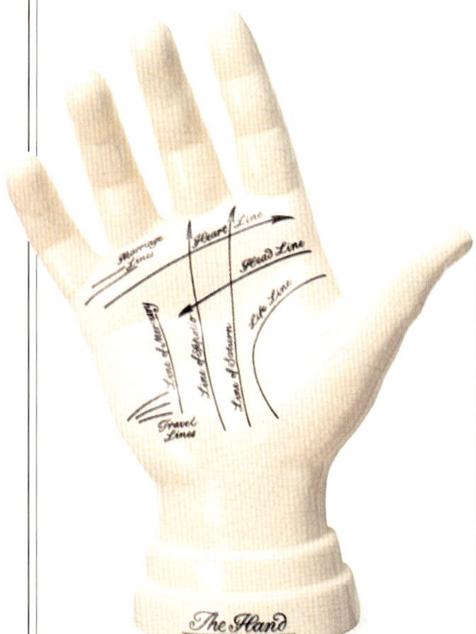

Linee del destino
Il modello cinese qui sopra mostra le linee principali. Le frecce indicano la direzione nelle quali vanno lette.

Segnature sulle Linee

Se la vostra mano fosse una mappa e le linee delle strade, queste trasporterebbero messaggi che partono dal vostro chimismo corporeo. Le linee forti indicano che il cammino è libero, mentre le segnature su di esse sono altrettante ostruzioni; avvisano che ci sono ostacoli. Le interruzioni segnalano cambiamenti di direzione, le croci e le barre opposizioni, le stelle periodi di intensa energia. Le isole indeboliscono le linee e indicano periodi in cui la resistenza è bassa. Una serie di isole, conosciuta come catena, indebolisce ulteriormente la linea. Le ramificazioni sono come strade secondarie che conducono ad un'altra area della mano. Il quadrato promette protezione durante i periodi difficili.

Interruzione Sovrapposta | Interruzione Precisa | Barra | Stella | Isola | Ramo | Croce

Linee e Segnature Secondarie

Se le linee principali sono paragonabili ad autostrade e superstrade, le linee e i segni secondari sono le strade provinciali. Come una provinciale conduce il traffico verso una certa destinazione, così le segnature secondarie aggiungono il tocco finale all'analisi del carattere, agendo come fuochi di segnalazione che mettono in evidenza le sfumature della personalità.

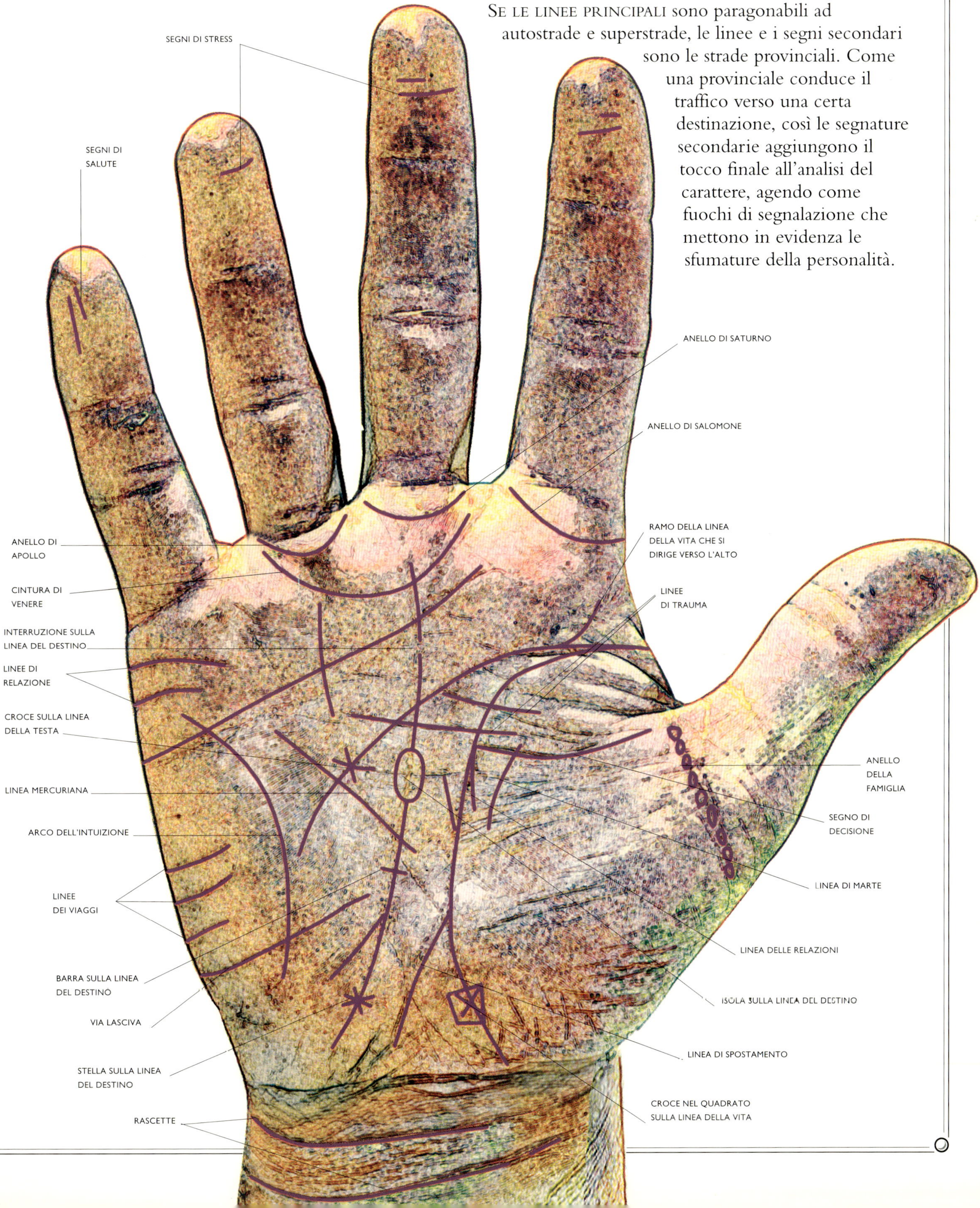

La Linea della Vita

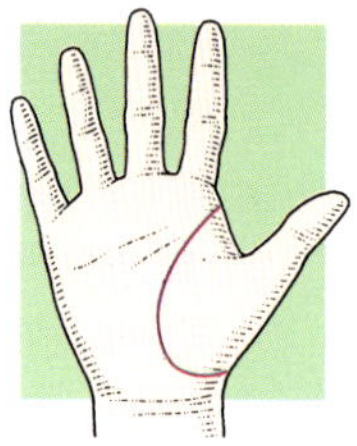

Contrariamente a quanto si crede, la linea della Vita non indica la longevità o meno della persona. Linee brevi sono state trovate nelle mani di chi ha vissuto oltre i novant'anni e linee lunghe sono state invece studiate nei palmi di individui morti relativamente giovani.

Ciò che la linea della Vita rivela non è la lunghezza, bensì la qualità della vita, poichè agisce come un registro chiaro e inequivocabile del vostro stato di salute. Essa è uno strumento per misurare, secondo la sua costruzione e il sentiero che forma attorno al pollice, la vitalità, il livello di energia e la forza fisica. Dalla linea della Vita si può capire se siete stati dotati di costituzione robusta o se la vostra capacità di reazione alla fatica è inferiore alla media. La linea della Vita mostrerà se siete fisicamente attivi, coraggiosi ed estroversi oppure nervosi, timidi e introversi.

Indicherà inoltre la vostra capacità di entusiasmo e il vostro gusto di vivere.

Che voi rimaniate inattaccabile e comunque entusiasta anche rispetto alle avversità o che vi facciate schiacciare dal primo segno di oppressione, questo verrà riflesso proprio dalla linea della Vita.

Caratteristiche della Linea della Vita

Origina sull'orlo del palmo tra il pollice e Giove, si allunga verso il basso attorno al monte di Venere e verso il polso. Alcune linee della Vita formano un arco poco profondo, che rasenta il pollice. Altre si allungano in una curva che tende ad estendersi verso il centro del palmo.

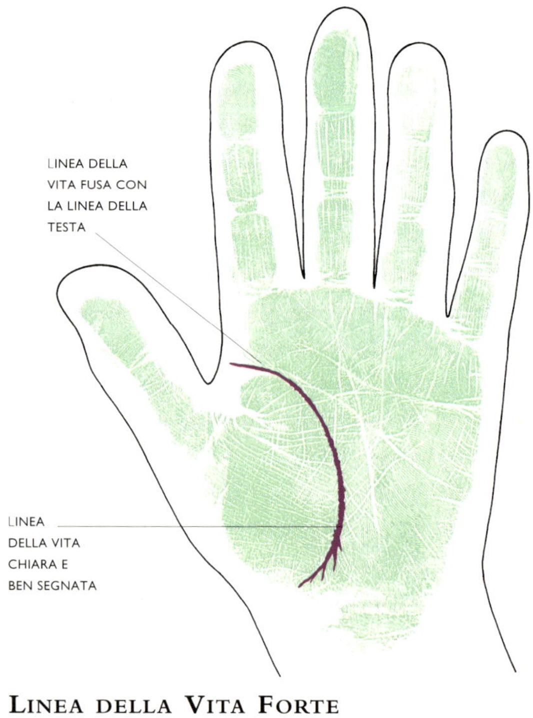

Linee fuse insieme
Linea della Vita e linea della Testa fuse insieme all'origine indicano una natura cauta. Separate, indicano indipendenza e capacità di rischio.

Intelletto
Se la linea della Testa appare più marcata della linea della Vita la persona è più attiva mentalmente che fisicamente.

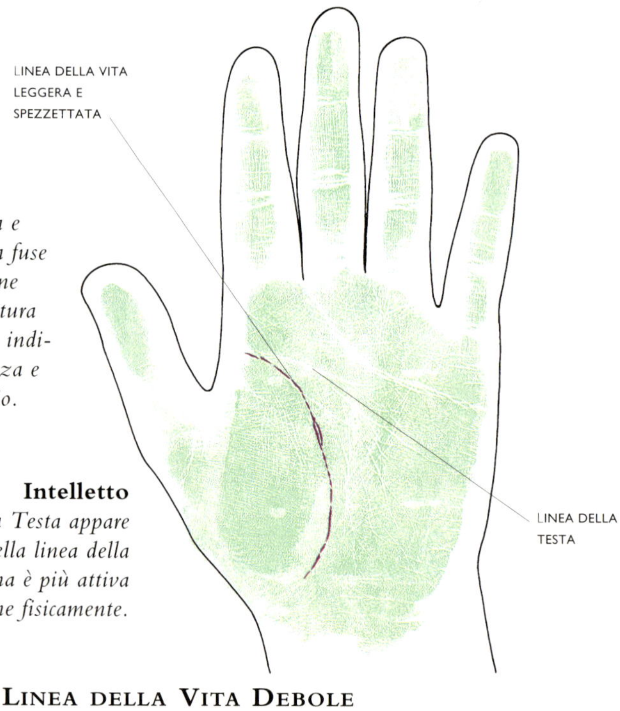

Linea della Vita Forte

Più è segnata la linea della Vita più la costituzione è robusta e vigorosa. Se avete una linea ben incisa siete forti e resistenti e affronterete qualunque cosa l'esistenza vi riservi. Così pieni di energia, potreste eccellere negli sport. Se appare più in rilievo rispetto alle altre linee principali, le attività fisiche avranno il sopravvento su quelle intellettuali.

Linea della Vita Debole

La linea della Vita può essere debole perché costruita in modo indeciso o perché appare flebile e leggera paragonata alle altre linee principali. Una linea interrotta o frammentata denota una costituzione delicata e una vitalità ridotta. Se appare più debole delle altre linee indica che il suo possessore non è un grande cultore dell'attività fisica.

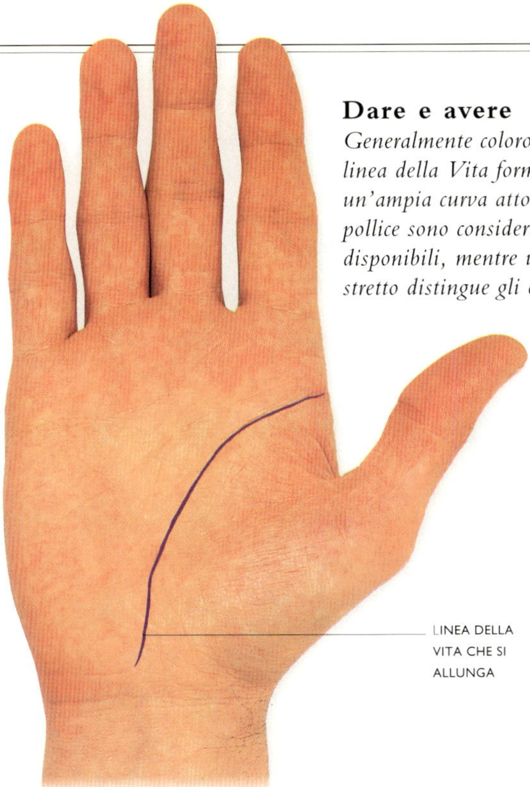

Dare e avere

Generalmente coloro la cui linea della Vita forma un'ampia curva attorno al pollice sono considerati disponibili, mentre un arco stretto distingue gli egoisti.

Linea della Vita Breve

Nessun altro tratto distintivo della mano è mai stato causa maggiore di ansietà o ha suscitato malintesi. Linee della Vita decisamente corte sono estremamente rare, per quanto se ne possano incontrare numerose che lo sembrano. Inevitabilmente in questi casi un'indagine più attenta rivela che, prima di terminare, la linea si allunga in un ramo sottile che raggiunge il centro del palmo e si collega ad un'altra linea. Quest'ultima rappresenta una nuova sezione di linea della Vita che si sostituisce alla precedente. Talvolta la linea del Destino può avere doppia funzione e agire come la nuova sezione di linea della Vita. Denota cioè un importante cambiamento positivo nella vita della persona. Trasferirsi in un paese straniero, sposare un partner di razza diversa o ereditare una fortuna sono tra gli eventi rappresentabili.

Linea della Vita che si Allarga

Quando la linea della Vita forma un ampio semicerchio che si allunga oltre il centro del palmo denota una persona estroversa ed esuberante. Più essa si amplia e più la natura della persona è espansiva.
Al contrario, una linea della Vita che incurva strettamente attorno al pollice indica che si preferisce la propria compagnia a quella degli altri.

Ambizione

Una linea della Vita che origina in alto più vicino alla base di Giove che a quella del pollice denota un ambizioso. I possessori di queste linee sono considerati ottimi condottieri e nel corso dell'esistenza raggiungono il successo.

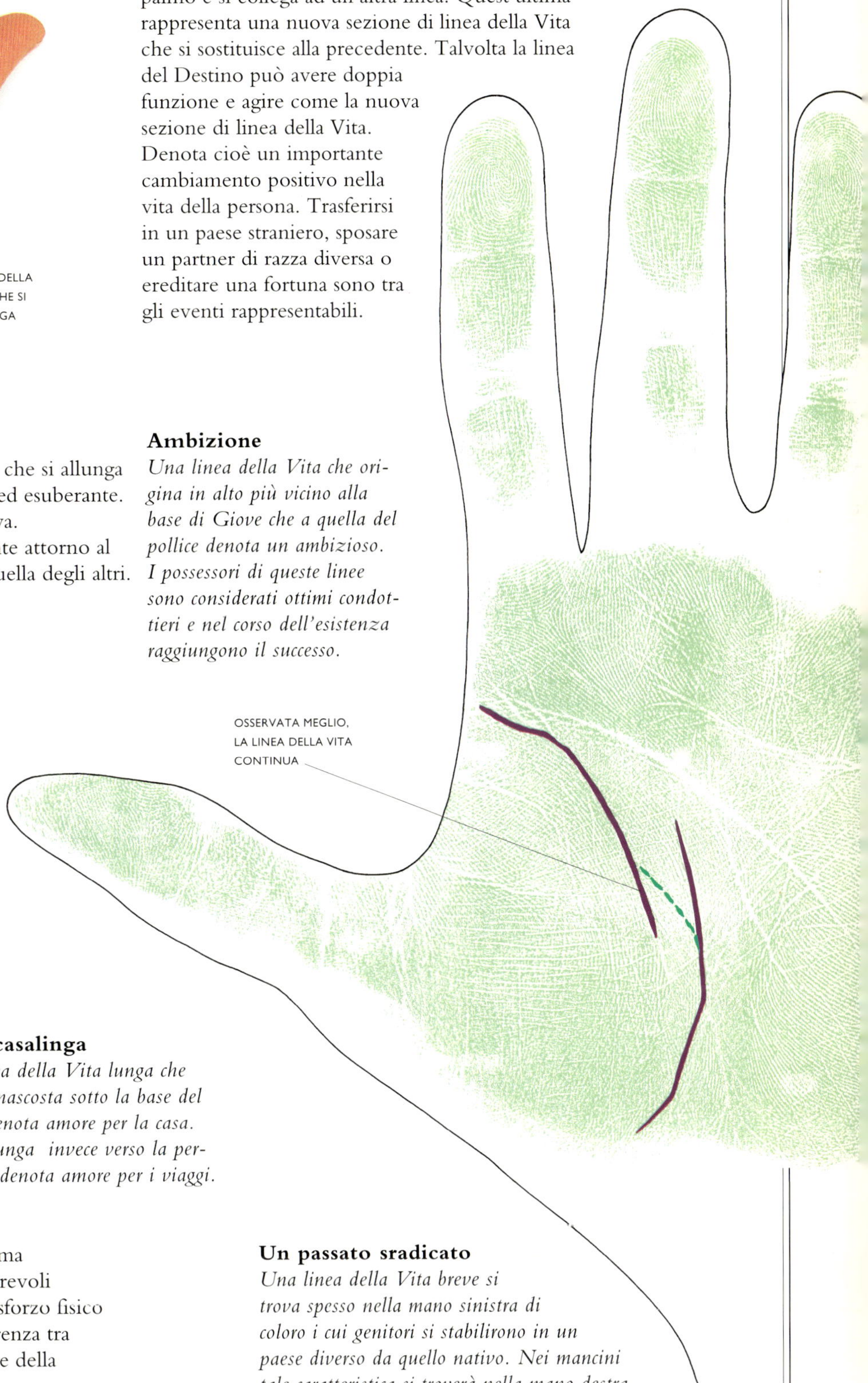

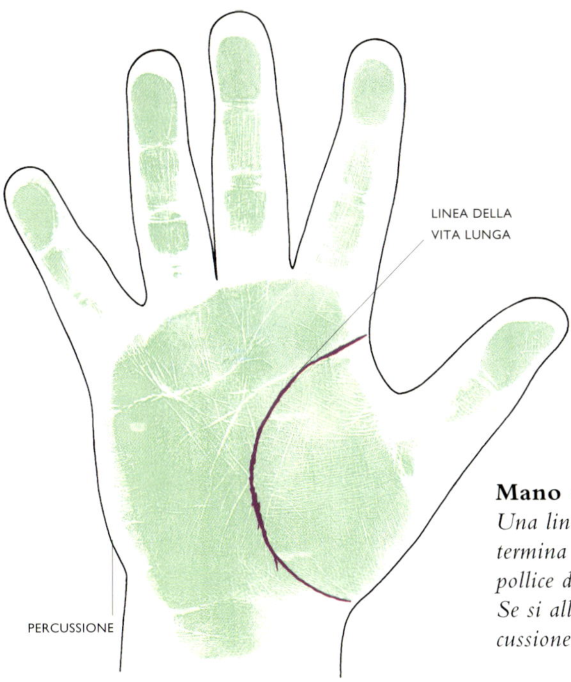

Mano casalinga

Una linea della Vita lunga che termina nascosta sotto la base del pollice denota amore per la casa. Se si allunga invece verso la percussione denota amore per i viaggi.

Linea della Vita Lunga

Una linea della Vita lunga non è garanzia di longevità, ma dimostra che il suo possessore ha a disposizione considerevoli risorse fisiche. Perfettamente formata suggerisce che lo sforzo fisico può essere sostenuto anche per lunghi periodi. La differenza tra una linea della Vita lunga e una breve è che il possessore della prima possiede vigore e resistenza maggiori.

Un passato sradicato

Una linea della Vita breve si trova spesso nella mano sinistra di coloro i cui genitori si stabilirono in un paese diverso da quello nativo. Nei mancini tale caratteristica si troverà nella mano destra.

Segni di Eventi sulla Linea della VIta

Si possono dividere in due gruppi: indizi negativi e positivi. Stelle, croci, isole e linee di trauma rientrano nella prima categoria. Se sono presenti nelle mani, essi agiscono come conferma di difficoltà o di problemi già verificatisi, o come segnali di pericolo per consentire un'azione preventiva. Nella seconda categoria, quella positiva, vengono considerati segni rappresentativi di eventi favorevoli le ramificazioni che nascono dalla linea della Vita e si allungano verso i monti. Esse tracciano il progresso e le conquiste personali, evidenziando le aree in cui si stanno compiendo sforzi per migliorare le proprie condizioni esistenziali.

Incisione su legno del XVI secolo
Questa incisione apparve in un antico libro sulla chiromanzia scritto da Barthélemy Coclès (1583).

Croce
La croce è considerata simile alla stella, ma con un impatto minore. Un quadrato sopra la stella o la croce diminuirà la forza dell'evento.

Stella sulla Linea della Vita

Una stella è formata da tratti brevi che si intersecano tra loro in un punto della linea. Rappresenta una concentrazione di energia, un'improvvisa richiesta di efficienza che mette sotto tensione le riserve fisiche della persona. Tale segno è spesso collegato a un trauma di natura fisica e psicologica. In questo modo, ad esempio, potrebbero essere segnati un incidente o una ferita.

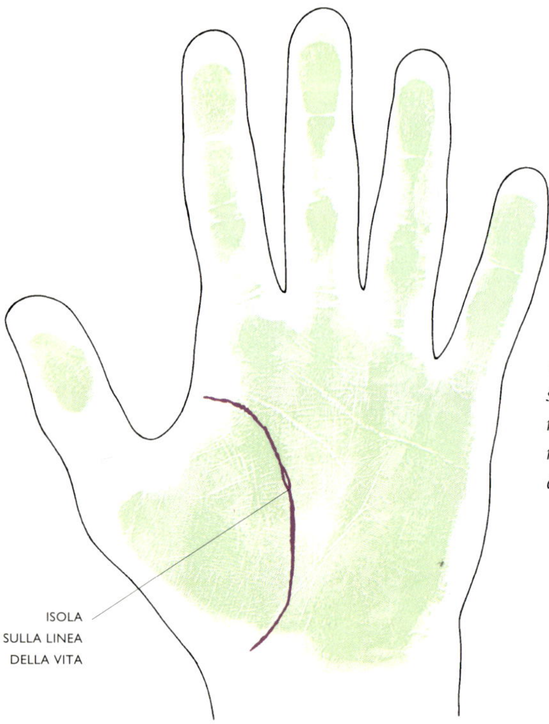

Prevenzione
Provvedimenti per utilizzare al meglio le energie (quali un cambiamento dietetico o la sufficienza di sonno) potranno evitare rischi alla salute minacciati dall'inizio di un'isola.

Linee sottili
Diverse lineette incise che attraversano questa linea indicano ipersensibilità. Non significano invece esperienze traumatiche.

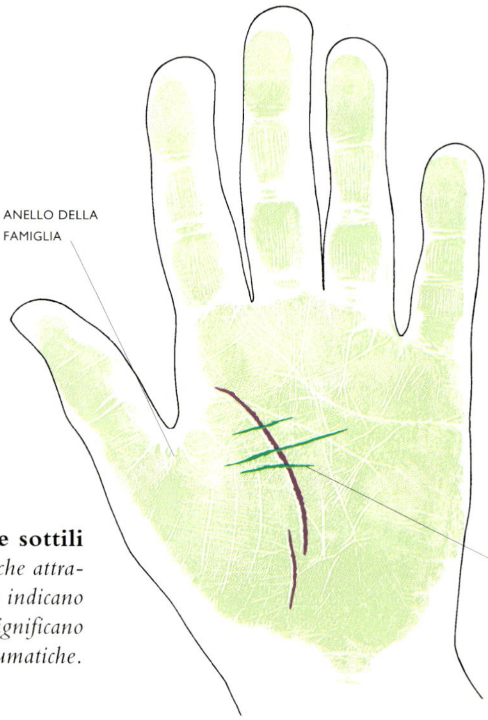

Isole sulla Linea della Vita

Poiché un'isola divide, in pratica, una linea in due, indica un periodo in cui vi è un calo di energia e il grado di resistenza è indebolito. In quel periodo la persona può non sentirsi in forma, ammalarsi, ferirsi o essere facile preda di un virus presente nell'aria.

Linee di Trauma sulla Linea della Vita

Sono conosciute come linee di trauma e indicano uno stato di sconvolgimento. L'intensità del turbamento è proporzionale alla lunghezza e alla profondità della linea; se questa inizia dall'anello della famiglia suggerisce preoccupazioni per un familiare.

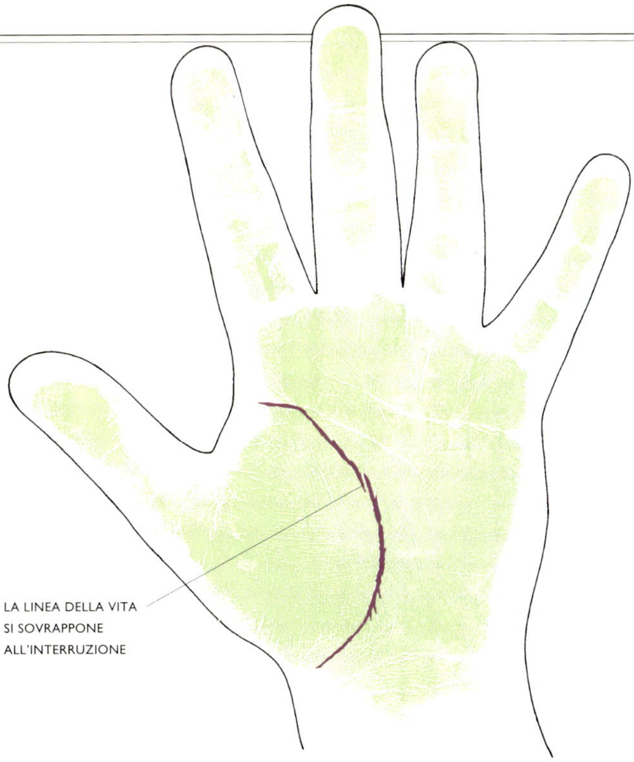

Interruzioni della Linea della Vita

Possono essere positive o negative, in funzione della forma. Rappresentano un arresto del flusso di energia; se sono nette è come un'improvvisa interruzione della corrente, in caso di incidente. Una interruzione sovrapposta deve essere interpretata come una presa di decisione cosciente tesa ad operare un forte cambiamento nelle proprie condizioni di vita.

Legami stretti

Un figlio adottivo, una nonna in famiglia, o un animale sono indicati da una ramificazione all'interno della linea della Vita.

Le Relazioni sulla Linea della Vita

Le ramificazioni che si staccano dalla linea della Vita e ricadono al suo interno indicano relazioni; possono significare sia figli che partners. Distinguete voi in base all'età e alle circostanze quale tipo di relazione la ramificazione rappresenti.

Ramificazioni sulla Linea della Vita

Le ramificazioni che nascono dalla linea della Vita e si irradiano verso i monti sono conosciute come linee relative allo sforzo e al risultato ottenuto. Una ramificazione che si dirige verso il monte di Giove è segno di successo accademico, mentre una verso Saturno indica un passaggio di proprietà. Se va verso Apollo suggerisce felicità personale o aumento di capitale, mentre se va verso Mercurio annuncia successo negli affari.

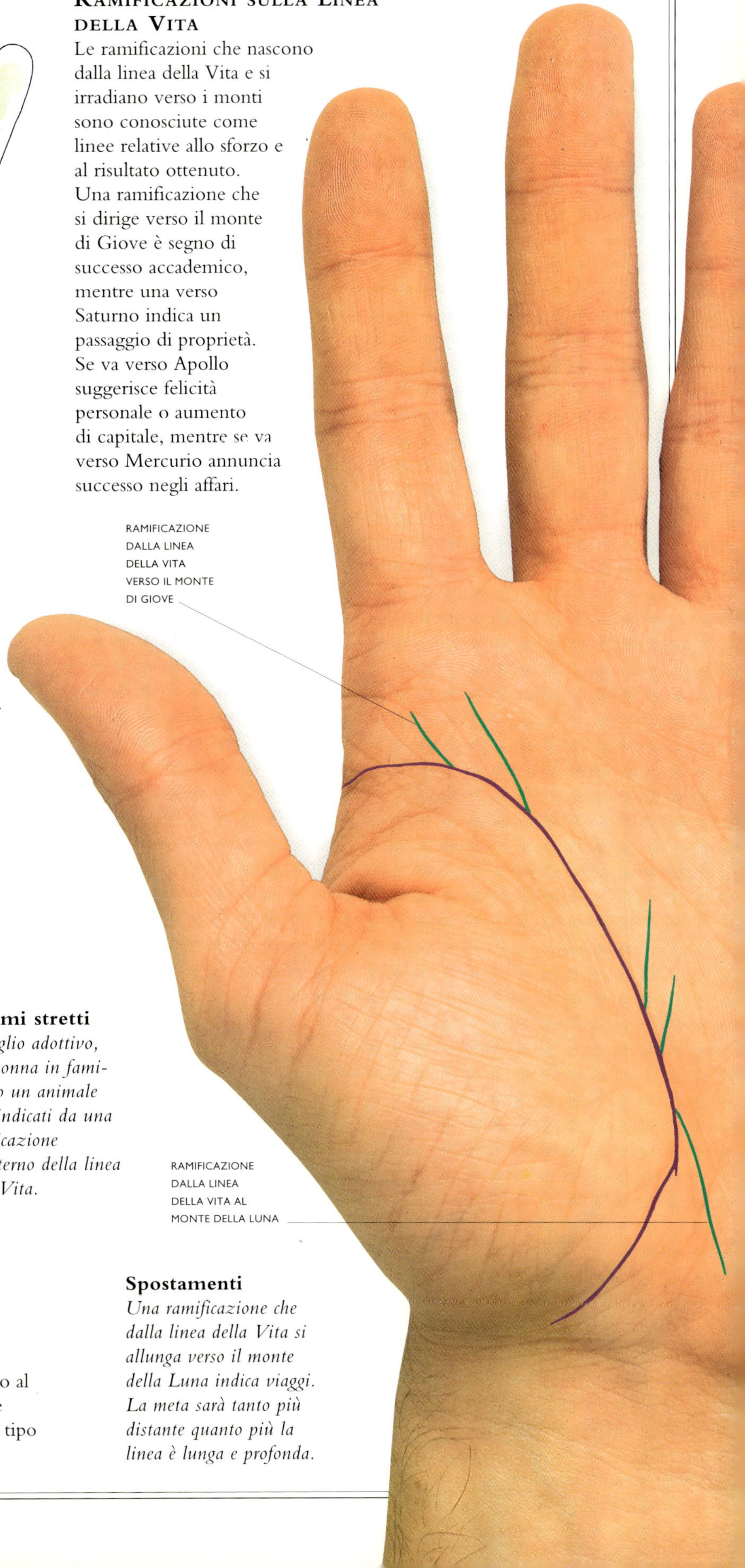

Spostamenti

Una ramificazione che dalla linea della Vita si allunga verso il monte della Luna indica viaggi. La meta sarà tanto più distante quanto più la linea è lunga e profonda.

COME DATARE GLI EVENTI SULLA LINEA DELLA VITA

LA DATAZIONE DEGLI EVENTI SULLE LINEE della mano non è una scienza esatta. Poiché le mani hanno grandezze diverse, non si può avere uno strumento universale di misura, però esiste un sistema affidabile, che può richiedere solo un piccolo aggiustamento. La pratica aiuterà a raggiungere la precisione.

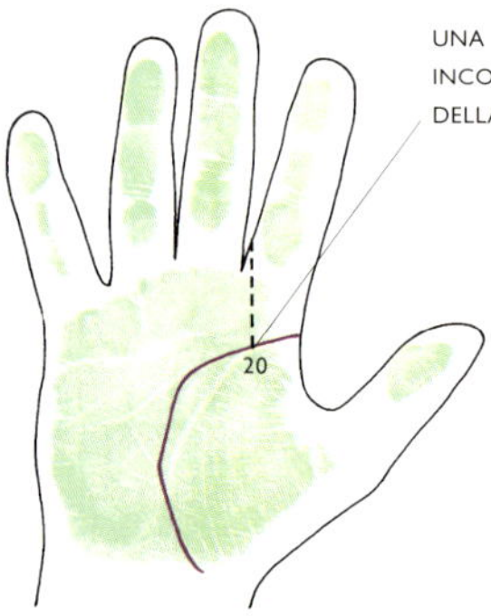

1 Su un'impronta della mano tirate una riga, che dalla base tra Giove e Saturno raggiunga la linea della Vita. Essa incontrerà la linea della Vita all'età di circa 20 anni.

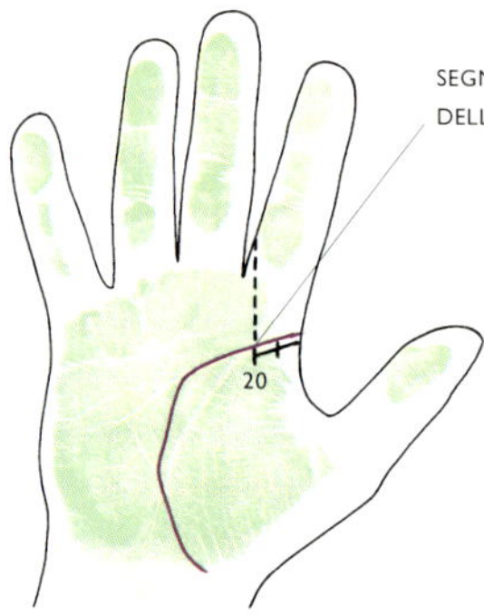

2 Partendo dal punto che indica i 20 anni, segnare a ritroso gli anni da 20 a 0 con una matita appuntita; ogni millimetro rappresenta proprio un anno.

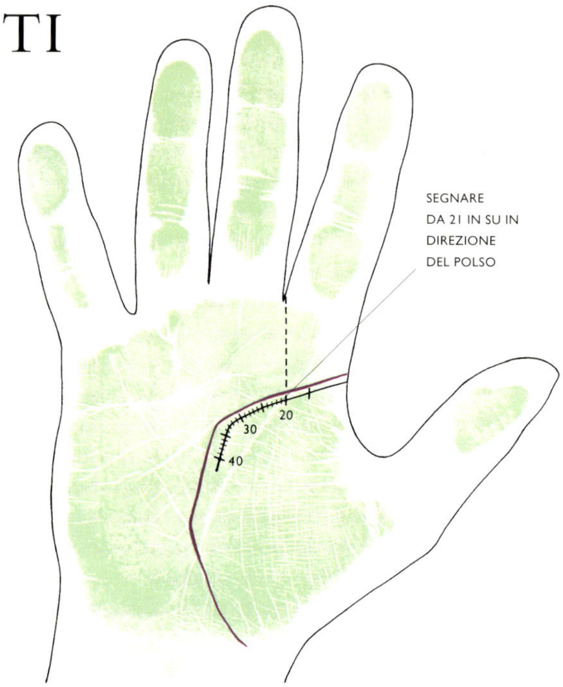

3 Se non riuscite a segnare tutti gli anni da 20 a 0, non preoccupatevi; ciò significa semplicemente che la linea della Vita non è stata ben impressa sull'impronta. Dai 20 anni, andando in basso verso il polso, segnate quindi sulla linea gli anni successivi. La lettura sarà più facile se segnerete il quinto e il decimo anno con una linea più lunga.

COME DATARE UNA LINEA DELLA VITA BREVE

PER DATARE UNA LINEA della Vita come questa il procedimento è come quando si applica la scala di misura ad una linea della Vita normale. La riga verticale incontra la linea nel punto dei 20 anni e gli anni sono segnati fino al termine. Alla fine della linea corta la scala è trasferita sulla nuova linea.

UNA SOVRAPPOSIZIONE LUNGA

Se vi è una lunga sovrapposizione tra la prima parte e la nuova sezione, copiate la scala di misura nel punto in cui inizia la nuova. Prestate attenzione alla datazione di questo passaggio, poiché è a questo punto che avviene il cambiamento.

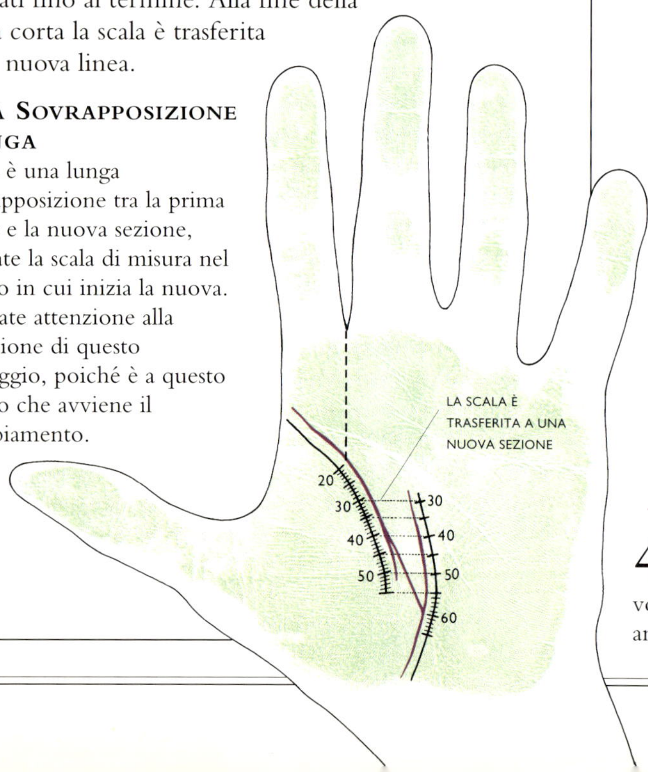

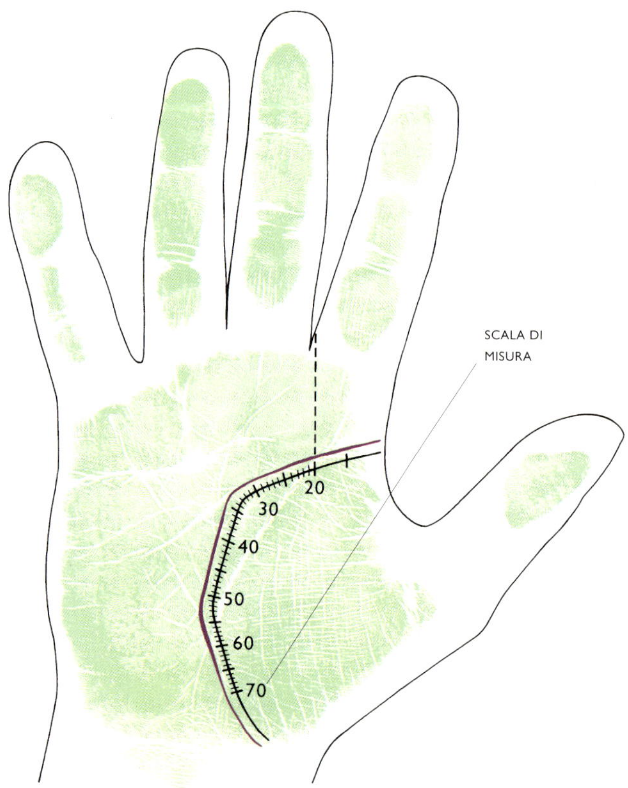

4 Man mano che segnate gli anni, cercate di non cancellare i dettagli e i tratti sottili presenti sulla linea della Vita. Una volta completata la scala di misura, siete pronti per identificare, analizzare e datare qualsiasi evento passato e futuro registrato.

Come Datare la Linea: un Esempio

Il periodo piu intenso nella vita della maggior parte delle persone è quello che va dai 20 ai 40 anni. Pochi trascorrono questi anni senza traumi emozionali o decisioni difficili da prendere. La mano di Margaret costituisce un esempio eccellente, poiché il numero di segnature è tipico di un periodo pieno di eventi.

1 20 Anni
La verticale incontra la linea della Vita all'età di 20 anni, dove un ramo volge verso il monte di Giove, indicando successi accademici.

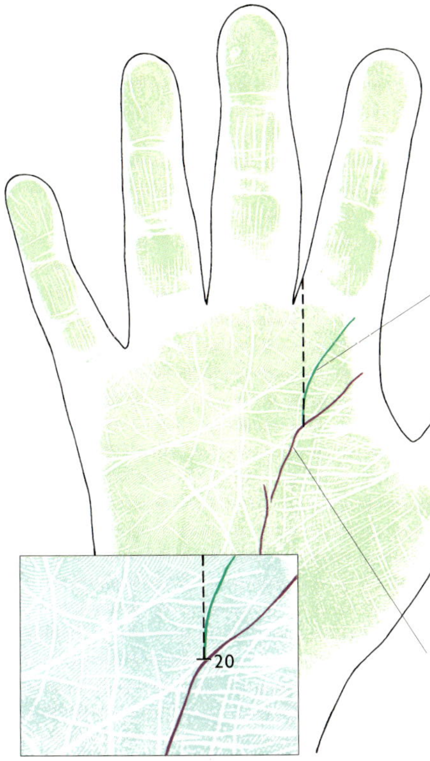

2 20-28 Anni
Subito dopo una barra taglia la linea della Vita, che si divide poi in un'isola. L'isola suggerisce qui un problema di salute che, a giudicare dalla durata, sembrerebbe affliggere la ragazza fino a 27/28 anni. Per di più, la prima di due linee-trauma attraversa l'isola al centro, suggerendo un grande tumulto emotivo intorno ai 25 anni d'età.

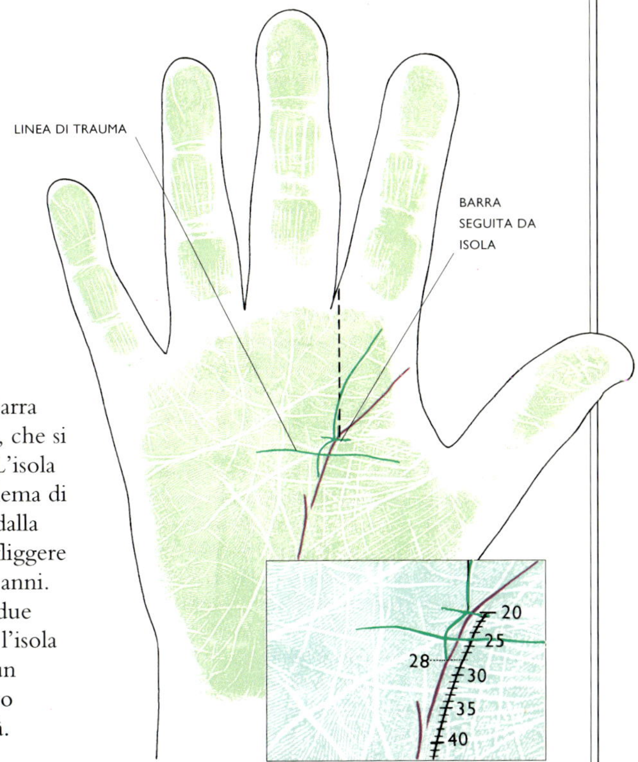

3 28-32 Anni
L'isola finisce all'età di 28 anni portando vitalità e salute; la linea continua poi forte fino all'incontro con un'altra linea-trauma all'età di 32 anni. Questo segna il secondo e ultimo grande evento traumatico che dovrà affrontare.

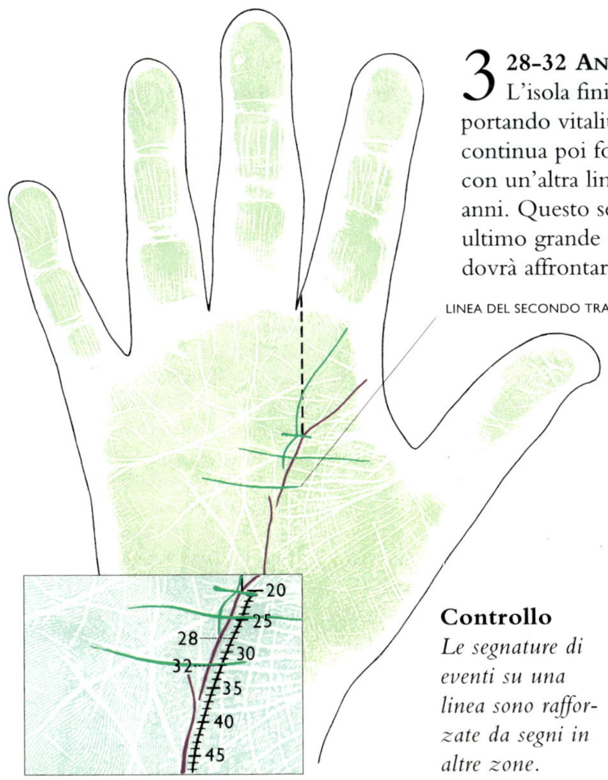

Controllo
Le segnature di eventi su una linea sono rafforzate da segni in altre zone.

4 32-36 Anni
La segnatura più importante è quella ben disegnata verso il monte di Saturno, e indica una transazione di proprietà all'età di 36 anni (probabile acquisto di una casa). Una interruzione sovrapposta mostra una modifica in quel momento, si tratti di una nuova relazione o di uno sviluppo di carriera.

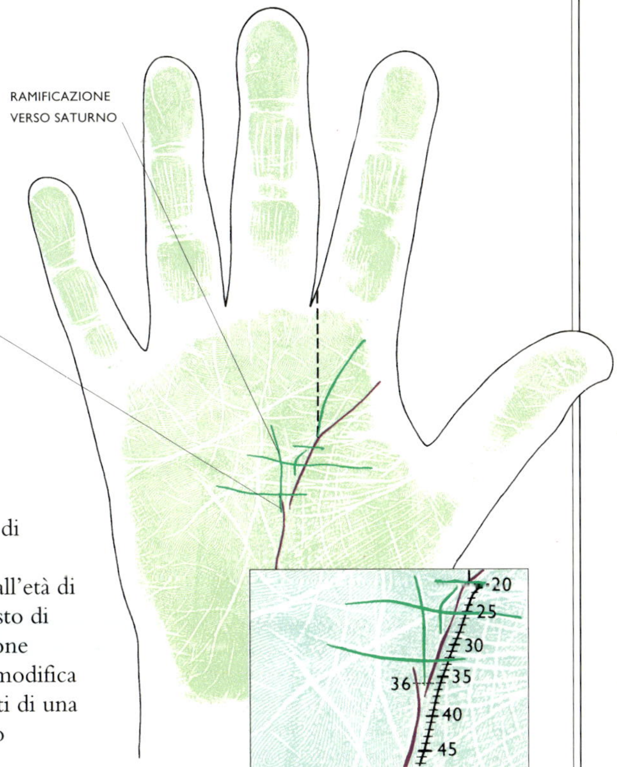

La Linea della Testa

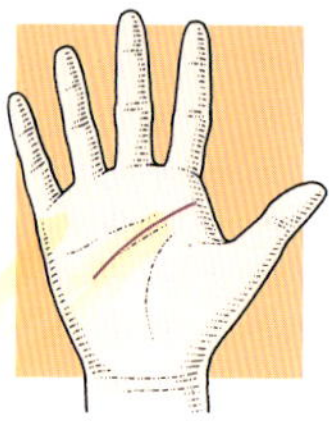

La linea della Testa illustra il modo in cui pensate e quello in cui vedete il mondo. Descrive la vostra mentalità e la capacità intellettiva, indica i fattori che ritenete interessanti, quelli che formano le vostre attitudini e il grado di comprensione della vita. La costruzione della linea di Testa, forza o debolezza, lunghezza e ampiezza, direzione, vi offre uno specchio accurato del tipo di energia mentale disponibile. Questa linea non valuta il quoziente di intelligenza, indica piuttosto come dirigete l'energia mentale, come esprimete i pensieri e come applicate i talenti. Alcune linee di Testa sono lunghe, altre brevi, alcune sono dritte, altre incurvate. Tali diversità riflettono la ricchezza e la varietà della mente. Nella linea della Testa sono descritti il potenziale creativo e immaginativo, la capacità di concentrazione, il modo in cui affrontate i problemi di ogni giorno, come trasformate le informazioni e come vi accostate alla vita giorno per giorno.

Caratteristiche della Linea della Testa

Muovendosi orizzontalmente nel palmo, la linea della Testa è la seconda piega. Essa origina sul lato del pollice e si allunga verso la percussione. Alcune volte inizia fusa insieme alla linea della Vita, altre volte è completamente separata da questa grazie ad un ampio spazio.

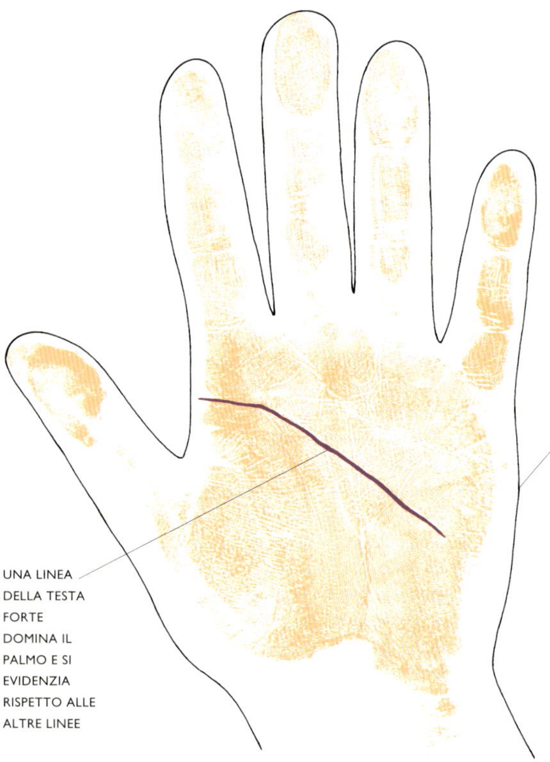

Pensiero chiaro
Una linea della Testa che evidenzia una mente forte può compensare debolezze presenti in altre zone della mano.

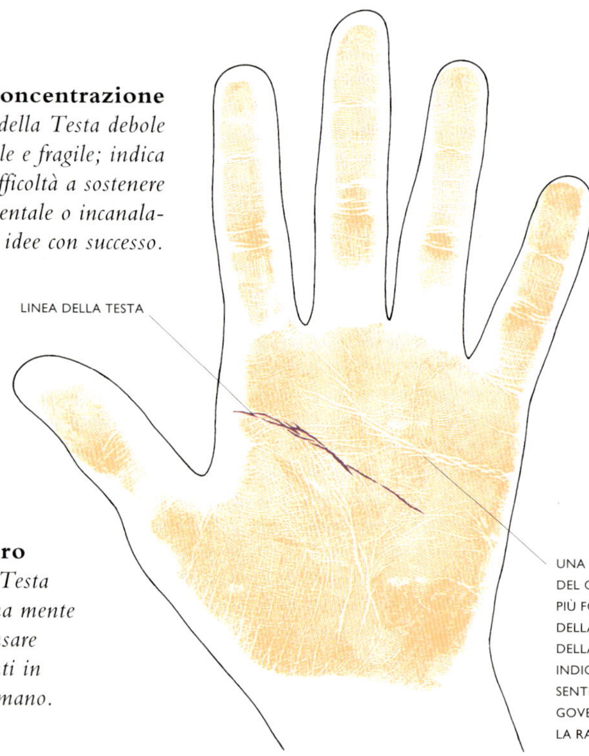

Scarsa concentrazione
Una linea della Testa debole appare sottile e fragile; indica la difficoltà a sostenere l'energia mentale o incanalare le idee con successo.

Linea della Testa Forte

Linee della Testa ben segnate sono associate a pensatori dinamici. Più chiare e segnate sono, più grande è la lucidità di pensiero. Il ragionamento è lucido, i fatti sono assimilati secondo la logica, le decisioni sono prese con razionalità e portate a buon fine. Le persone con una linea della Testa ben segnata possiedono ottima capacità di comprensione e riescono a concentrarsi a lungo.

Linea della Testa Debole

Una linea della Testa debole indica una mente dispersiva e dotata di cattiva concentrazione. La persona può mancare di buon senso; poiché ha una forte tendenza a fantasticare, le sue aspettative possono risultare irreali. Chi possiede questo tipo di linea può incontrare difficoltà nel prendere decisioni, di fronte alle quali reagisce emotivamente più che con la logica.

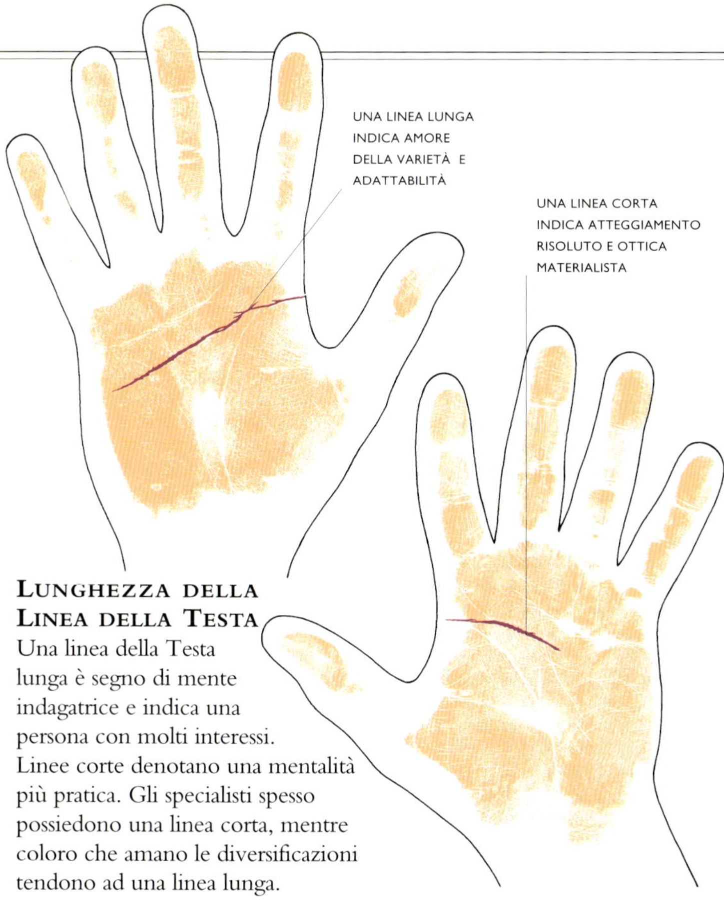

Lunghezza della Linea della Testa

Una linea della Testa lunga è segno di mente indagatrice e indica una persona con molti interessi. Linee corte denotano una mentalità più pratica. Gli specialisti spesso possiedono una linea corta, mentre coloro che amano le diversificazioni tendono ad una linea lunga.

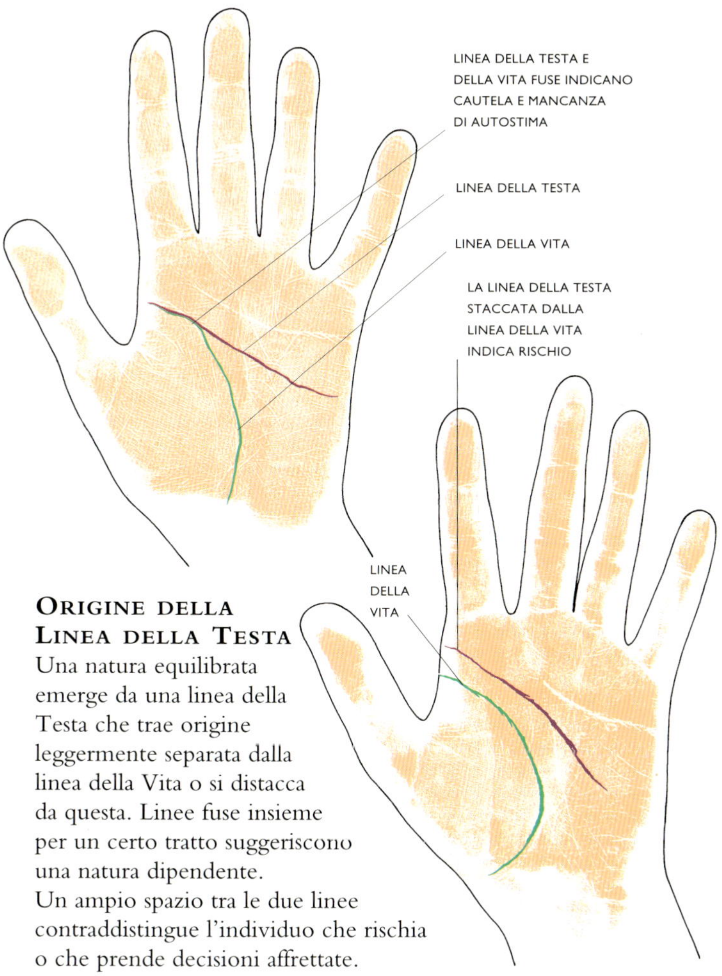

Origine della Linea della Testa

Una natura equilibrata emerge da una linea della Testa che trae origine leggermente separata dalla linea della Vita o si distacca da questa. Linee fuse insieme per un certo tratto suggeriscono una natura dipendente. Un ampio spazio tra le due linee contraddistingue l'individuo che rischia o che prende decisioni affrettate.

Paragonando con le mani dei primati

La mano umana ha più elementi in comune con quella del nostro parente più prossimo, la scimmia, che con la mano di qualsiasi altro mammifero.

Il solo tratto rilevante che gli umani e gli altri primati hanno in comune è il pollice inserito in opposizione alle altre dita; questo dato conferisce alle mani di entrambi la singolare capacità di afferrare e consente le più precise azioni di manipolazione. Mentre il pollice umano si è trasformato in un dito altamente sofisticato, quello della scimmia è rimasto rudimentale.

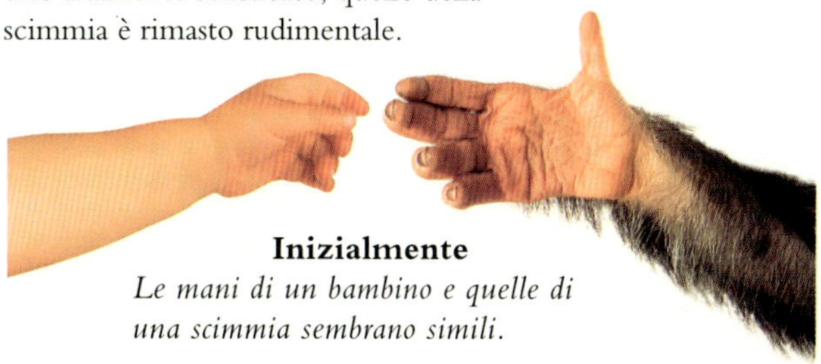

Inizialmente
Le mani di un bambino e quelle di una scimmia sembrano simili.

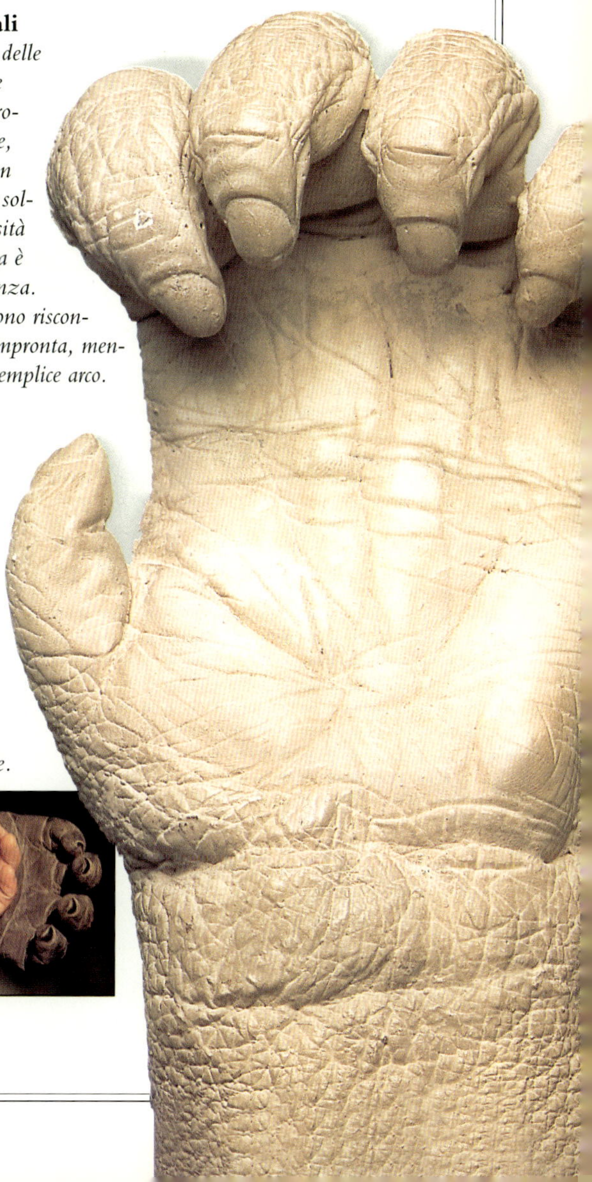

Impronte digitali
Le impronte digitali delle scimmie, come quelle degli umani, sono protette da unghie piatte, e anche la pelle ha un disegno costituito da solchi. Questa complessità del disegno del derma è collegata all'intelligenza. Negli umani si possono riscontrare diversi tipi di impronta, mentre nelle scimmie il semplice arco.

Linee
La mano di un gorilla è più grande di quella umana, ma nel palmo si possono notare linee somiglianti. Forse le linee delle scimmie indicano il loro carattere, così come fanno le nostre.

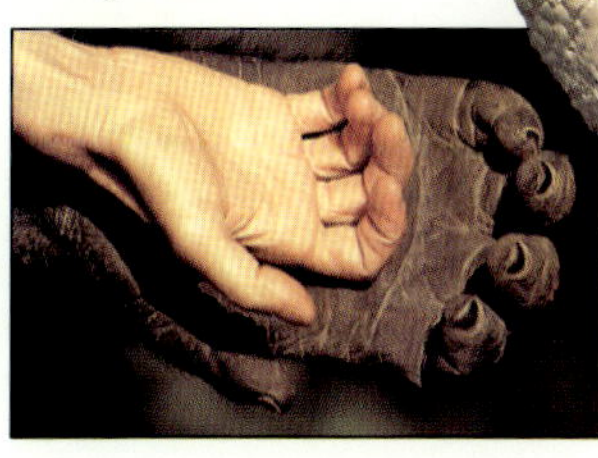

Psicologia della Linea della Testa

Una linea che traduce la vostra essenza è sicuramente la linea della Testa. Essa rivela infatti la vostra primaria filosofia esistenziale. Le linee della Testa possono variare considerevolmente, tanto nella lunghezza quanto nella forza. Che la linea sia lunga o breve, poco profonda o fortemente incisa, sottile o robusta, essa offre informazioni importanti sulla mentalità della persona. L'attraversamento del palmo rivela come pensate e ciò che pensate. La linea della Testa inoltre mostra come nel corso dell'esistenza affrontate i problemi, incanalate gli interessi e sviluppate l'intelligenza.

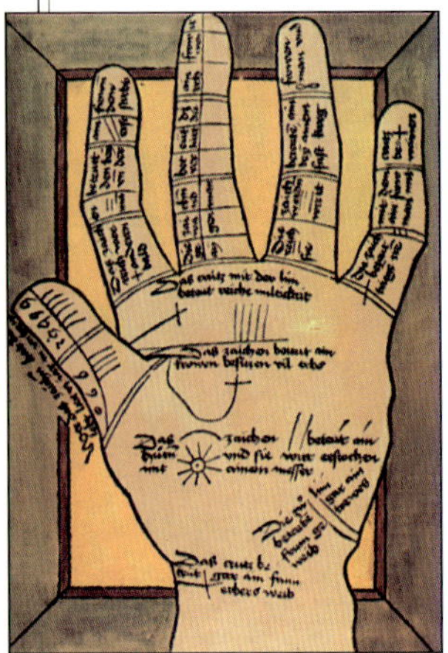

Chiromanzia Medievale
Una incisione su legno colorata a mano tratta dal primo libro pubblicato sulla chiromanzia, Die Kunst Ciromantia*, scritta da Johann Hartlieb nel 1475.*

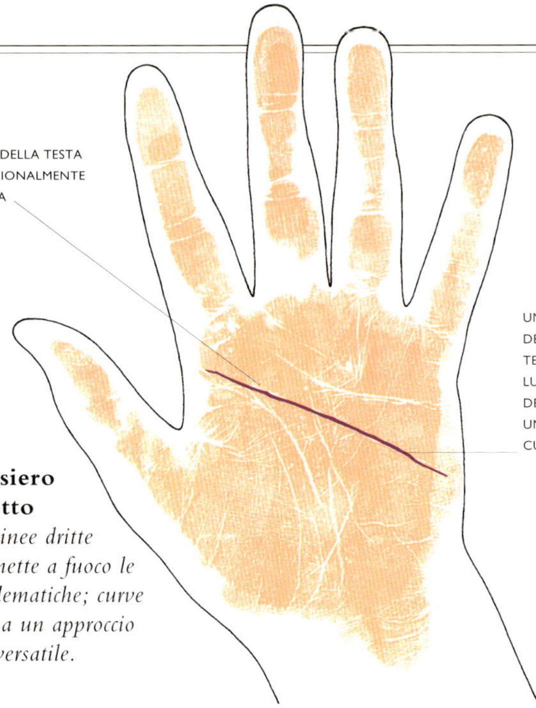

Pensiero diretto
Ha linee dritte chi mette a fuoco le problematiche; curve chi ha un approccio più versatile.

Linea della Testa Dritta

Una linea della Testa dritta al punto da parere tracciata con l'aiuto di un righello denota una mentalità pragmatica e analitica. Possedere una linea simile significa essere pratici e logici e avere buona capacità di concentrazione. Chi ha questo tipo di linea si immerge nel lavoro svolto senza farsi distrarre. Associate ad essa troviamo anche l'attitudine alla matematica, alla scienza, alla tecnologia, agli affari, alle materie pratiche e alla manualità.

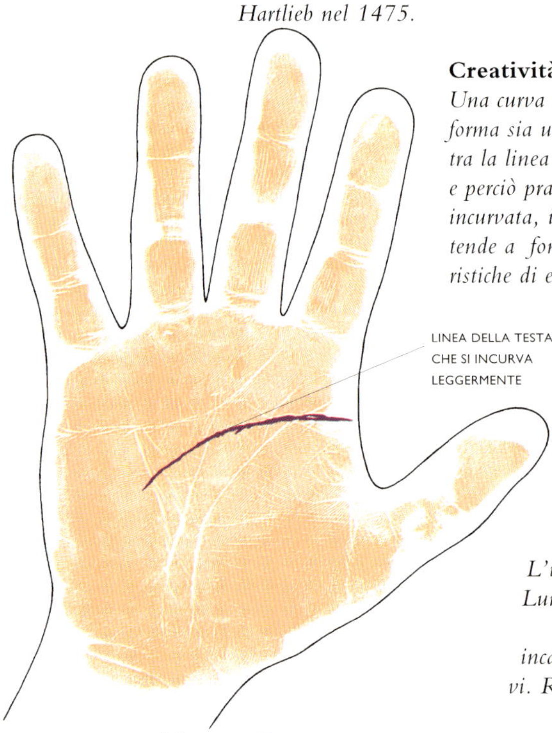

Creatività pratica
Una curva lieve, la cui forma sia una via di mezzo tra la linea di Testa dritta e perciò pratica e quella incurvata, immaginativa, tende a fondere le caratteristiche di entrambe.

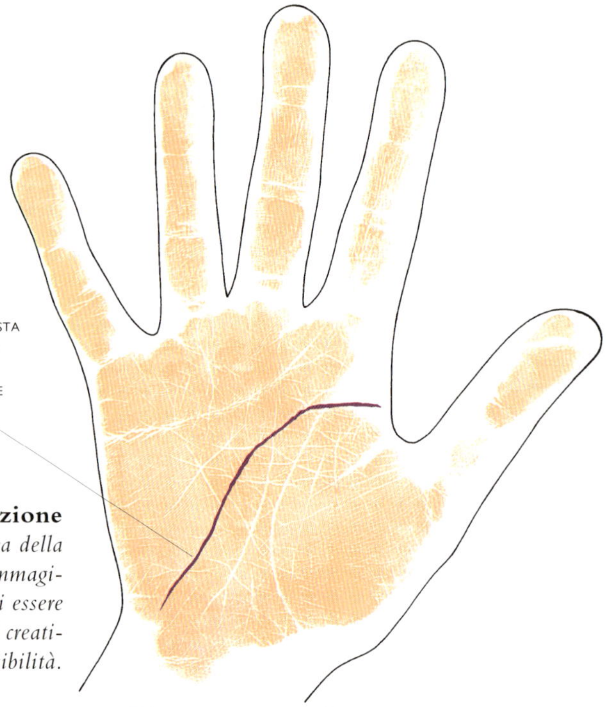

Immaginazione
L'incurvarsi verso l'area della Luna suggerisce che l'immaginazione necessita di essere incanalata verso sbocchi creativi. Rivela anche ipersensibilità.

Linea della Testa Curva

Con una linea della Testa incurvata leggermente gli interessi vengono volti a scopi curativi, sperimentali, con una certa praticità di base. Gli individui con questo tipo di linea sono eccellenti comunicatori; li ritroviamo in tutte le aree dei mass media o in attività di contatto col pubblico. A questa linea sono associate la letteratura e le lingue, le scienze sociali e la psicologia.

Linea della Testa molto Curva

Una linea della Testa che si dirige verso il monte della Luna evidenzia talenti creativi e artistici. Più è incurvata, più l'immaginazione è grande. Pittori, poeti e scrittori con questo tipo di linea sono destinati al successo. Se però la linea penetra in profondità in quest'area, che rappresenta il subconscio, esiste il pericolo di non percepire nettamente la realtà.

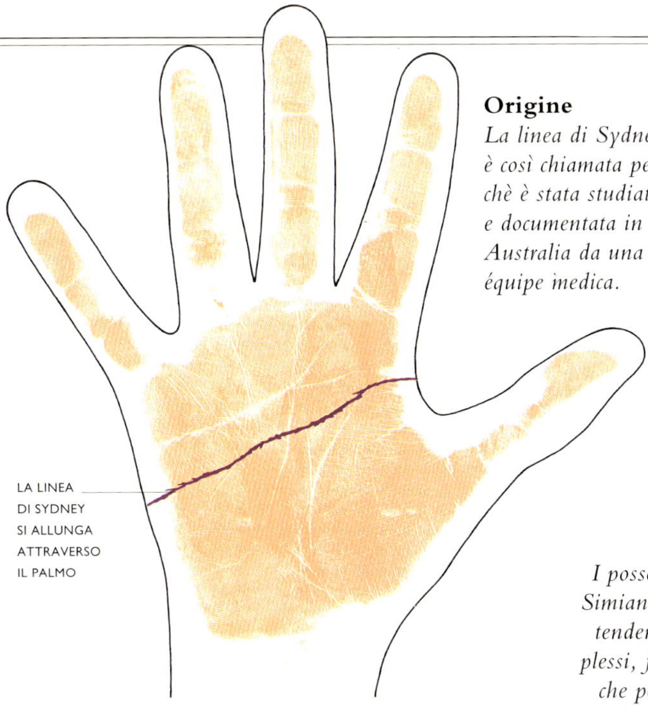

Origine
La linea di Sydney è così chiamata perchè è stata studiata e documentata in Australia da una équipe medica.

Linea Simiana

La linea Simiana è formata dalla fusione della linea della Testa con la linea del Cuore, le quali diventano un canale distinto che corre attraverso il palmo da un'estremità all'altra. Formazione piuttosto rara, è anche uno dei tratti associati a disordini cromosomici come la sindrome di Down. Quando è presente nelle mani di individui mentalmente sani, la linea Simiana denota intensità emotiva dovuta alla combinazione di mente e cuore.

Complessità
I possessori della linea Simiana sono individui tendenzialmente complessi, forti di carattere, che perseguono precisi obiettivi; sono anche gelosi ed egocentrici.

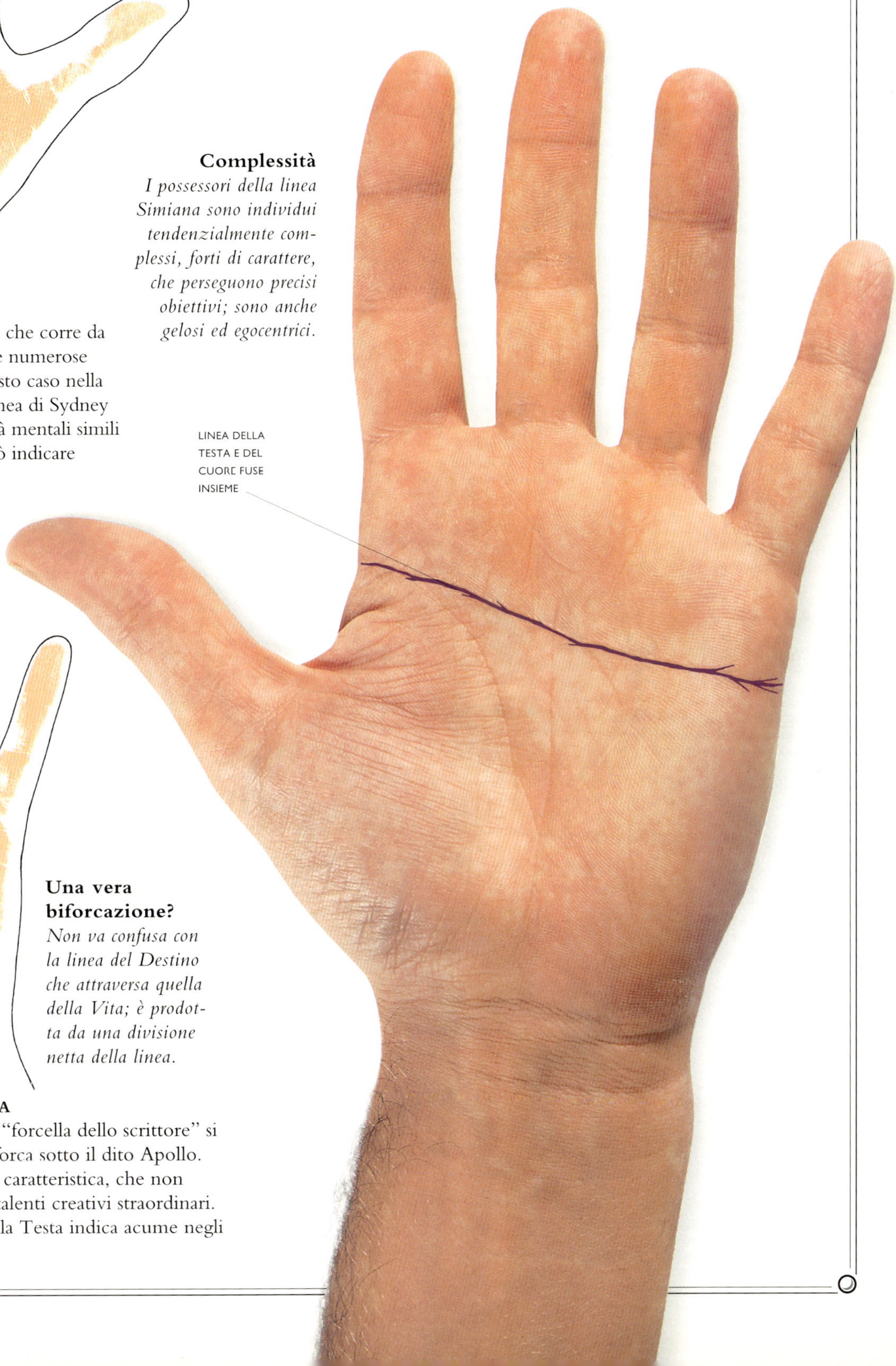

Linea di Sydney

La linea di Sydney è una linea della Testa che corre da un lato all'altro del palmo. Essa condivide numerose similarità con la linea Simiana, ma in questo caso nella mano è presente la linea del Cuore. La linea di Sydney rappresenta inoltre caratteristiche e qualità mentali simili alla Simiana e nelle mani dei bambini può indicare talvolta tendenze all'iperattività.

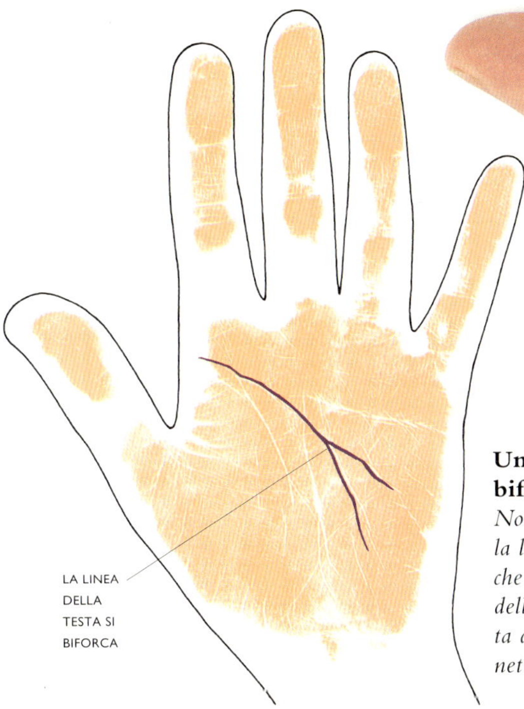

Una vera biforcazione?
Non va confusa con la linea del Destino che attraversa quella della Vita; è prodotta da una divisione netta della linea.

Linea della Testa Biforcata

La formazione classica conosciuta come "forcella dello scrittore" si verifica quando la linea della Testa si biforca sotto il dito Apollo. Non tutti gli scrittori possiedono questa caratteristica, che non garantisce capacità letterarie, ma indica talenti creativi straordinari. Una biforcazione alla fine della linea della Testa indica acume negli affari e nel commercio.

SEGNI DI EVENTI SULLA LINEA DELLA TESTA

LA LINEA DELLA TESTA agisce come una banca dati, incamerando dettagli minuti su: vostri stati d'animo, reazioni ai problemi, conquiste intellettuali, battaglie e trionfi. Su questa linea rintraccerete i momenti pieni sotto il profilo psicologico, quando pensiero e azione sono ben chiari, e quelli deboli, in cui dominano l'apatia e la depressione. Racchiuse nella linea della Testa vi sono quelle segnature che, una volta decodificate, vi metteranno in grado di individuare con precisione gli eventi accaduti in passato che hanno dato luogo alla condizione presente. Altresì, esse sono in grado di darvi un'idea delle tendenze, degli eventi e delle circostanze future. Imparando a datarle sarete capaci di disegnare una mappa del vostro sviluppo intellettivo nel corso della vita, e quindi vi troverete sempre un passo avanti rispetto ai cambiamenti che vi sono stati riservati dal destino.

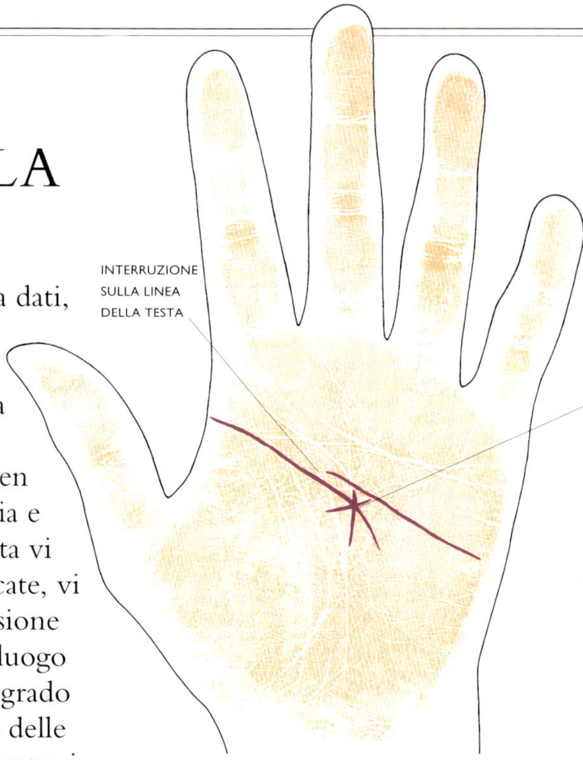

Trauma fisico
Qui la stella rappresenta una ferita alla testa. Una nuova e forte sezione della linea della Testa prende il sopravvento dopo la guarigione completa.

INTERRUZIONI E STELLE SULLA LINEA DELLA TESTA

Le stelle e le interruzioni sulla linea della Testa rappresentano eventi con una causa psicologica o fisiologica. Interruzioni della linea possono indicare sia un cambiamento di modo di vivere, sia una ferita al capo. Allo stesso modo, le stelle possono rappresentare un trauma fisico o una meravigliosa sorpresa.

Intolleranza allo stress
Un'isola sulla linea, corrispondente al dito di Saturno, denota incapacità di lavorare sotto pressione.

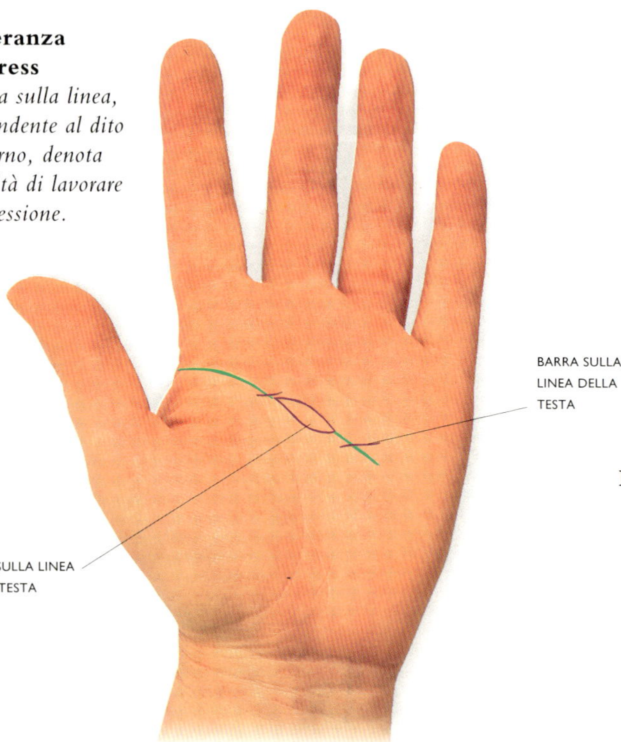

BARRE E ISOLE SULLA LINEA DELLA TESTA

Una barra che attraversa la linea della Testa blocca la corrente di energia e rappresenta un ostacolo temporaneo, come una difficoltà finanziaria o un problema di lavoro. Periodi di preoccupazione sono spesso evidenziati da questa isola. Più lunga è l'isola, più prolungato sarà il periodo per superarli.

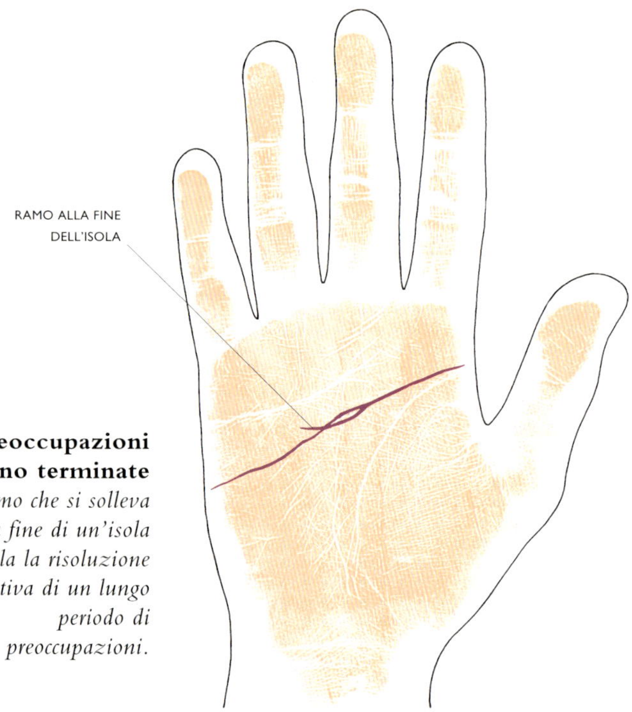

Le preoccupazioni sono terminate
Un ramo che si solleva alla fine di un'isola rivela la risoluzione positiva di un lungo periodo di preoccupazioni.

RAMIFICAZIONI DALLA LINEA DELLA TESTA

Le ramificazioni che dalla linea della Testa vanno verso il basso indicano un periodo di depressione; se verso l'alto, segnalano risultati positivi. Quelle che vanno verso Giove indicano riuscita in campo sociale o accademico; verso Saturno: carriera o proprietà; verso Apollo: appagamento; verso Mercurio: successo finanziario.

I Fiumi della Vita

Le linee e i rami dei palmi delle mani possono essere paragonati ai fiumi e ai loro affluenti.

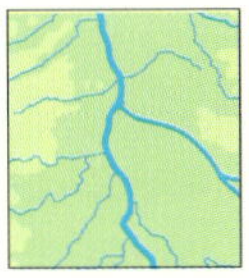

COME I FIUMI che trasportano le acque cariche di vita attraverso la terra, le linee palmari rappresentano canali di energia che scorrono attraverso la mappa delle nostre mani. E, proprio come i fiumi, che possono essere limpidi o fangosi, profondi o bassi, impetuosi o lenti a seconda del loro letto, così la qualità delle energie è rispecchiata dalla forma delle linee delle mani. Linee ben incise, non ostacolate da croci, segnalano che la corrente scorre libera. Linee ostruite o isolate indicano che l'energia è intermittente.

Energia incanalata altrove
Le ramificazioni delle linee palmari, come affluenti di un fiume che irriga il terreno circostante, estendono l'influenza delle linee in altre zone della mano.

Come Datare la Linea della Testa

GLI EVENTI SEGNATI SULLA LINEA DELLA TESTA possono essere tracciati seguendo una misurazione temporale. Purtroppo non esiste una scala di misura standard valida per mani di grandezze diverse. Tuttavia, una volta appresi i principi basilari potrete adattare la scala allungando leggermente le misure per le mani più grandi e restringendole per quelle più piccole. Fare pratica con le mani di amici vi consentirà di adattare la scala a qualsiasi misura di mano.

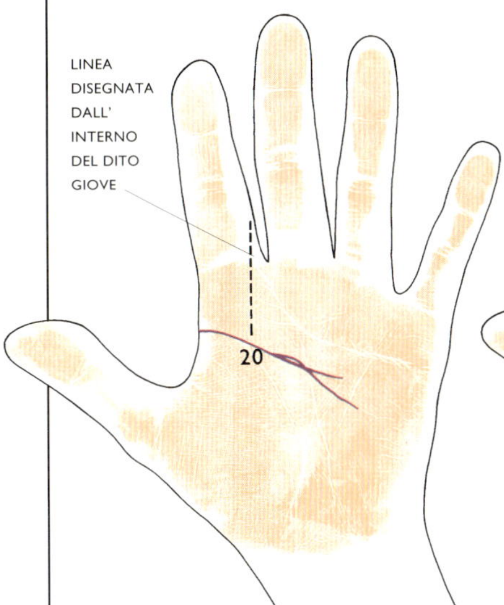

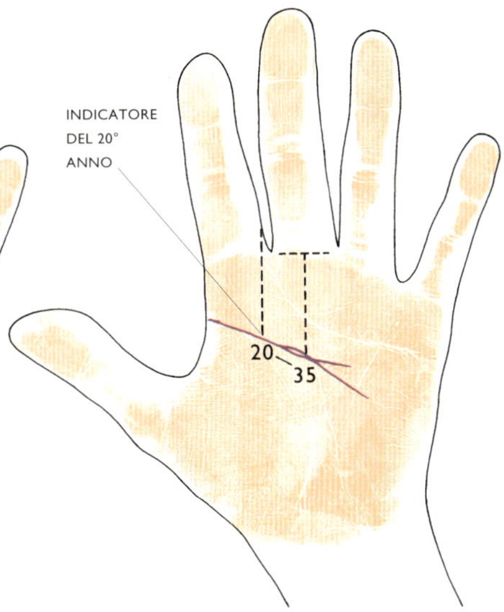

1 Iniziando dal lato interno di Giove tirare una linea verso il palmo fino a incontrare la linea della Testa. Questo punto corrisponde al ventesimo anno di età. Dal lato del pollice fino a questo punto sono individuati i primi 20 anni di vita del soggetto. Se volete, potrere segnarli materialmente.

2 In corrispondenza dell'età di 20 anni, dividere la linea con una matita appuntita (1 mm per anno). Per maggior precisione, tracciare un'altra linea dal centro di Saturno alla linea della Testa. Questo segna i 35 anni. Occorre ricordare che linee della Testa brevi indicano spirito pratico e non sono legate alla longevità.

Come Applicare la Datazione

Nell'impronta della mano di una giornalista (sotto) il primo segno significativo sulla linea della Testa dopo il 20° anno di età è quello positivo del ramo che si dirige verso Saturno. Indica un affare soddisfacente legato alla proprietà. All'età di 27 anni una barra a croce rivela un ostacolo nel lavoro, e l'isola che segue indica un ritardo nella carriera. La durata dell'isola può essere calcolata in 9 anni, intendendo la durata del tempo durante il quale il soggetto poteva risentire gli effetti delle difficoltà. All'età di 36 anni sulla linea sono segnati tre eventi che aiutano a risolvere il problema. Per prima cosa, l'isola termina; poi un ramo si leva verso Apollo indicando appagamento; infine, la linea della Testa emerge più vigorosa che in precedenza. Questa persona trovò infatti un lavoro nuovo e con i suoi scritti raggiunse il successo e acquisì fiducia nel lavoro, come indica la linea della Testa rafforzata.

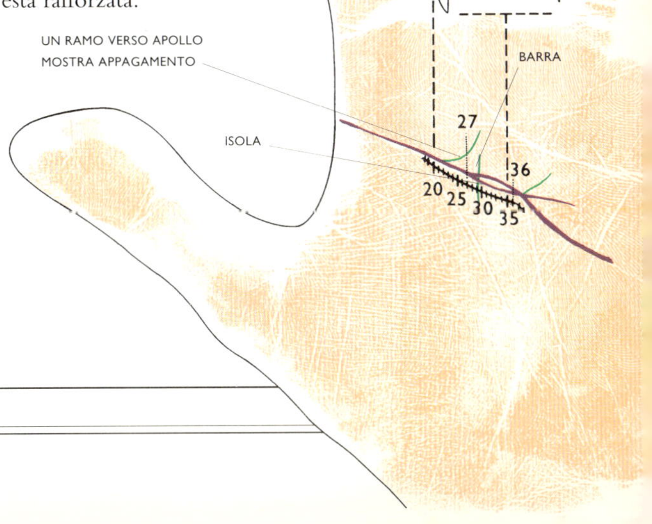

La Linea del Cuore

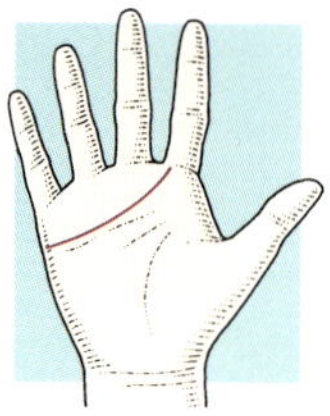

La chiave per comprendere le vostre risposte emozionali è racchiusa nella linea del Cuore. Collocata nella zona più alta del palmo, ne ritrae i vostri sentimenti più profondi e il modo in cui vi relazionate agli altri. Il suo tracciato e la sua forma rivelano la vostra sensibilità e le vostre emozioni, l'atteggiamento usato nelle relazioni e le aspettative in amore, nel matrimonio e negli altri sodalizi emozionali.

Prendendo origine nella parte alta della mano ma avendo le sue radici in quella collegata al subconscio, la linea del Cuore indica anche le vostre inclinazioni nei confronti del sesso e della sessualità. Queste sono componenti essenziali, non solo del dare e ricevere in amore, ma anche dell'espressione personale e delle risposte istintive verso gli altri.

Che siate ardenti e passionali oppure freddi e distaccati, che appariate passivi e sottomessi o forti e dominatori, che vi innamoriate a prima vista o riflettiate invece a lungo prima di rivelare i vostri sentimenti, che sia il cuore a governare la testa oppure la ragione sia la sentinella delle vostre emozioni, tutto ciò verrà rivelato appunto dalla linea del Cuore.

Caratteristiche della Linea del Cuore

Oltre a raffigurare l'amore, la linea del Cuore offre importanti indizi sulla condizione fisiologica dell'organo cuore e dei vasi sanguigni. La sua forma e la sua direzione indicano tanto i sentimenti quanto le emozioni, mentre la composizione della linea ci dà informazioni sul sistema cardiovascolare.

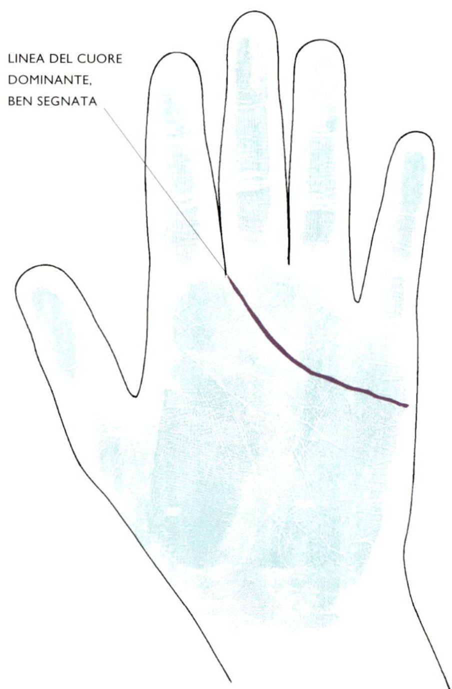

Colore
Una linea di colore rosso o di un colore più scuro rispetto alle altre indica una natura appassionata o irascibile. Una linea molto pallida suggerisce una disposizione egoista, fredda o indifferente.

Costruzione
Una linea con molte catene può denotare instabilità emotiva, ma anche deficienze minerali o uno squilibrio del chimismo corporeo.

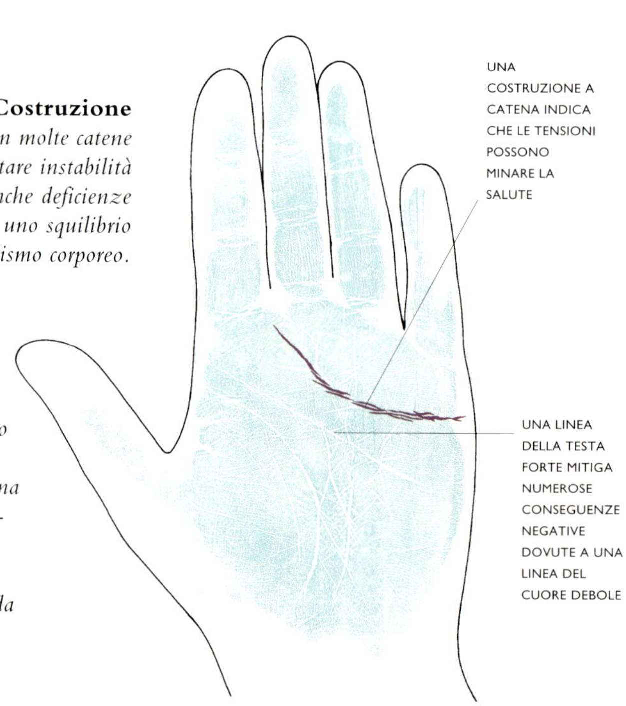

Linea del Cuore ben Segnata

Se la linea del Cuore è chiara e ben segnata indica l'attenzione alla propria sessualità e la generosità con gli altri. Tuttavia, se è questa la linea più evidente, può indicare che la sfera emozionale dell'individuo governa gli altri aspetti della sua vita. Le persone con questa linea dominante tendono ad agire senza pensare alle conseguenze.

Linea del Cuore Debole

Pochissime persone hanno una linea del Cuore perfettamente formata. Coloro la cui linea è più debole delle altre o a forma di catena avranno coinvolgimenti emotivi problematici e insoddisfacenti. Incertezza e insicurezza tendono a minare i loro rapporti. Possono essere facilmente influenzati. Hanno bisogno di essere continuamente rassicurati dal proprio partner.

Linea del Cuore Alta o Bassa

Una linea del Cuore collocata in alto indica che l'individuo idealizza l'amore. Le interazioni col partner sono di tipo emotivo; richiede appoggio e attenzione costanti. Una linea del Cuore più in basso porta emozioni nel dominio della linea della Testa, per cui il sentimento è temperato dalla ragione. Questa posizione indica un atteggiamento affettuoso e una natura generosa.

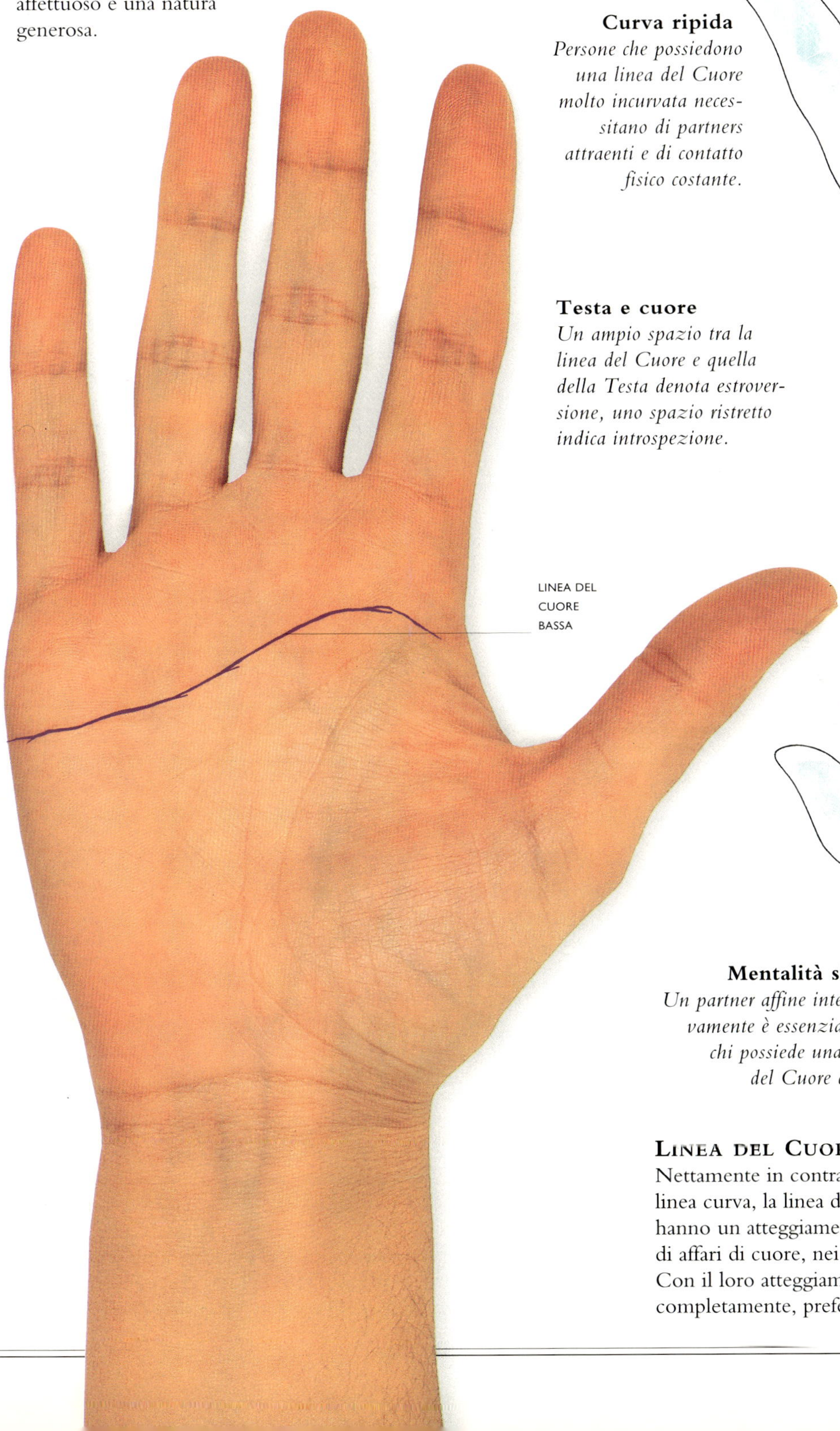

Linea del Cuore Incurvata

Una spinta sessuale notevole è associata a questo tipo di linea; sono amanti intensi che negli incontri sessuali prediligono prendere l'iniziativa. Il piacere fisico è un elemento indispensabile nei rapporti intimi di queste persone passionali e vitali.

Curva ripida
Persone che possiedono una linea del Cuore molto incurvata necessitano di partners attraenti e di contatto fisico costante.

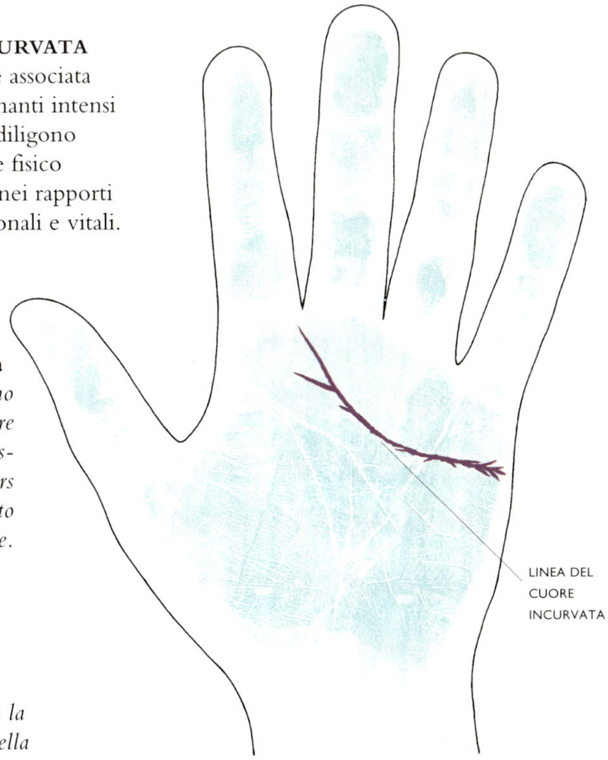

Testa e cuore
Un ampio spazio tra la linea del Cuore e quella della Testa denota estroversione, uno spazio ristretto indica introspezione.

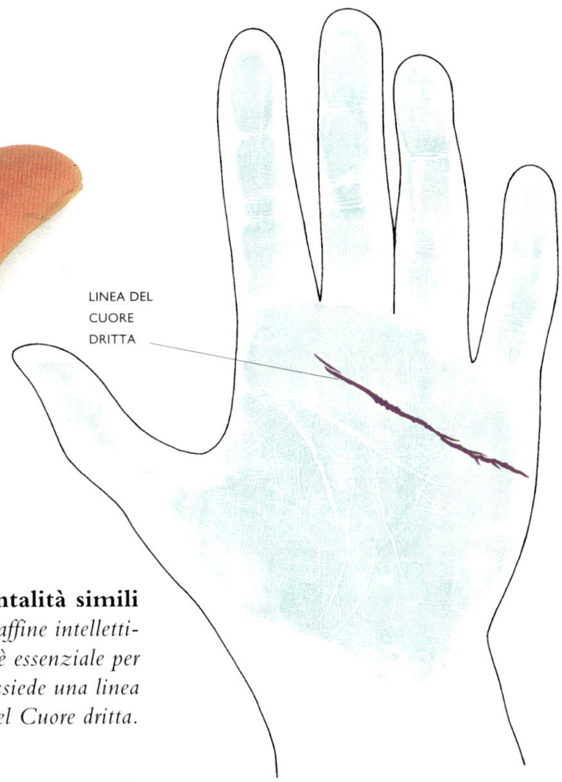

Mentalità simili
Un partner affine intellettivamente è essenziale per chi possiede una linea del Cuore dritta.

Linea del Cuore Dritta

Nettamente in contrasto con la natura ardente riscontrata nella linea curva, la linea dritta appartiene a coloro che nelle relazioni hanno un atteggiamento ponderato. Sono accorti quando si tratta di affari di cuore, nei quali tendono a non buttarsi a capofitto. Con il loro atteggiamento passivo essi, prima di lasciarsi coivolgere completamente, preferiscono sviluppare l'amicizia.

Alcuni Tipi di Linea del Cuore

Salvo pochissime eccezioni, nella maggior parte dei casi la linea del Cuore origina all'estremità del palmo direttamente sotto Mercurio. Da questo punto si fa strada lungo la zona superiore del palmo, finendo solitamente alla base di Giove; a volte si allunga fino a raggiungere l'altra estremità della mano, altre volte si ferma prima e termina sotto Saturno. La composizione della linea del Cuore e il punto in cui termina rivelano il vostro temperamento emotivo, rispecchiano la vostra sessualità e le propensioni sessuali, segnano la capacità di dare e ricevere amore.

Cuore a cuore
Questa vignetta di George du Maurier apparve nel Punch il 6 dicembre 1886. Suggeriva come la lettura della mano offrisse una occasione innocente di flirt.

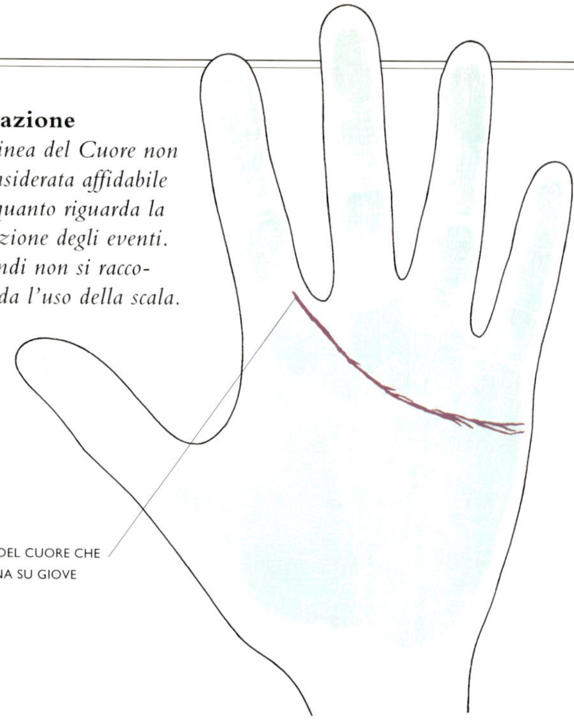

Datazione
La linea del Cuore non è considerata affidabile per quanto riguarda la datazione degli eventi. Quindi non si raccomanda l'uso della scala.

Linea del Cuore che Termina su Giove

Se la vostra linea del Cuore si allunga a toccare la base di Giove, negli affari di cuore siete tendenzialmente perfezionisti. Possedete ideali pretenziosi, e da coloro che amate vi aspettate molto. Scegliereste volentieri gli amanti con discriminazione ma, una volta impegnati con un partner, gli rimanete devoti e fedeli.

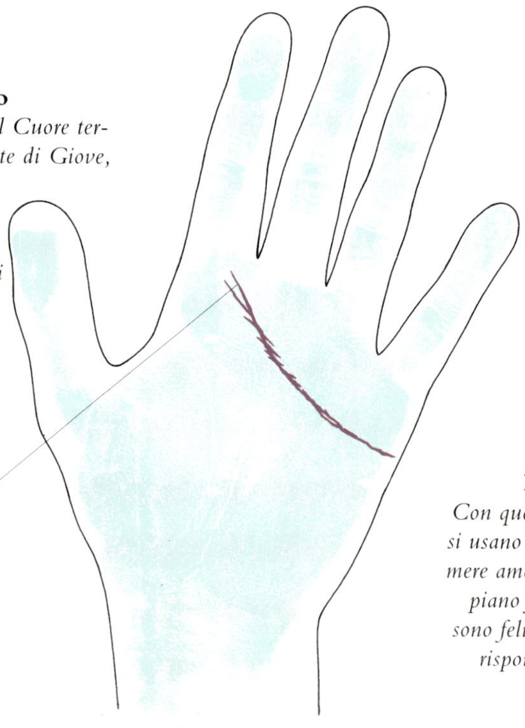

Romanzo cavalleresco
Se la linea del Cuore termina sul monte di Giove, si tende a sognare damigelle in pericolo e cavalieri in armatura.

Linea del Cuore che Termina su Giove

In questo caso siete degli inguaribili romantici. Avete una visione idealistica dell'innamoramento e dell'amore e la tendenza a collocare i partners su un piedistallo. Sfortunatamente però, quando scoprite che il vostro partner è un comune mortale vi sentite disillusi e traditi. Sono necessarie aspettative più realistiche affinché entrambi, voi e i vostri partners, possiate evitare qualsiasi tipo di delusione.

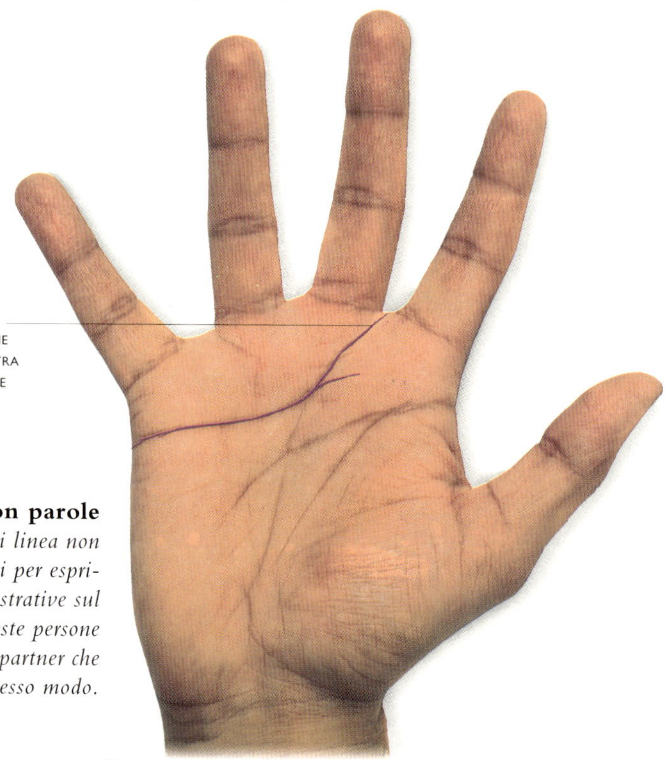

Fatti, non parole
Con questo tipo di linea non si usano molte frasi per esprimere amore. Dimostrative sul piano fisico, queste persone sono felici con un partner che risponde allo stesso modo.

Linea del Cuore che Termina tra le Dita

La linea del Cuore che termina sulla membrana tra Giove e Saturno è abbastanza tipica. Se avete questa formazione possedete una natura affettuosa; tuttavia, sebbene abbiate una profonda capacità di amare e di dare calore, preferite dimostrare i sentimenti che provate per gli altri (innamorati, famiglia, amici) attraverso le azioni nei loro confronti piuttosto che attraverso la semplice enunciazione delle parole.

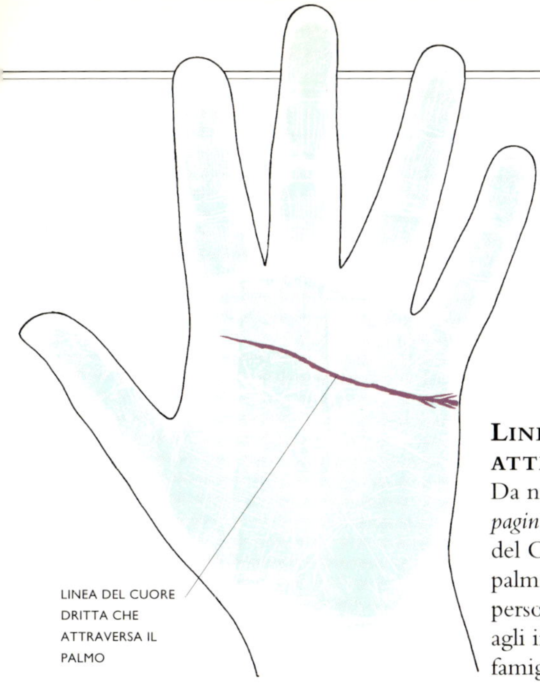

L'organizzatore
Gli individui chiamati a far parte di comitati e a cui si delegano responsabilità hanno generalmente una linea del Cuore dritta attraverso il palmo.

Linea del Cuore Dritta che attraversa il Palmo

Da non confondere con la Simiana (*vedi pagina 63*), perché qui è presente la linea del Cuore. Questa linea attraversa il palmo da una parte all'altra. Sottolinea la persona tutta dedita al lavoro, anteposto agli impegni sentimentali. Il partner e la famiglia, se non si trova tempo per loro, si sentono trascurati.

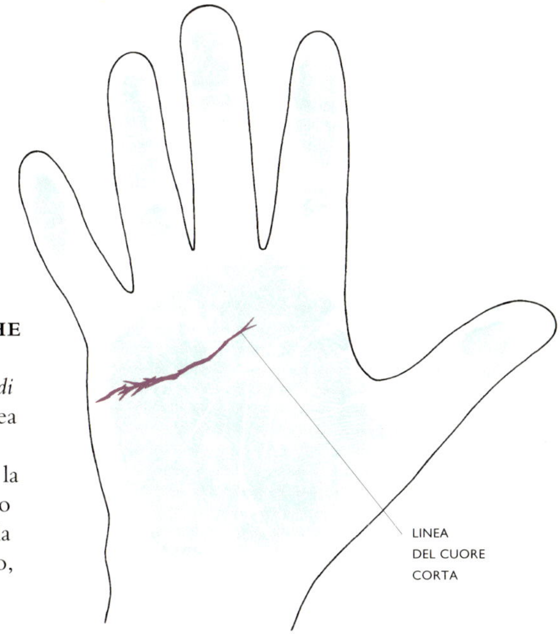

Linea del Cuore Corta

Se questa linea arriva solo fino a Saturno rivela mancanza di responsabilità nelle relazioni con il partner. Appartiene a persone che traggono più soddisfazione da relazioni passeggere piuttosto che da legami impegnativi e durevoli. Per queste persone la provvisorietà sentimentale è soddisfacente.

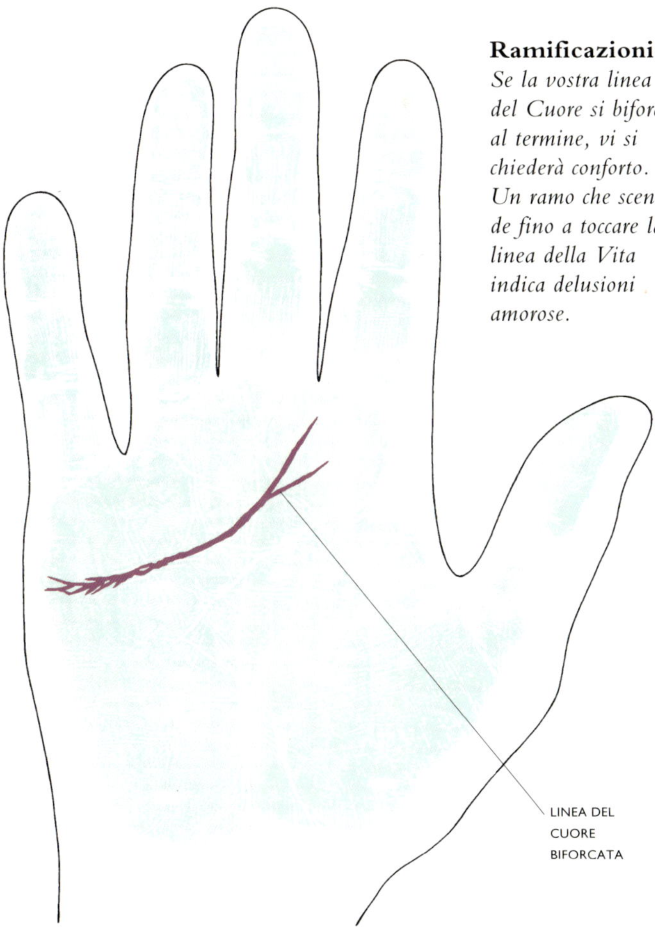

Ramificazioni
Se la vostra linea del Cuore si biforca al termine, vi si chiederà conforto. Un ramo che scende fino a toccare la linea della Vita indica delusioni amorose.

Linea del Cuore che si Biforca al Termine

La linea del Cuore con biforcazione finale indica fortuna in amore, in quanto tende a incorporare le qualità del cuore e della testa. Se termina in due rami siete affettuosi e romantici, ma anche pratici. È più realizzativa, poi, se avete tre rami finali, poiché questi racchiudono tutte le migliori qualità delle altre linee del Cuore illustrate. Riuscite a fondere logica e sentimento, siete ascoltatori attenti e un confortevole aiuto per il vostro partner.

Anelli portati sulle dita

Per molti secoli gli anelli sono stati usati per simboleggiare la condizione sociale, l'unione e la fedeltà.

Un anello portato su un determinato dito possiede un preciso significato. L'anello portato su Giove sottolinea l'io e indica una vena di ambizione e vanità. L'anello portato su Saturno significa che colui che lo indossa ha un atteggiamento di tipo materialistico. Per tradizione l'anello matrimoniale è portato su Apollo, dito legato al cuore. Gli anelli su Mercurio pare rivelino inibizioni sessuali.

Segnali
Le persone scelgono di portare gli anelli per status o per abbellimento o come simbolo. La scelta di indossarli su un dito piuttosto che su un altro, rivela all'esterno molto più di quanto si voglia.

LA LINEA DEL DESTINO

MENTRE LA LINEA DELLA VITA rivela la qualità della vostra esistenza, quella della Testa i dettagli della mentalità, quella del Cuore le emozioni, la linea del Destino è direttamente collegata alla vostra attività lavorativa e al modo in cui reagite all'ambiente circostante. Essa, attraversando verticalmente il palmo ne diviene il fulcro, riunendo a sé tutte le caratteristiche che costituiscono la vostra vita e la vostra personalità. Illustra come usate i talenti, come vi comportate, il grado di controllo che riuscite ad esercitare globalmente e nelle circostanze particolari.

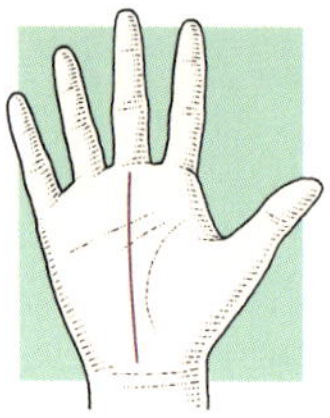

Nella sua forma ideale, la linea del Destino scorre attraverso il centro del palmo dal polso alla base delle dita, come un paletto da tenda che regge la struttura in cui è collocato. In questi nostri tempi di mobilità sociale e di esigenze mutevoli di impiego, è facile trovare linee del Destino interrotte, spezzate o che cambiano direzione diverse volte nel corso del loro cammino. L'immagine del paletto da tenda vi dà una traccia per interpretare le qualità rappresentate da questa linea. Essa descrive la capacità di assumere le vostre responsabilità e il modo stesso in cui le affrontate.

CARATTERISTICHE DELLA LINEA DEL DESTINO

IN REALTÀ NON TUTTE le linee del Destino sono dritte e robuste come corde. Molte di esse sono spezzate o composte da una serie di sezioni sovrapposte. Alcune iniziano da un angolo della mano, o nascono da un'altra linea. Altre possono non avere inizio fino a metà del palmo, e in alcune mani possono mancare completamente.

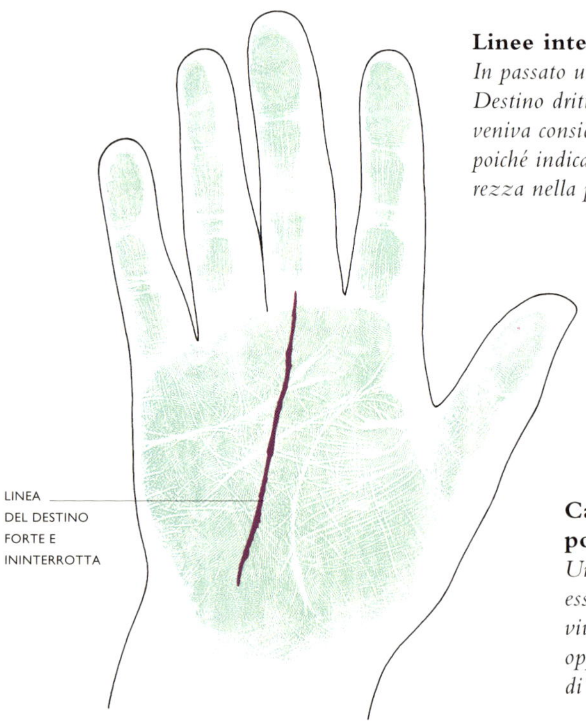

Linee interrotte
In passato una linea del Destino dritta, non spezzata, veniva considerata esemplare, poiché indicava stabilità e sicurezza nella propria vita.

Cambiamento positivo
Una linea frammentata può essere il riflesso del tempo in cui viviamo. La mobilità sociale e le opportunità culturali consentono di operare cambiamenti positivi.

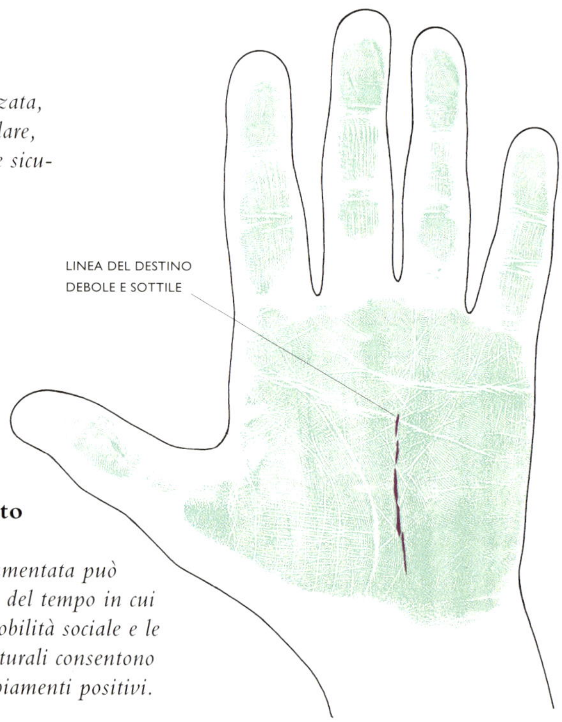

LINEA DEL DESTINO FORTE

Una linea del Destino forte e ben costruita viene associata a individui motivati, pieni di spinte. Affidabilità, capacità di comando e serietà sono caratteristiche delle persone che possiedono questa linea e una tale forza di carattere implica che la persona ha il controllo sul proprio destino.

LINEA DEL DESTINO DEBOLE

Una linea frammentata e irregolare costruita in modo debole è associata a mancanza di direzione e a vita indecisa. Piuttosto che controllare il proprio destino, i possessori di queste linee sono in balia delle circostanze. Con il tempo e la determinazione linee deboli possono consolidarsi e divenire più forti.

Lettura orientale della mano

La lettura della mano gode in Oriente di un ruolo più centrale di quanto non abbia nella cultura occidentale.

La lettura della mano in Oriente ha un profilo più elevato e seguaci più numerosi che in Occidente, dove religione e scienza l'hanno inibita. I chirologi vengono consultati con regolarità, e prima di ogni nuova impresa: un affare, un matrimonio o una nascita. Anche il modo in cui viene effettuata la lettura differisce da quello praticato in Occidente. Rascette e pollici vengono osservati con maggiore attenzione.

Segnature nel palmo

La più grande differenza tra l'analisi della mano in Oriente e in Occidente sta nell'importanza data alle segnature secondarie. Queste ricordano i caratteri degli ideogrammi orientali.

Linea del Destino Doppia

Si può rilevare una doppia linea del Destino, e il significato dipende da dove il punto di raddoppio si colloca lungo il palmo. Se una linea secondaria segue in parallelo la linea del Destino, la persona ha carriere od impegni separati. Una linea che dal monte della Luna scorre lungo la linea del Destino, indica un partner in affari o in amore. Brevi sezioni duplicate, denotano pluralità di interessi o di lavori contemporanei.

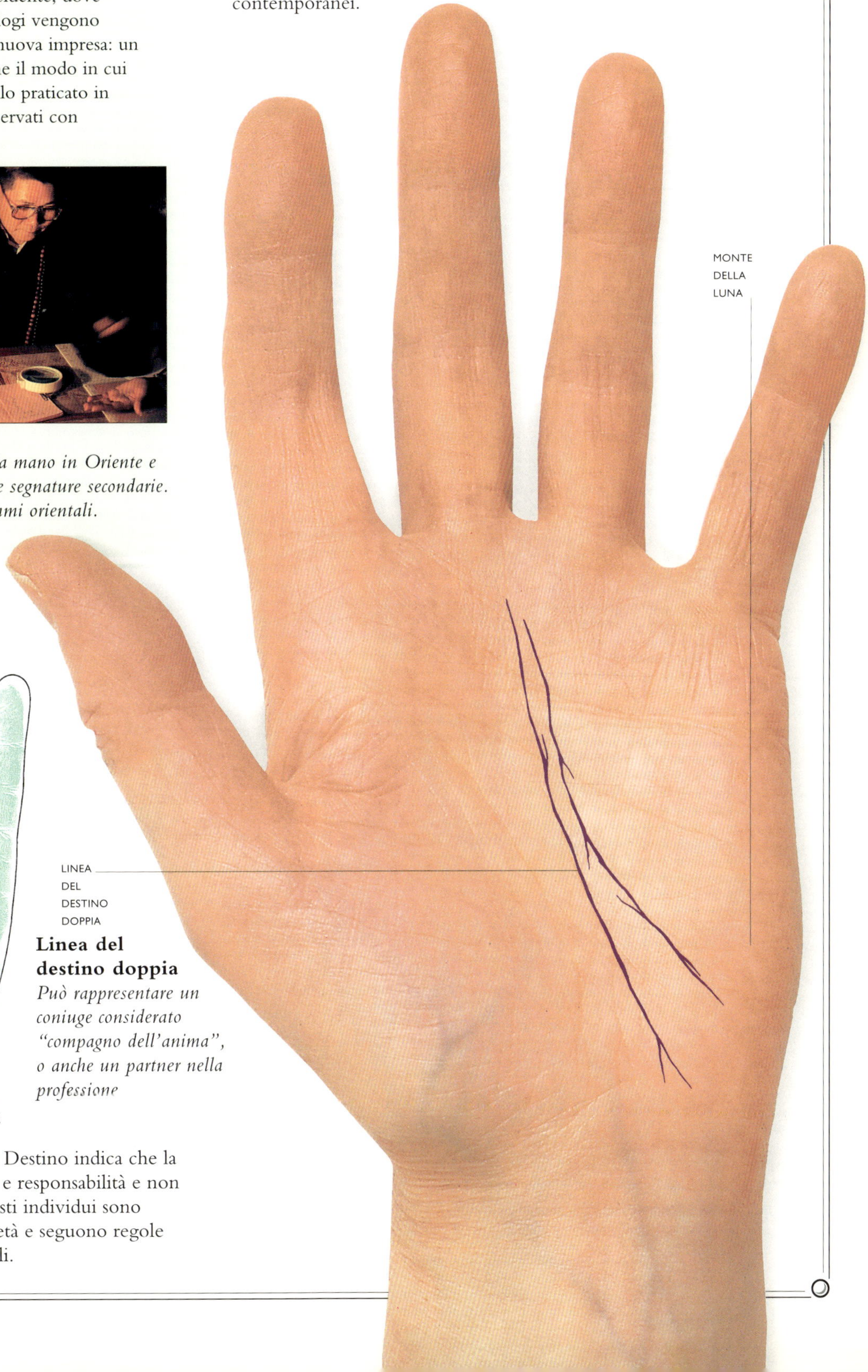

Linea del destino doppia

Può rappresentare un coniuge considerato "compagno dell'anima", o anche un partner nella professione

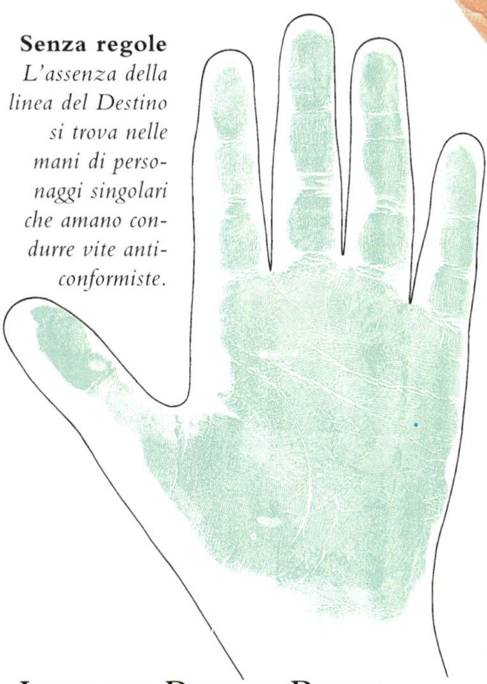

Senza regole

L'assenza della linea del Destino si trova nelle mani di personaggi singolari che amano condurre vite anticonformiste.

Linea del Destino Doppia

Quando manca completamente la linea del Destino indica che la persona non vuole essere gravata da doveri e responsabilità e non sente il bisogno di radici sicure. Spesso questi individui sono anticonformisti, rifiutano i valori della società e seguono regole personali. Possono essere degli irresponsabili.

Linea del Destino: Origine e Termine

Posta nel centro del palmo, la linea del Destino si colloca sul confine tra il lato conscio e inconscio simboleggiando la capacità di associare ragione e intuizione.

Essa rivela il modo in cui incanalate i talenti innati, adattate i desideri personali alle richieste della società, combinate i vostri bisogni con quelli degli altri, individuate il vostro posto nel mondo.

Ben poche linee del Destino corrono esattamente in una linea retta o iniziano esattamente all'altezza del polso e terminano proprio alla base di Saturno.

Anche se terminano sotto Saturno, la zona in cui hanno origine differisce da persona a persona.

In questa linea il punto iniziale diventa significativo accoppiato a come e dove finisce la linea.

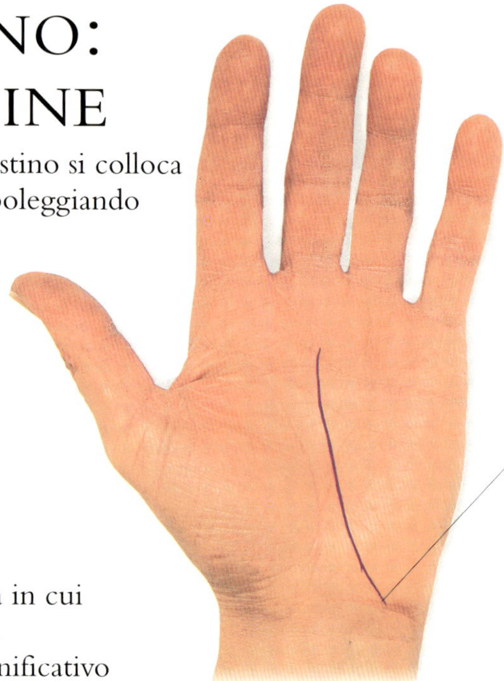

Linea del Destino che origina sul Monte della Luna

Poiché il monte della Luna è l'area della mano associata all'immaginazione, la linea del Destino che origina qui suggerisce carriera o interessi accompagnati da enfasi creativa, ma può anche indicare un'attività a diretto contatto col pubblico.

Influenza lunare
Riflettendo lo slancio sociale del monte della Luna, fortuna e amicizie influenti giocheranno un ruolo importante nella carriera personale, coronata dal successo.

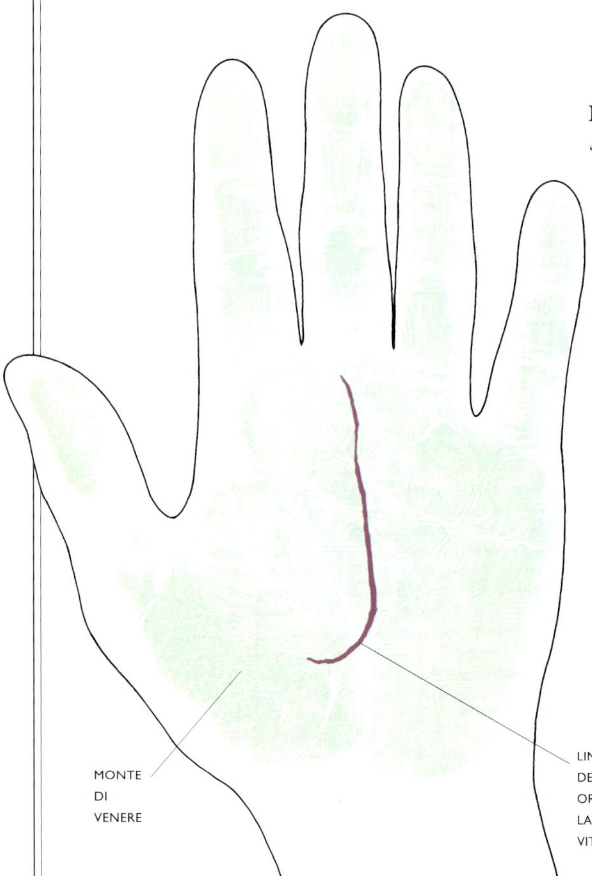

Legami familiari
Se la linea del Destino origina sulla linea della Vita, un forte legame con i genitori e il senso del dovere nei loro confronti saranno sempre presenti nell'arco della vita.

Origine tardiva
Una linea che origina all'altezza del polso e termina sotto Saturno rivela una vita stabile e prevedibile; una linea che origina più in alto indica che l'individuo troverà la propria strada a metà della vita.

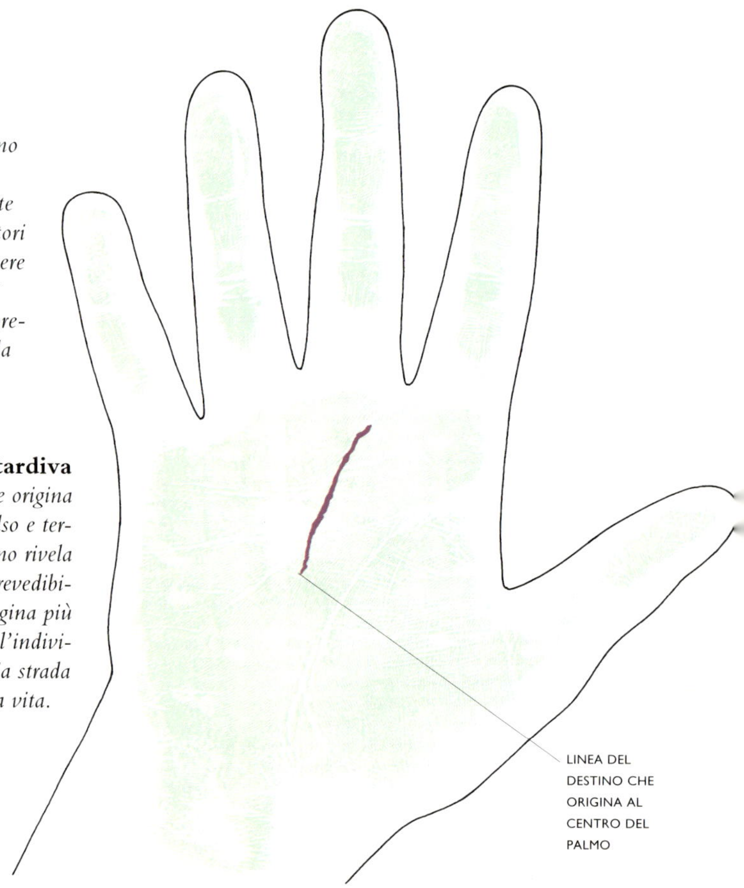

Linea del Destino che origina all'interno della Linea della Vita

Se la linea del Destino origina sul monte di Venere all'interno della linea della Vita, la famiglia ha una forte influenza. Probabilmente la persona lavora nell'attività familiare, o in una attività avviata dai genitori. Questa linea denota uno stretto legame coi figli.

Linea del Destino che origina al Centro del Palmo

Quando la linea del Destino è radicata al centro del palmo indica che il soggetto troverà la propria strada, o una nuova direzione, in età matura. È nel punto in cui questa linea si sviluppa che potrà individuare la carriera giusta o trovare un'occupazione stabile.

Stigmate

Dalla parola greca che significa "segno", la stigma era un marchio usato per contrassegnare gli schiavi e il bestiame

TRA I CRISTIANI IL TERMINE STIGMATE si riferisce a quei particolari segni presenti sul corpo che corrispondono a quelli lasciati dai chiodi e dalla spada durante la crocifissione di Cristo. I devoti che le possiedono, conosciuti come stigmatizzati, sostengono che queste compaiono per volere divino. Gli scienziati affermano che è proprio il fervore religioso a determinare la comparsa di tali mutamenti fisici.

Stigmate recenti
*La prima persona resa famosa dall'aver ricevuto le stigmate fu San Francesco d'Assisi, nel 1224. Theresa Neumann (*a destra*), che morì nel 1962, è una delle più recenti.*

BIFORCAZIONE FINALE DELLA LINEA
La linea del Destino si rapporta col dovere e la responsabilità, per questo la sua terminazione è sul monte di Saturno. Talvolta conclude il suo percorso con una biforcazione; se questa va verso i monti di Mercurio, Apollo o Giove, indica una vita e una carriera di successo.

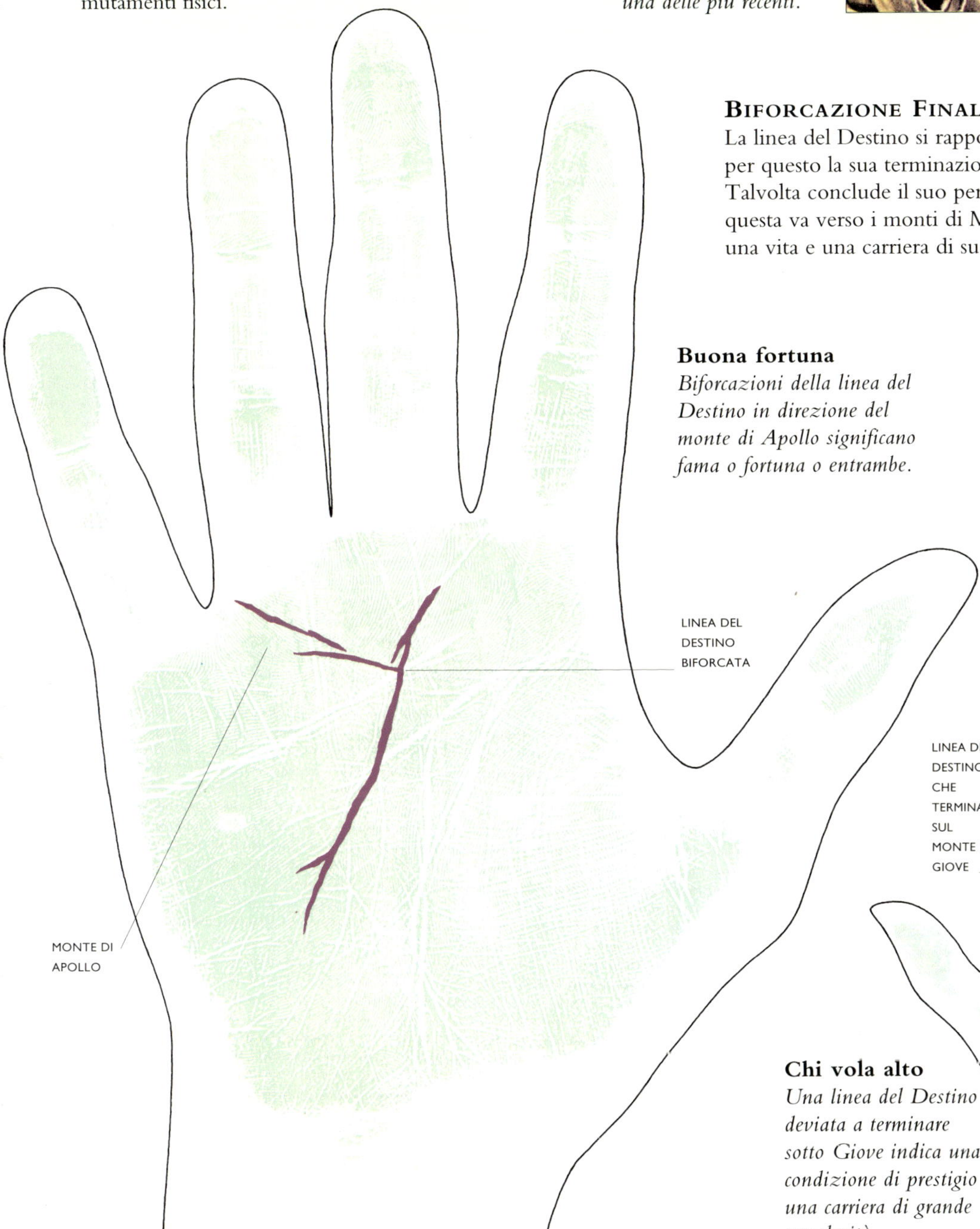

Buona fortuna
Biforcazioni della linea del Destino in direzione del monte di Apollo significano fama o fortuna o entrambe.

LINEA CHE TERMINA SUL MONTE DI GIOVE
Il monte di Giove è associato alla condizione sociale e al prestigio. Se la linea si allunga fino a terminare sul monte di Giove, contraddistingue coloro che possiedono cariche elevate o che nella loro esistenza acquisiscono potere e influenza.

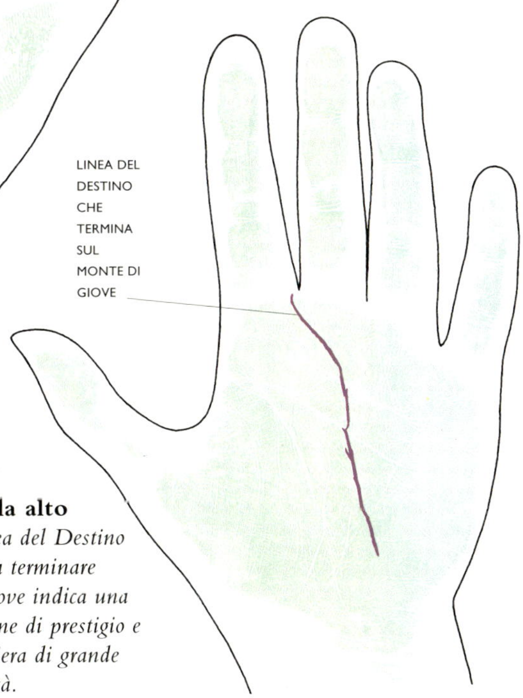

Chi vola alto
Una linea del Destino deviata a terminare sotto Giove indica una condizione di prestigio e una carriera di grande popolarità.

Segnature di Eventi sulla Linea del Destino

Al tempo in cui i nostri avi credevano nella predestinazione e in una storia determinata dalla nascita, la linea del Destino era chiamata del Fato.

L'importanza dell'ambiente nel formare le personalità o il fatto di poter operare scelte personali nel corso della vita non rientravano nei loro schemi. Per contro, si riteneva che la linea del Destino fosse impressa sulla mano del neonato, e che dovesse essere seguita dalla culla fino alla tomba.

Ora, in ogni caso, mentre noi crediamo di essere in condizioni di determinare costantemente il nostro destino, questo in realtà si delinea in gran parte secondo un processo del tutto inconsapevole.

I segnali derivati dalle risposte nervose e biochimiche determinano segnature corrispondenti ad avvenimenti futuri. Per questo la linea del Destino sarà sempre parecchi passi più avanti di noi.

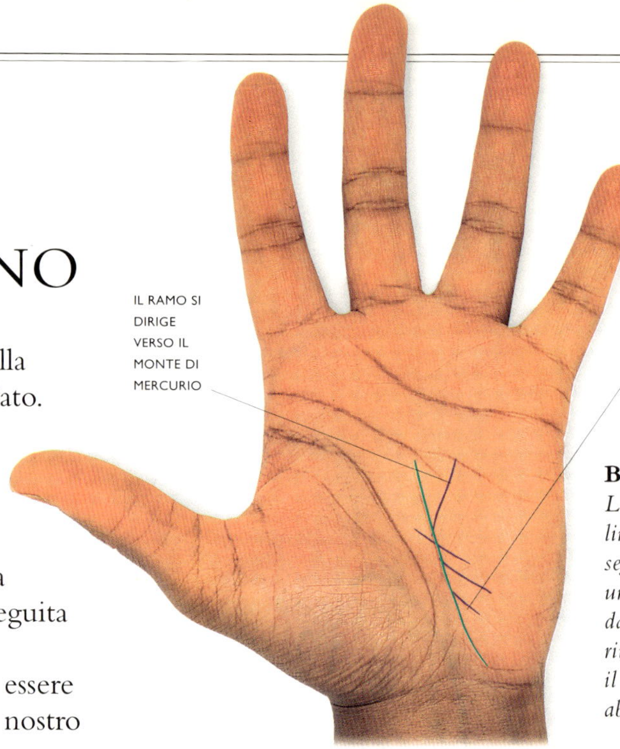

Buona influenza
La condizione della linea del Destino che segna un'unione con un ramo proveniente dall'area della Luna rivela quale influenza il rapporto indicato abbia con l'individuo.

Ramificazioni verso e dalla Linea

Le ramificazioni rappresentano mete raggiunte. Verso Mercurio: successo finanziario; verso Apollo: soddisfazione; verso Saturno: guadagno; verso Giove: condizione sociale. Quelle che si dirigono dall'area della Luna verso la linea del Destino indicano relazioni, mentre il mancato incontro indica insuccesso negli affari. Se una linea della Luna mostra il Destino connota un'unione fortunata.

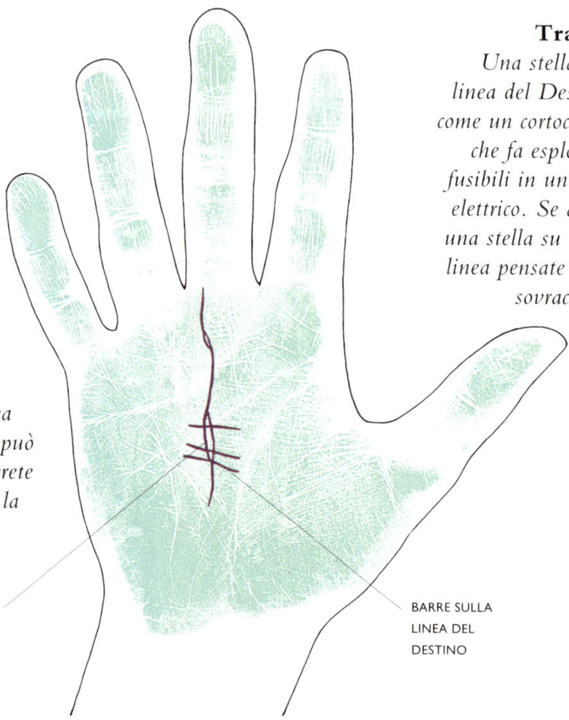

Tempi duri
Se riscontrate un'isola sulla linea del Destino, essa può significare che dovrete fare economia per la durata del segno.

Trauma
Una stella sulla linea del Destino è come un cortocircuito che fa esplodere i fusibili in un flusso elettrico. Se appare una stella su questa linea pensate ad un sovraccarico.

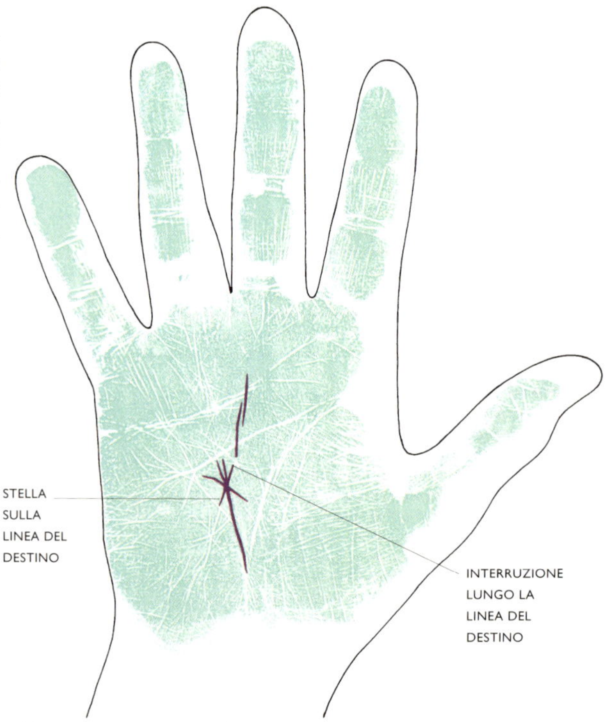

Barre e Isole sulla Linea del Destino

Una barra che attraversa la linea del Destino rappresenta un ostacolo che, sebbene temporaneo, va valutato. I vostri progetti potrebbero incontrare resistenze, o un collega crearvi difficoltà. Un'isola è segno di frustrazione, sta per insoddisfazione sul lavoro, sfiducia, restrizioni finanziarie.

Linee e Interruzioni Lungo la Linea

Una stella suggerisce un'esperienza con un impatto improvviso sulla vita. Mostra il periodo in cui un trauma o una sorpresa hanno il sopravvento sulle emozioni. Un'interruzione rivela un importante cambiamento forzato, due linee sovrapposte suggeriscono che il cambiamento è deliberato.

Come Datare la Linea del Destino

La datazione degli eventi segnati nella mano è un procedimento difficile, poiché i palmi differiscono molto sia nella forma che nella grandezza. Una ulteriore complicazione è data dal fatto che la scala di misura è molto più difficile da applicare alla linea del Destino che non ad altre linee principali. Tuttavia, una volta fatta pratica, sarà possibile individuare pietre miliari esistenziali e importanti svolte del futuro. La linea del Destino illustra il progresso personale che l'individuo compie nel corso della vita. Su di essa ogni segnatura, ogni interruzione, ogni deviazione corrisponde a un evento specifico. Nel datare questa linea è possibile individuare un cambiamento prossimo nella carriera, scoprire se suoneranno le campane del matrimonio o se allargheremo il nostro campo d'affari.

Applicare la Datazione

Nella copia della mano di una signora, qui sotto, la sezione della linea del Destino che va dai 32 ai 51 anni segna molta attività. Il raddoppiarsi della linea denota l'inizio di un rapporto all'età di 37 anni. All'età di 42 una croce, che indica difficoltà, è immediatamente seguita da un'isola che dura fino ai 51 anni. In questo punto trova inizio un'altra sezione della linea del Destino, che suggerisce l'inizio di un nuovo modo di vivere.

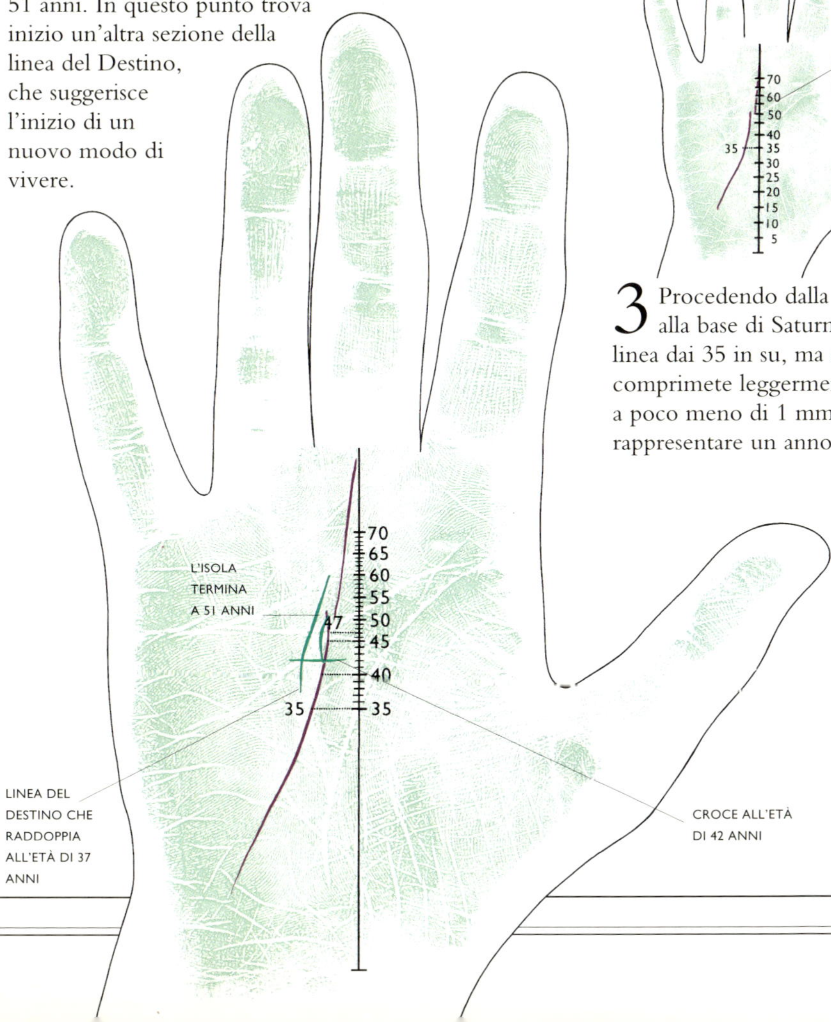

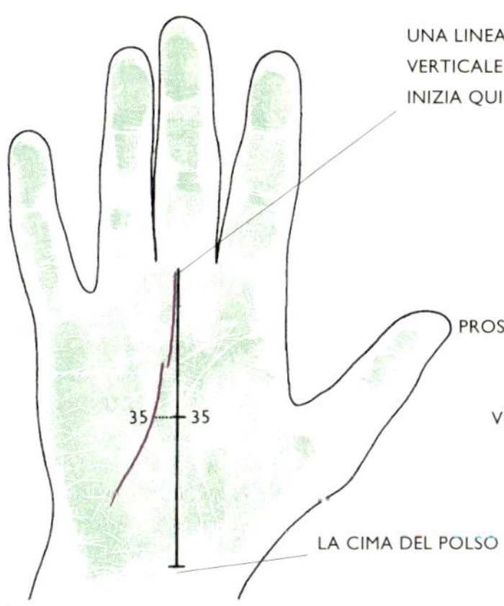

1 Sulla copia dell'impronta della mano tirate una lunga verticale dalla base di Saturno verso il basso fino alla prima rascetta in cima al polso. Misurate la linea e segnatene la metà; questa rappresenta i 35 anni di età.

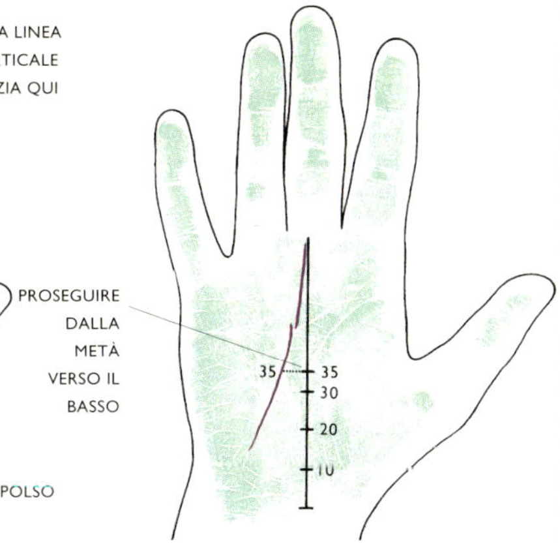

2 Usando il millimetro come unità di misura per segnare un anno, iniziate dalla metà e proseguendo verso il basso segnate ogni millimetro fino ad arrivare allo 0 al polso. Regolate la scala se necessario, usando poco più di 1 mm per un palmo lungo, e poco meno per un palmo più corto.

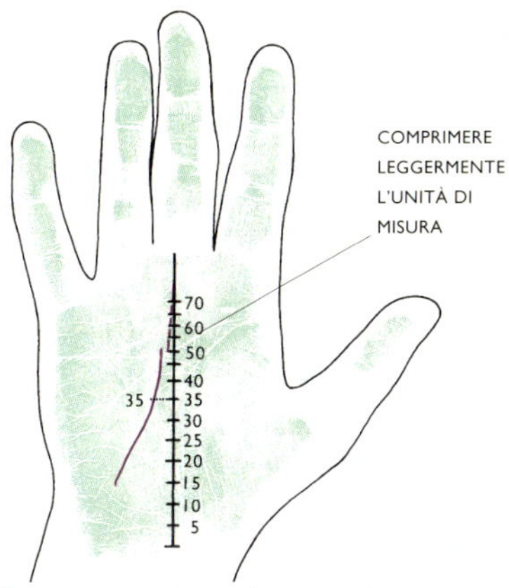

3 Procedendo dalla metà fino alla base di Saturno segnate la linea dai 35 in su, ma questa volta comprimete leggermente la misura a poco meno di 1 mm per rappresentare un anno.

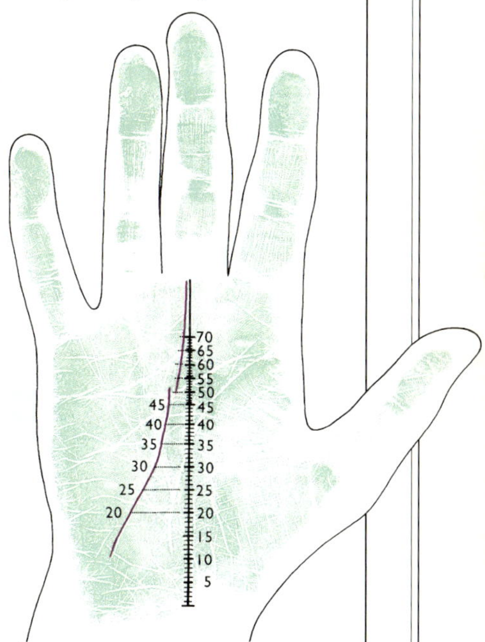

4 Ora la scala di misura può essere applicata alla linea del Destino. Se tirate una linea orizzontale da un qualsiasi segno della linea del Destino, dovreste essere in grado di datare gli eventi futuri con considerevole precisione.

Differenze tra le Mani

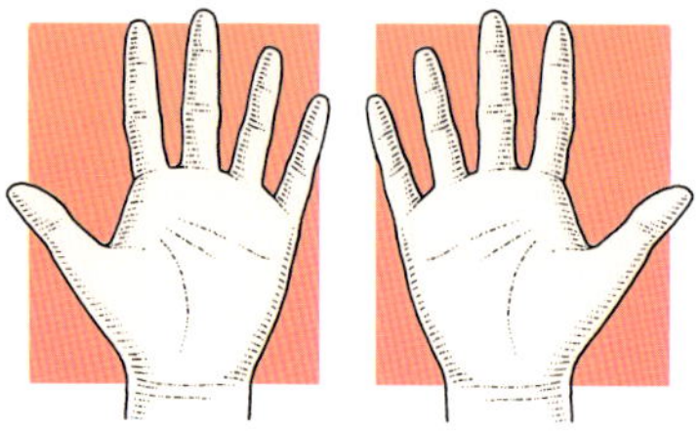

Le segnature sui palmi sono diverse non solo da persona a persona, ma anche da mano a mano. Le mani di ognuno di noi sono uniche al punto che la destra non è uguale alla sinistra. Possono sembrare molto simili, e le linee formare disegni somiglianti, ma non appena voi inizierete ad osservarle da vicino noterete delle differenze sostanziali. E sono proprio queste ad esaltare la ricchezza e la finezza della personalità, poiché è nella diversità che ne scopriamo i livelli di complessità ed evidenziamo le disparità tra il sentire e l'agire.

Una delle due mani rivela le caratteristiche innate, l'altra illustra la forma in cui queste sono state espresse.

Se esistono disuguaglianze sostanziali notevoli tra le linee delle mani ciò indica che avete superato il potenziale iniziale, oppure che possedete risorse inutilizzate che sono rimaste a vostra disposizione e che potranno comunque fiorire in un futuro più o meno lontano.

Potenziale e Sviluppo

La mano destra e la sinistra hanno informazioni differenti; la sinistra l'io e le capacità ereditate; la destra l'aspetto esteriore e lo sviluppo delle attitudini. Per i mancini vale il contrario. Le disuguaglianze tra le mani evidenziano l'oggettività rispetto alla soggettività e riflettono lo sviluppo dall'infanzia alla maturità.

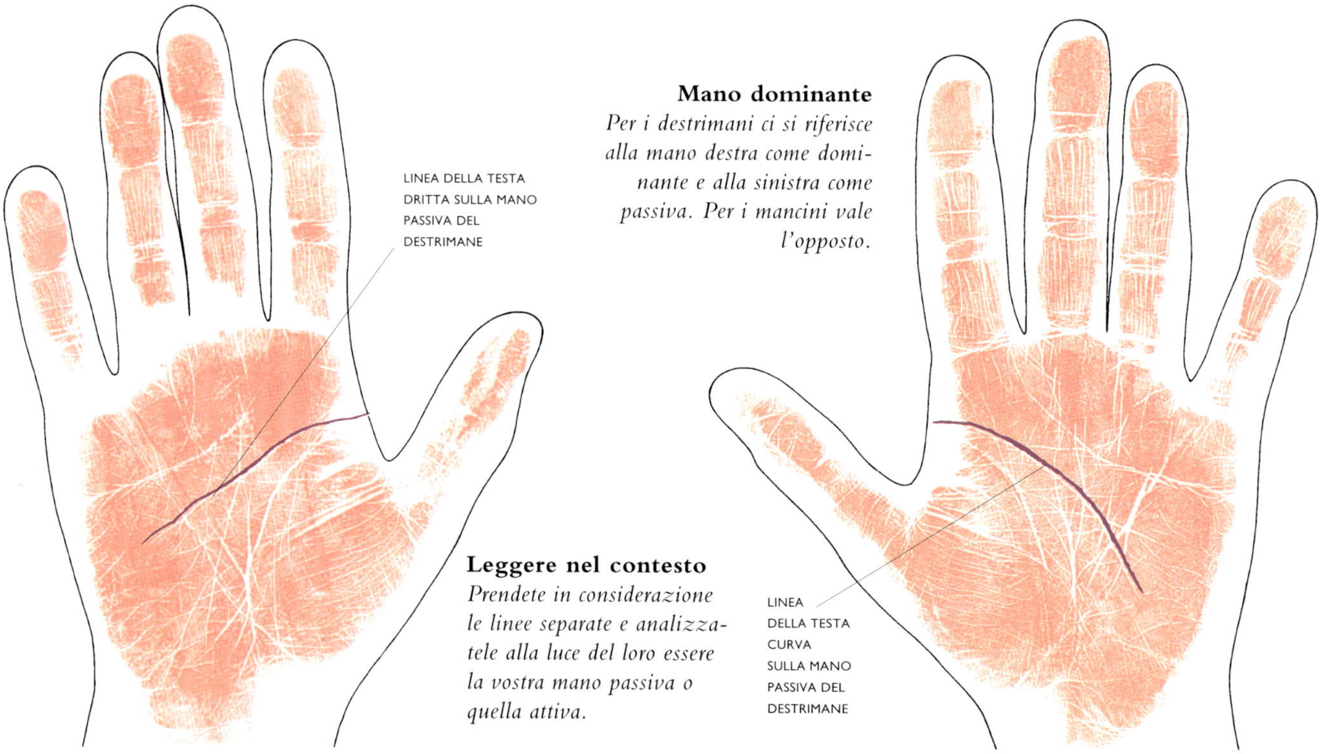

Mano dominante
Per i destrimani ci si riferisce alla mano destra come dominante e alla sinistra come passiva. Per i mancini vale l'opposto.

Leggere nel contesto
Prendete in considerazione le linee separate e analizzatele alla luce del loro essere la vostra mano passiva o quella attiva.

Differenze tra le Linee della Testa

Linee della Testa diverse tra loro sottolineano lo sviluppo della mente e dell'intelletto. Se la dominante contiene una linea della Testa più forte o più lunga, l'individuo ha compiuto progressi intellettuali maggiori di quanto consentitogli dalle sue condizioni innate. Nel caso opposto, il potenziale non è stato realizzato. Una linea dritta sulla mano passiva e una incurvata su quella dominante rivelano che una carenza è stata superata. Bisogna incoraggiare i bambini con linee della Testa dritte ad ampliare i loro interessi per essere più flessibili. L'aspetto indica che la creatività iniziale viene conformata.

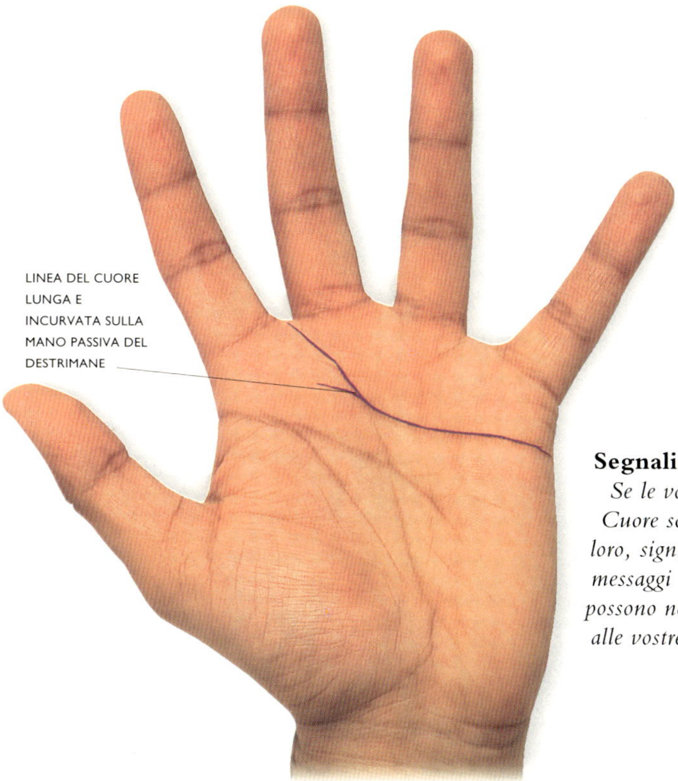

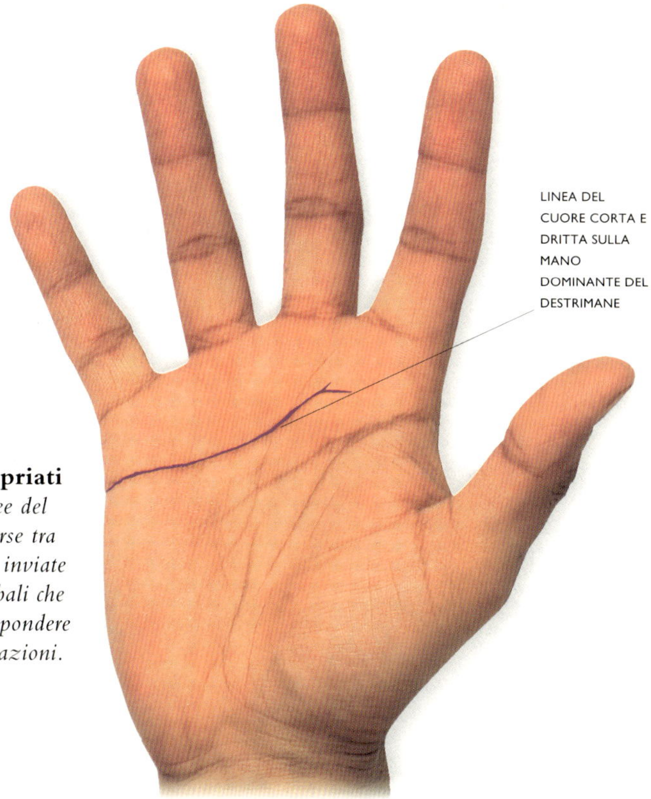

Segnali appropriati
Se le vostre linee del Cuore sono diverse tra loro, significa che inviate messaggi non verbali che possono non corrispondere alle vostre deliberazioni.

Differenze tra le Linee del Cuore

La linea del Cuore rappresenta la natura emozionale dell'individuo e il modo in cui si relaziona agli altri; quindi, qualsiasi sua variazione tra la mano destra e quella sinistra rivela una disparità tra i sentimenti istintivi intimi e il modo in cui questi vengono proiettati all'esterno. Identificare una differenza tra le linee del Cuore aiuta a trovare la ragione delle incomprensioni: una linea incurvata nella mano passiva associata ad una dritta in quella dominante implica che una natura dolce e romantica si è celata dietro a una facciata di fredda indipendenza.

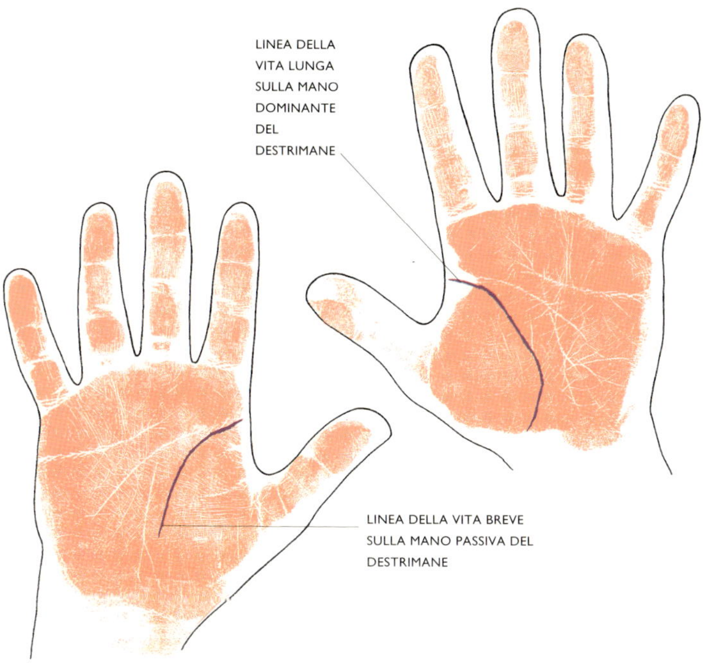

Differenze tra le Linee della Vita

Linee della Vita diverse tra loro informano sulla salute o sullo stile di vita. Una linea corta o interrotta sulla mano passiva accoppiata ad una lunga e forte sulla dominante rivela superata una cattiva condizione di salute. Se solo la mano dominante ha una linea interrotta, il modo di vivere può avere influenzato la salute.

Differenze tra le Linee del Destino

La linea del Destino descrive il progresso dell'individuo, così una diversità delle mani tra loro rivela i tentativi personali di governare il proprio destino. Ad esempio: una linea debole sulla mano passiva accompagnata da una forte su quella dominante indica che la mancanza di autostima è stata vinta da un atteggiamento positivo.

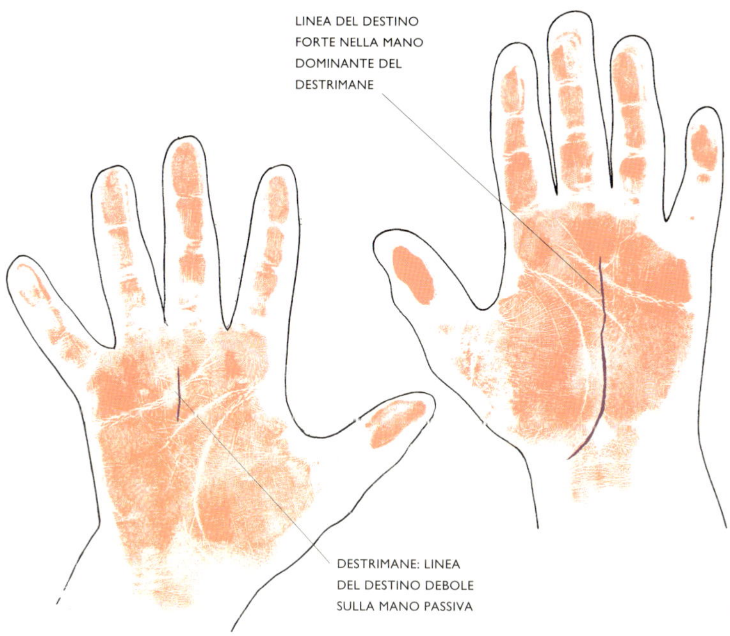

La Linea di Apollo

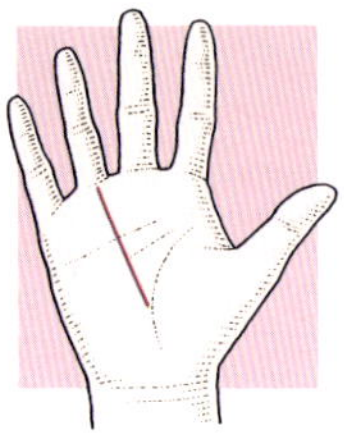

Conosciuta anche come linea del Sole, la linea di Apollo misura la soddisfazione intima esperita nella vita. Essa non è presente in tutte le mani, e quando appare è segno di felicità raggiunta mediante il successo. Rappresenta la capacità personale di godere della vita e di provare soddisfazione nel lavoro. In breve, essa simboleggia i valori positivi presenti in tutti noi.

In passato si credeva che la presenza della linea di Apollo garantisse fama e fortuna e che il suo possessore potesse aspettarsi successo in abbondanza. Gli analisti moderni associano questa linea più al talento creativo che alla celebrità e alla ricchezza. Sicuramente la linea di Apollo è posta in evidenza nelle mani dalle persone creative e dotate di talento e, sebbene alcune di esse siano ricompensate finanziariamente delle loro doti, è essenzialmente il grado di appagamento che l'individuo raggiunge attraverso l'espressione dei talenti personali a venire rappresentato da questa linea.

Caratteristiche della Linea di Apollo

Come la linea del Destino, anche la linea di Apollo può originare da diverse zone. È raro trovarne una che nasce dal monte della Luna; in genere inizia nella parte superiore del palmo e ha forma di breve sezione sopra la linea del Cuore. Ovunque abbia origine, il suo termine si trova sul monte di Apollo.

Un inizio tardo
Il successo è tendenzialmente tardivo per coloro la cui linea di Apollo inizia alta nel palmo.

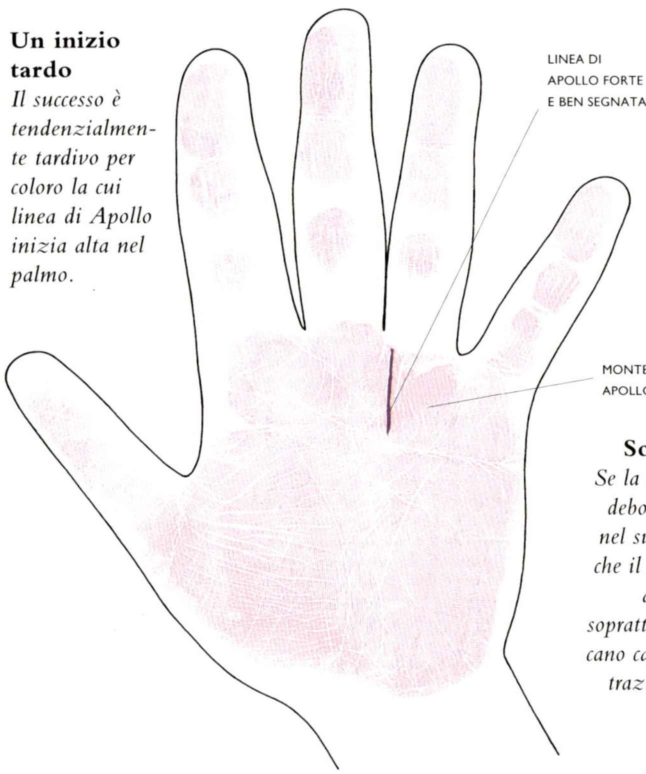

Scarso successo
Se la linea di Apollo è debole o frammentata nel suo percorso indica che il successo giungerà ad intermittenza, soprattutto perché mancano capacità di concentrazione e riflessione.

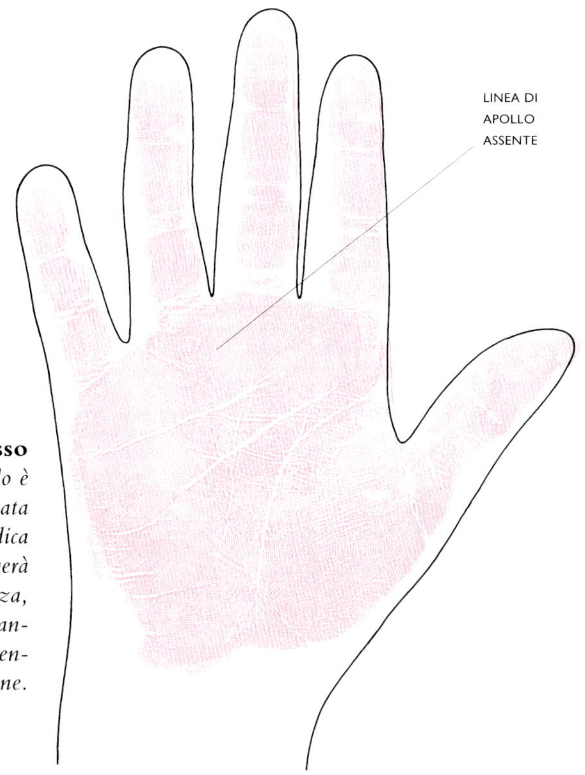

Linea di Apollo Forte

Una linea di Apollo evidente è segno di personalità carismatica. L'individuo è dotato di fascino, solarità e apertura. Più la linea è lunga e più la Dea della fortuna sorride al suo possessore che, pur essendo nato con molte doti, arriva facilmente al successo semplicemente trovandosi al posto giusto nel momento giusto.

Linea di Apollo Assente

Non tutte le mani possiedono la linea di Apollo, e alcuni possono averla assente, debole o sottile. Questo non significa né mancanza di talento né un destino di povertà, bensì segnala tendenza al cinismo o all'insoddisfazione; forse vi è la sensazione che la felicità non sia alla propria portata.

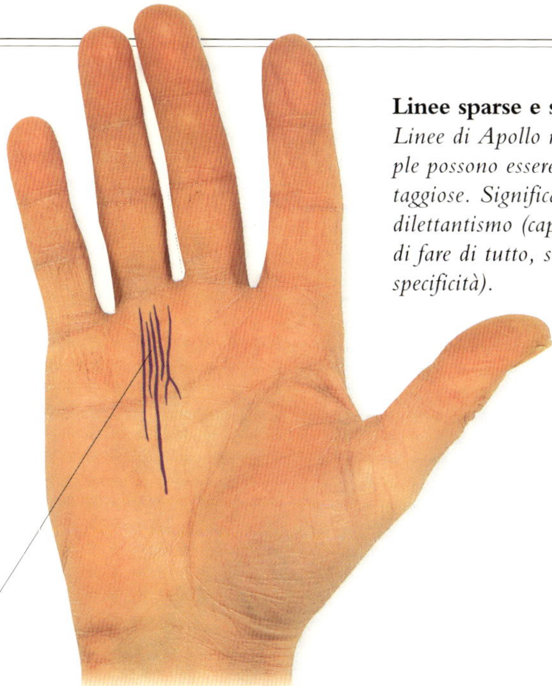

Linee sparse e sottili
Linee di Apollo multiple possono essere vantaggiose. Significa dilettantismo (capacità di fare di tutto, senza specificità).

Linee di Apollo Multiple

In alcune mani si trovano linee di Apollo disposte a fascio. Tale formazione contraddistingue l'individuo versatile dai numerosi talenti, l'esperto in diversi campi che ha un buon potenziale per raggiungere successo e soddisfazione mediante l'applicazione delle sue abilità.

La mano nello Shiatsu

Nella pratica giapponese dello Shiatsu la pressione digitale viene utilizzata per stimolare i canali di energia e riequilibrare il corpo.

ALLA NASCITA IL CORPO si trova in perfetto equilibrio, ma lo stress nel corso della esistenza modifica il funzionamento della nostra bilancia. *Jitsu*, o eccessiva energia in un organo, porta a *kyo*, mancanza di energia in un altro; un disequilibrio che genera condizione di malattia. Aree della mano sono direttamente collegate agli organi. Esercitare una certa pressione aiuta a liberare l'energia bloccata.

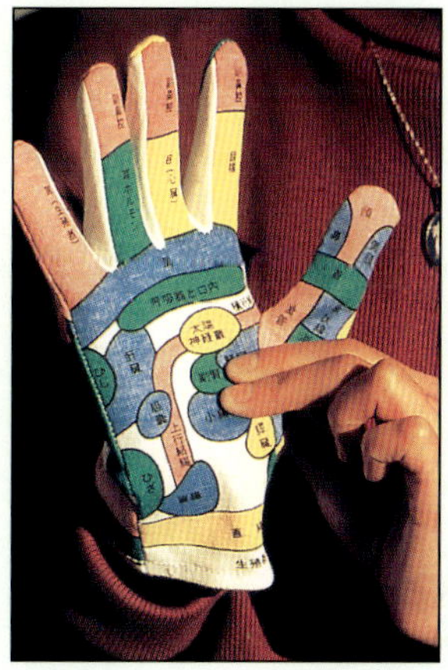

Punti di pressione
Punti della mano sono collegati a specifici organi.

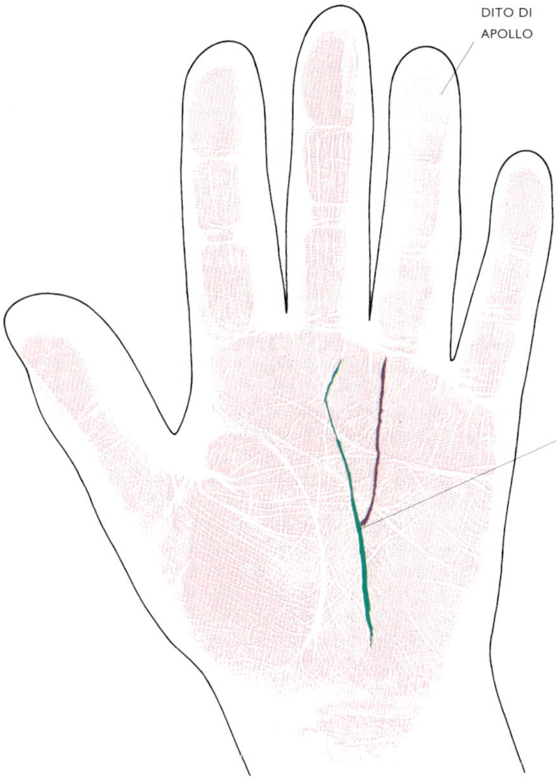

Successo iniziale
Una linea di Apollo che origina sul monte della Luna indica che il successo arriverà molto presto negli anni, come nel caso dei bambini prodigio.

Come datare il successo
La datazione di una linea di Apollo nata dalla linea della Vita, informa sulla realizzazione dei sogni.

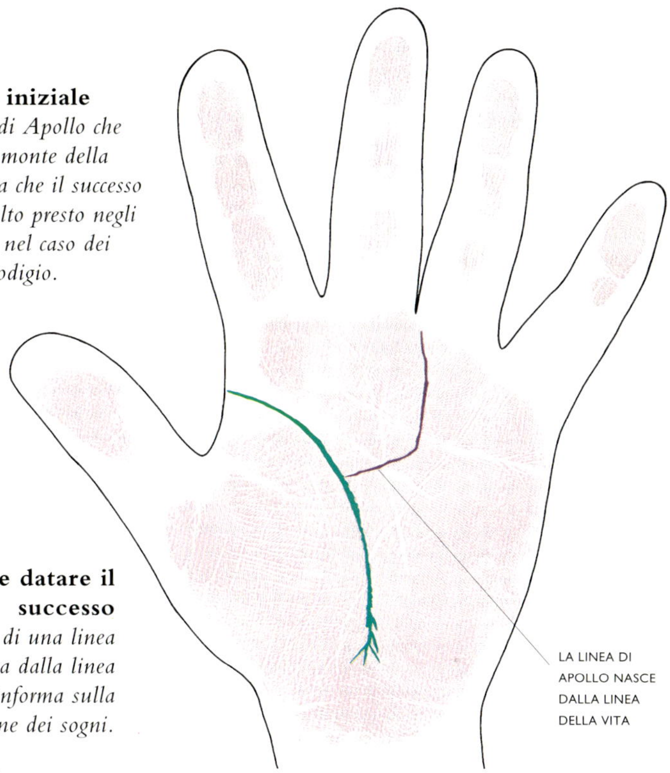

Linea di Apollo dalla Linea del Destino

In genere la linea apollinea nasce come un ramo dalla linea del Destino e prosegue verso il monte di Apollo. Qui i talenti della persona vengono riconosciuti dal momento in cui la linea di Apollo esce da quella del Destino. Suggerisce che per lavoro e meriti personali l'individuo raggiunge il successo.

Linea di Apollo dalla Linea della Vita

È raro trovare una linea di Apollo che si ramifica dalla linea della Vita. Questa denota che il suo possessore attraverso i propri sforzi raggiunge prosperità. Se la linea ha le sue radici dentro la linea della Vita o nel monte di Venere può indicare che denaro o proprietà provengono dalla famiglia.

Segni di Eventi sulla Linea di Apollo

Poiché la linea di Apollo simboleggia il nostro senso di appagamento personale, ogni segno su questa linea riflette gli eventi che influenzeranno in modo positivo questo aspetto o per contro porteranno alterazioni sul nostro livello di felicità e di benessere.
Anche questi segni rientrano nelle categorie positiva e negativa. Poiché la linea di Apollo traduce quel che di favorevole proviamo per noi stessi e per coloro che amiamo, le segnature su questa linea indicano per lo più una situazione sfavorevole e comunque tendente a diminuire la gioia di vivere.

Una stella qui è ritenuta invece foriera di successo.

Apollo
Nella leggenda il nome Apollo venne conferito al dio del sole, che governava la creatività, la musica e le arti.

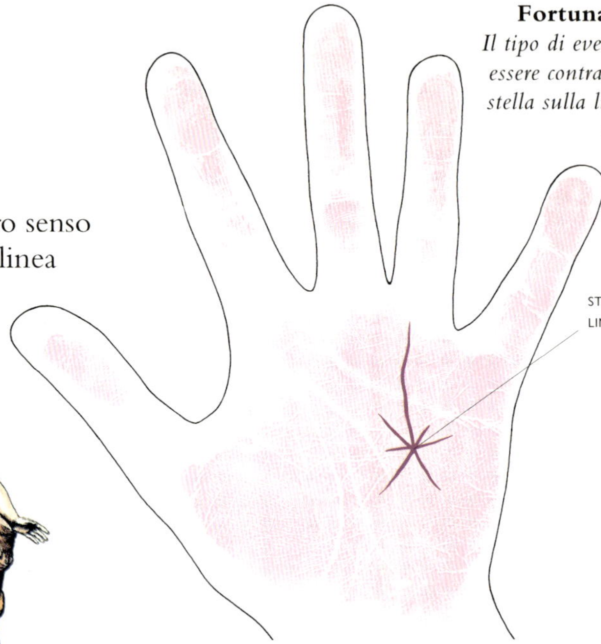

Fortuna alla lotteria
Il tipo di evento che potrebbe essere contrassegnato da una stella sulla linea di Apollo è una vincita consistente di denaro a una lotteria.

Stella sulla Linea di Apollo

Sulla linea di Apollo la stella perde il suo significato negativo per diventare un segno di splendida buona fortuna. Essa segnala il momento in cui i talenti e il duro lavoro dell'individuo vengono riconosciuti, o quando egli sperimenta lo stato d'animo di chi è travolto dal successo. Un improvviso colpo di fortuna, un guadagno inatteso, premi e onorificenze, il raggiungimento del successo nell'arco di una notte sono segnalati in questo modo.

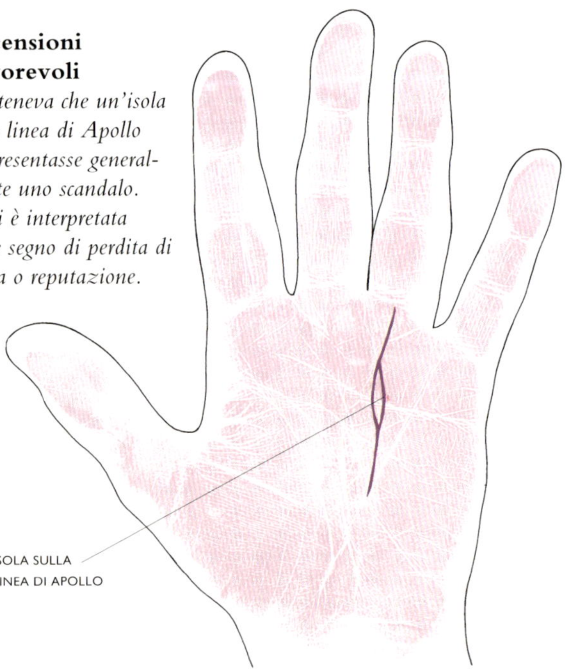

Recensioni sfavorevoli
Si riteneva che un'isola sulla linea di Apollo rappresentasse generalmente uno scandalo. Oggi è interpretata come segno di perdita di stima o reputazione.

Isola sulla Linea di Apollo

Le isole denotano sempre una diminuzione di energia negli aspetti esistenziali che la linea rappresenta. Qui un'isola riflette una perdita temporanea di felicità. Tale segnatura può rappresentare un periodo di preoccupazione causato da problemi economici. Occorre datare il periodo di ansia (*vedi pagina 81*), poiché si estende per l'intera durata dell'isola.

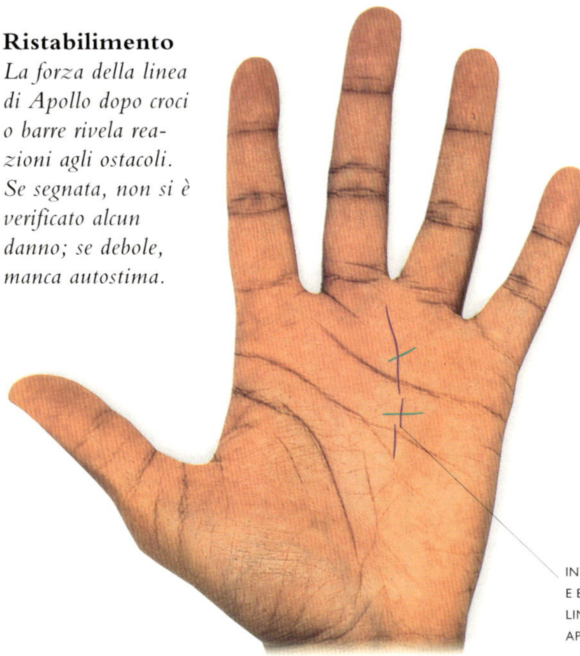

Ristabilimento
La forza della linea di Apollo dopo croci o barre rivela reazioni agli ostacoli. Se segnata, non si è verificato alcun danno; se debole, manca autostima.

Barre, Croci e Interruzioni sulla Linea di Apollo

Su qualsiasi linea si trovi, una barra agisce come ostacolo o impedimento. Una barra sulla linea di Apollo rappresenta un blocco temporaneo. Due barre che formano una croce indicano fattori esterni che minacciano il buon nome. Un'interruzione indica un cambiamento.

Impronte famose

Molte persone famose hanno lasciato la loro impronta ad Hollywood Boulevard

Autografo
Seguendo una tradizione iniziata nel 1927, Clint Eastwood stampa le impronte di mani e piedi all'Hollywood Boulevard.

LA CRONACA RACCONTA CHE NORMA TALMADGE nel 1927 calpestò senza volerlo il cemento fresco nel cortile del Teatro Cinese dell'Hollywood Boulevard, che Sid Grauman stava costruendo. Allora Sid persuase Mary Pickford e Douglas Fairbanks a ripetere la cosa con mani e piedi, realizzando così l'album di autografi più grande del mondo, da un'idea del maestro francese di Sid, Jean Klossner, che aveva "firmato" la propria opera imprimendo una mano nel cemento.

COME DATARE LA LINEA DI APOLLO

PER DATARE GLI EVENTI segnati sulla linea di Apollo si segue un procedimento simile a quello della datazione della linea del Destino (*vedi pagina 75*). Si traccia la linea di misurazione nel palmo in senso verticale, e i segni relativi agli anni si trasferiscono sulla linea di Apollo: lì si leggono. Le linee di Apollo possono avere diverse lunghezze e talvolta originano solo a metà del palmo o dopo la linea del Cuore.

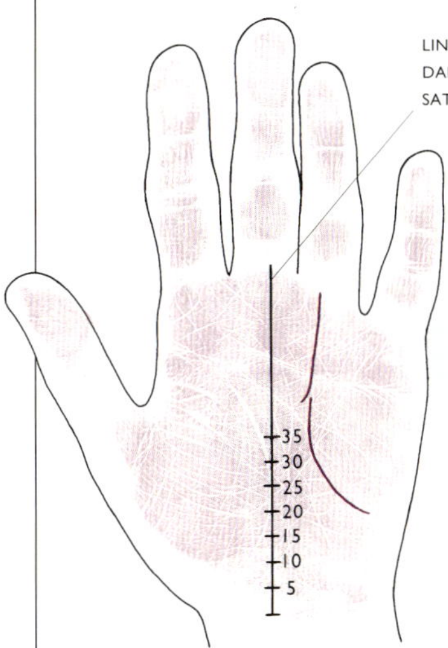

1 Tirare una linea verticale dalla rascetta superiore fino alla base del dito di Saturno. Calcolare la metà, che costituirà il 35° anno. Usando 1 mm per misurare un anno, e proseguendo verso il basso segnare gli anni da 35 a 0 finendo sul polso.

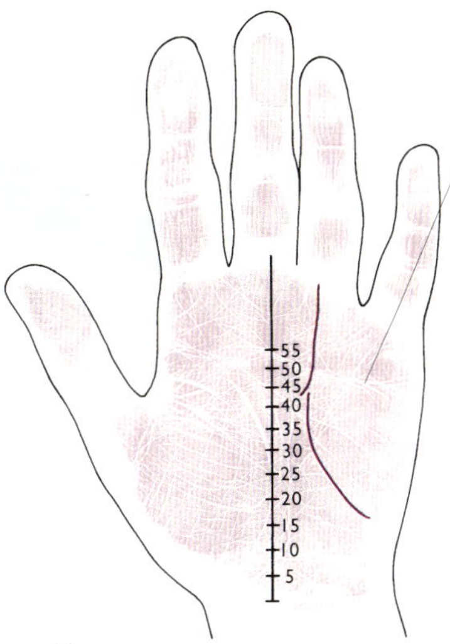

2 Proseguire dal 35° anno in su abbreviando di poco le misure in modo che 1 anno sia rappresentato da meno di 1 mm. Trasferire in senso orizzontale i segni che individuano gli anni fino a incontrare la linea di Apollo. Bisogna ricordare che la linea può non apparire sin oltre la linea del Cuore.

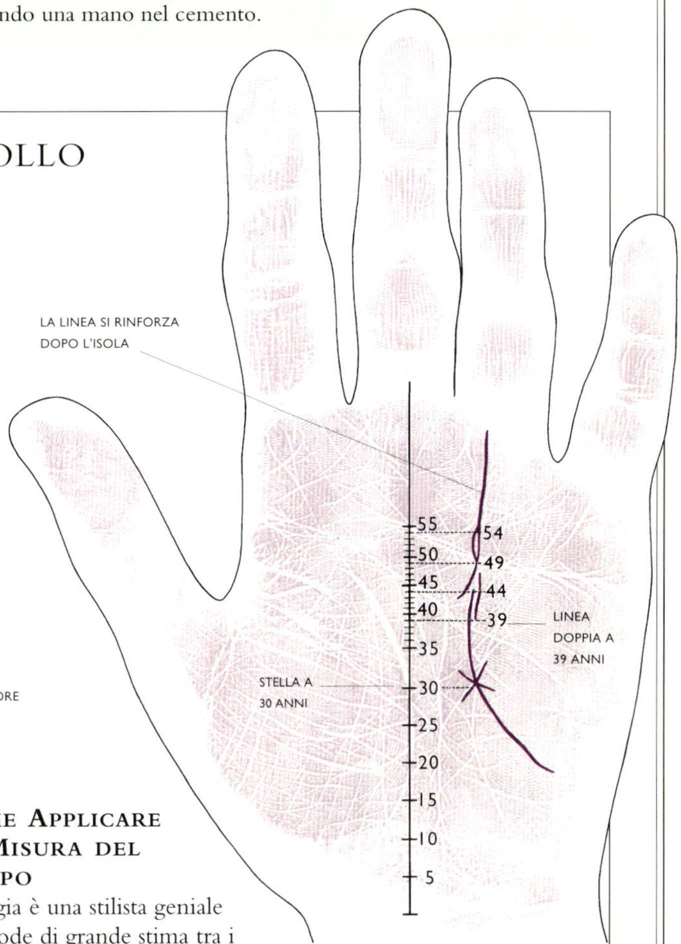

COME APPLICARE LA MISURA DEL TEMPO

Georgia è una stilista geniale che gode di grande stima tra i colleghi. La sua linea di Apollo, che origina sul monte della Luna, ne conferma il talento creativo e l'estro immaginativo. Una stella sulla linea sottolinea il plauso ricevuto all'età di 30 anni alla sua prima collezione. Nove anni dopo si cimentò nella produzione di una linea di cosmetici, poi vincente. Il raddoppiamento della linea di Apollo all'età di 39 anni evidenzia le due imprese. Una rottura della linea sui 44 anni segna il passaggio dal disegno dei capi di maglieria alla vendita dei tessuti per arredamento. La rapida espansione e una cattiva consulenza, sommate a una relazione sentimentale disastrosa, portarono al crollo dell'impresa e ad una precarietà finanziaria destinata a durare quasi cinque anni. Un'isola sulla linea sottolinea, nel periodo dai 49 ai 54 anni, la crisi. Dal 54° anno in poi la linea di Apollo si rafforza in modo evidente e sottolinea così la ripresa della fortuna per Georgia, che infatti rilanciò con successo i suoi modelli di maglieria.

LINEE E SEGNI SECONDARI

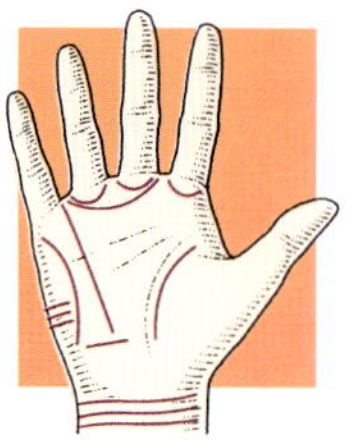

ALCUNE LINEE E SEGNI SECONDARI illustrati qui di seguito sono rari. Essi aggiungono sfumature e profondità alla personalità e offrono al chirologo indizi supplementari per costruire un profilo completo dell'individuo.

Sono utili per fare luce su alcune qualità speciali, che conferiscono una tonalità distinta alla natura della persona e alla sua disposizione caratteriale e che accrescono l'individualità. Queste linee minori aggiungono definizione all'analisi della mano: modificano i tratti del carattere, raffinano le categorie, rivelano attitudini e talenti.

Alcune mani possiedono numerose linee e segni secondari, e questo conferisce loro un aspetto operoso, mentre altre sono piatte e con pochissimi tratti secondari. Generalmente non si hanno più di un paio di linee; fra tutte, la linea di Mercurio è quella che troverete più facilmente in una varietà di forme e di configurazioni diverse tra loro.

COME ANALIZZARE LE LINEE SECONDARIE

QUANDO È PRESENTE, la linea di Mercurio può originare sul monte della Luna, sul monte di Venere o sulla linea della Vita. La sua direzione naturale è il monte di Mercurio. La Via lasciva e le linee dei viaggi si trovano sulla percussione della mano, mentre le linee di Marte sono collocate all'interno della linea della Vita.

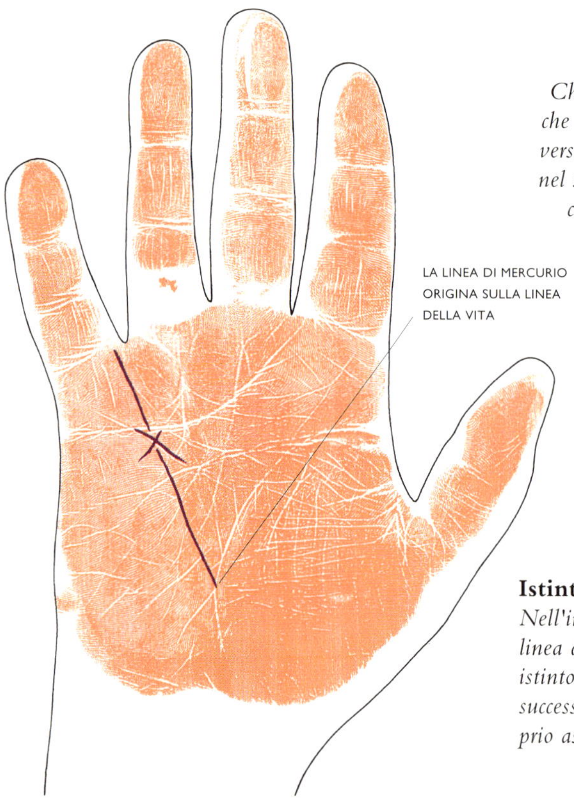

Questioni di salute
Chi ha una linea di Mercurio che dal monte di Venere attraversa la linea della Vita lavora nel sociale o è attratto in particolare dal tema della salute.

Istinto per gli affari
Nell'impronta a sinistra una linea di Mercurio forte rivela istinto per gli affari. Così il successo viene raggiunto proprio assecondando l'istinto.

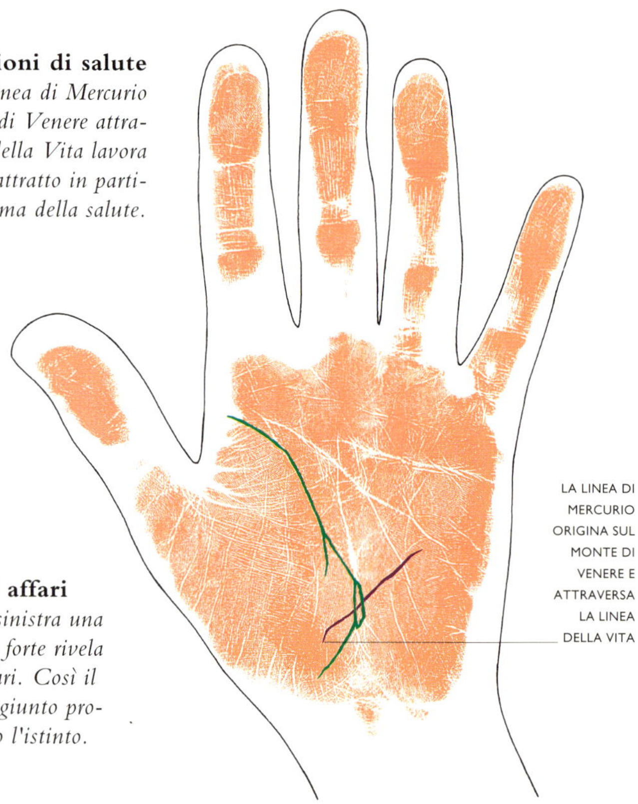

LA LINEA DI MERCURIO INFLUENZA GLI AFFARI

La linea mercuriana indica acume negli affari, sia se origina sul monte della Luna che se origina dalla linea della Vita. Coloro che la possiedono raggiungono sempre il successo negli affari poiché, essendo in sintonia con le proprie facoltà intuitive, usano la sagacia e la facoltà di presentimento che li contraddistingue.

LA LINEA DI MERCURIO INFLUENZA LA SALUTE

In passato si credeva che la linea mercuriana, conosciuta come epatica o della salute, indicasse una condizione di cattiva salute. Meglio non possederla. Gli analisti oggi ritengono che sia un indicatore della salute soggettiva. La stanchezza può intensificare la linea mentre la rilassatezza può farla scomparire.

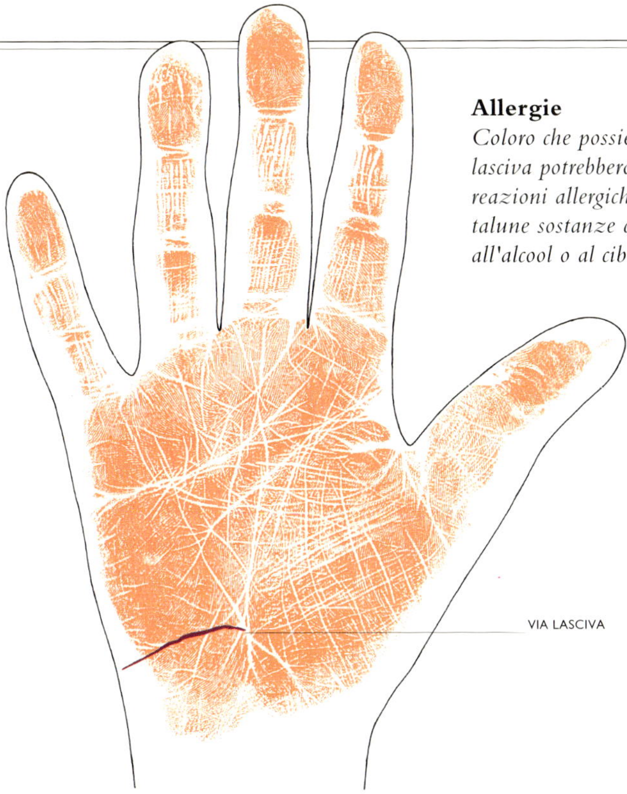

Allergie

Coloro che possiedono la Via lasciva potrebbero avere reazioni allergiche riguardo a talune sostanze chimiche, all'alcool o al cibo.

Un lungo viaggio

Gli esploratori e i viaggiatori possiedono spesso una concentrazione di linee dei viaggi. Più lunga e segnata è la linea, più importante e lungo sarà il viaggio che rappresenta.

La Via Lasciva

Anticamente si pensava che la Via lasciva, costituita da una linea che attraversa orizzontalmente il monte della Luna, indicasse comportamento libertino. La ricerca moderna ha scoperto un legame tra questa linea e la sensibilità agli allergenici. Per tale motivo essa oggi è anche chiamata linea delle allergie.

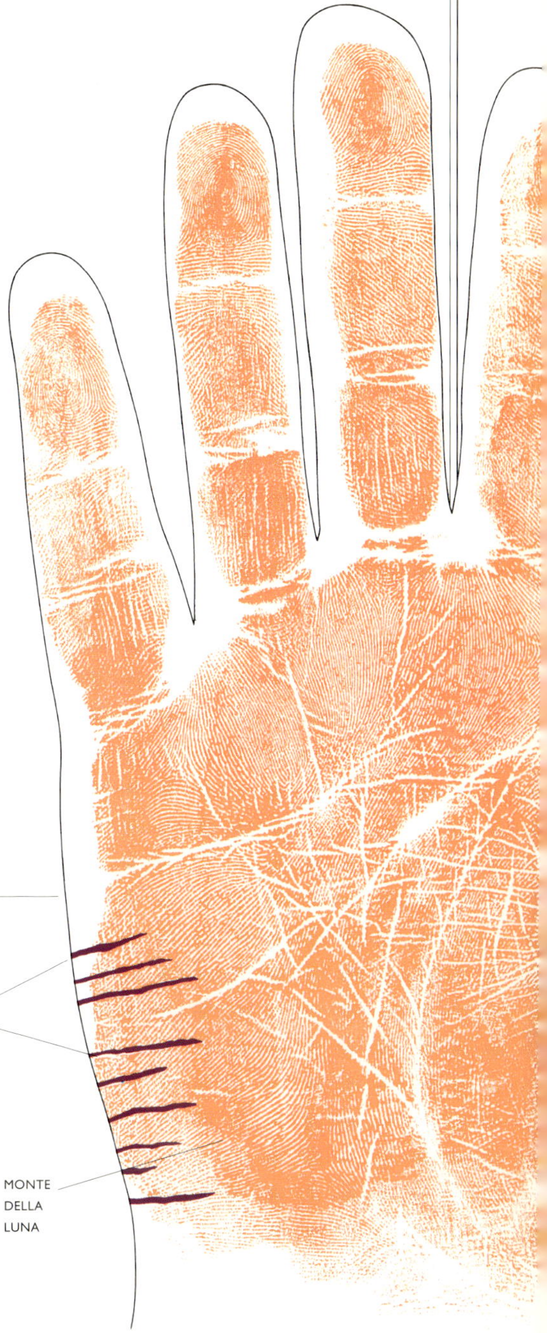

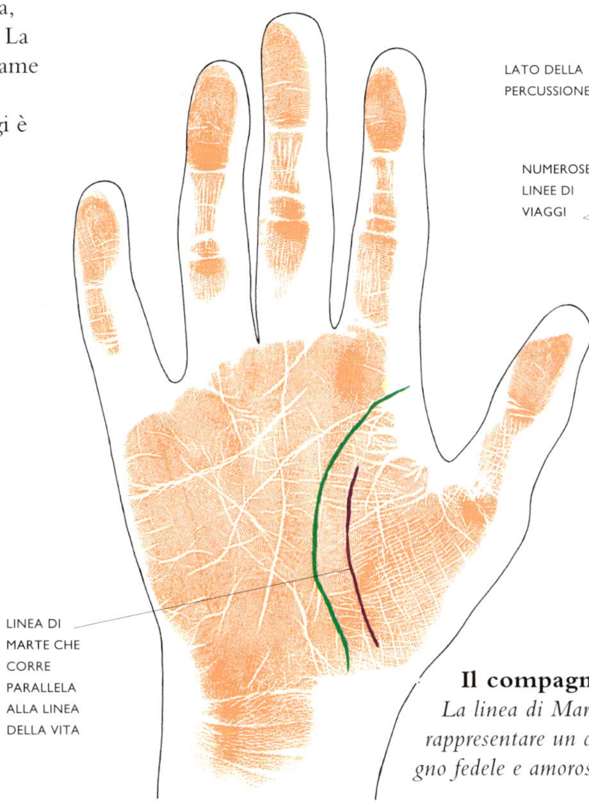

Il compagno

La linea di Marte può rappresentare un compagno fedele e amoroso.

Marte

Marte, dio della guerra, simboleggia l'energia e la spinta che si manifestano col coraggio e la capacità di sopportazione, negativamente con l'aggressività e la brutalità.

La Linea di Marte

La linea di Marte corre all'interno e parallelamente alla linea della Vita. Alcune volte è breve, altre volte segue il suo corso. Rappresenta una protezione sulla vita ricevuta in dono dalla fortuna. Se appare lungo un'interruzione della linea della Vita (*pag.57*) indica che contro i rischi di salute le difese fisiche sono forti.

Le Linee dei Viaggi

I viaggi e, secondo la tradizione, quelli che conducono verso destinazioni lontane, sono rappresentati da linee orizzontali che dalla percussione si allungano tra la cima del monte della Luna e il monte di Marte negativo.
Più sono le linee di questo tipo, più si sarà girovaghi. Linee 'pure' sono augurio di viaggi sicuri, mentre se contengono barre, isole o interruzioni avvertono che potranno presentarsi delle difficoltà.

L'Analisi dei Tratti Secondari

Mentre noi possediamo le linee che circondano il polso dette rascette, la cintura di Venere e l'arco dell'intuizione sono meno comuni.

Ancor più rare sono le formazioni di linee semicircolari che si trovano attorno alle basi delle dita. Seppure poco comuni, queste linee in particolare sono indicatori che sottolineano o riducono le qualità rappresentate dalle aree in cui si trovano.

Alcune sono decisamente negative, altre positive, e ciascuna offre una migliore comprensione del carattere fondamentale dell'individuo indipendentemente dalle circostanze.

Venere
Questa dea, chiamata Venere dai romani e Afrodite dai greci, veniva adorata come dea dell'amore.

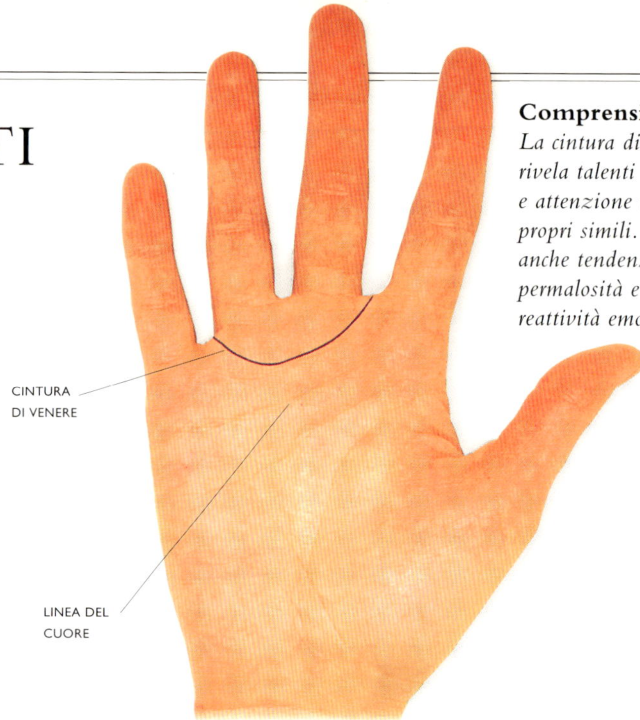

Comprensione
La cintura di Venere rivela talenti creativi e attenzione verso i propri simili. Rivela anche tendenza alla permalosità e a forte reattività emotiva.

La Cintura di Venere

Una segnatura piuttosto rara. Ha forma di semicerchio, è collocata al di sopra della linea del Cuore e unisce il monte di Apollo a quello di Saturno. Si presenta per lo più in forma frammentata. Denota sensibilità, sentimenti intensi ed emozioni elevate. Chi possiede questo segno tende alla dipendenza dai medicinali stimolanti.

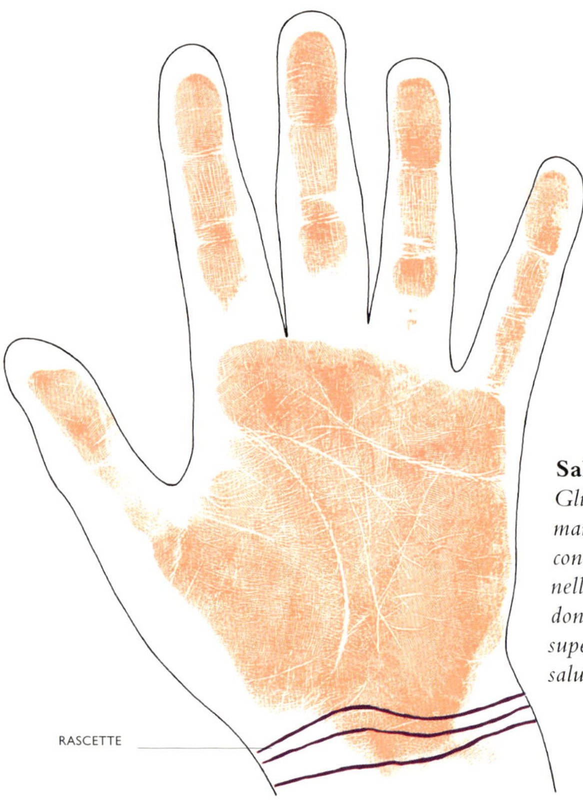

Salute
Gli analisti della mano sostengono concordemente che nella mano della donna la rascetta superiore indica la salute ginecologica.

Le Rascette

Conosciute anche come braccialetti, sono gli anelli che circondano il polso e segnano il confine con la mano. In Occidente non viene prestata molta attenzione al loro significato, mentre gli analisti orientali ne traggono informazioni sulla lunghezza della vita. Tre rascette continue e ben segnate pare conferiscano longevità.

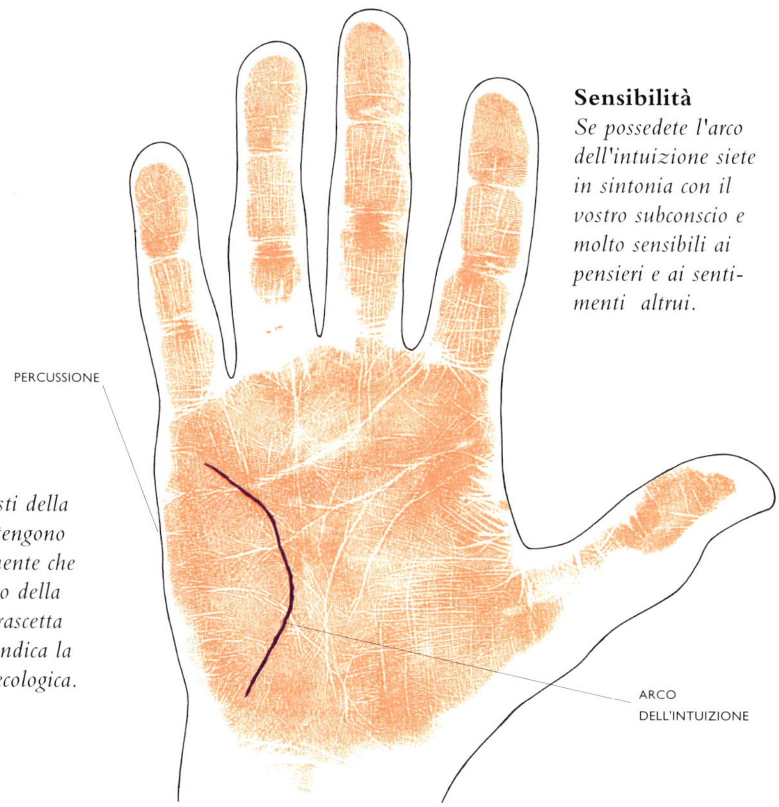

Sensibilità
Se possedete l'arco dell'intuizione siete in sintonia con il vostro subconscio e molto sensibili ai pensieri e ai sentimenti altrui.

L'Arco dell'Intuizione

Poche mani possiedono un arco dell'intuizione perfetto. Questa linea si trova sul lato della percussione e ha forma di arco, origina sul monte della Luna e incurvandosi termina sotto Mercurio. Chi la possiede è dotato di intuizione e di acuto potere per quanto concerne la percezione in genere.

L'Anello di Salomone

Presentandosi in forma di linea dritta o a semicerchio, l'anello di Salomone circonda il monte di Giove. Associato al favoleggiante giudizio del re Salomone, esso rappresenta la saggezza e la comprensione filosofica. Coloro che possiedono questo segno sono ottimi insegnanti, avvocati e giudici. Spesso si trova nelle mani di persone molto rispettate e che occupano posizioni di autorità.

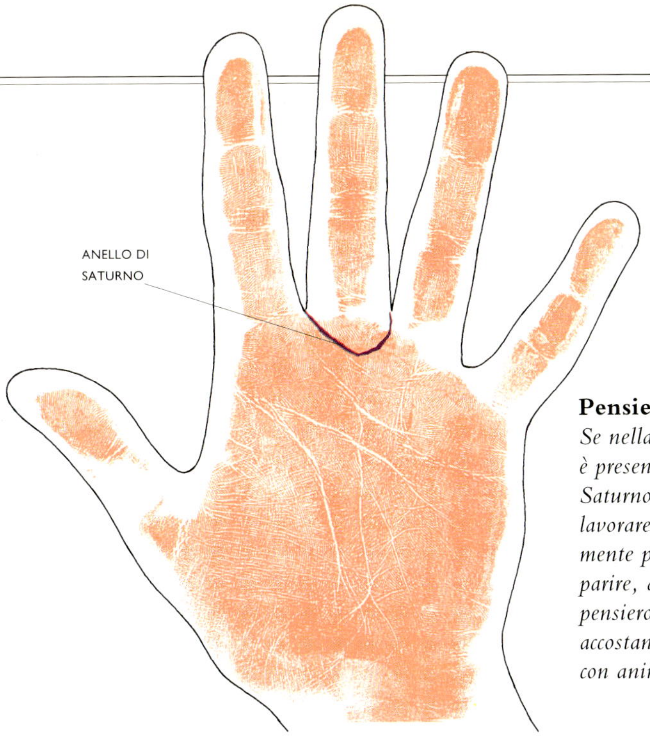

Pensiero positivo
Se nella vostra mano è presente l'anello di Saturno, potrete lavorare evolutivamente per farlo scomparire, attraverso il pensiero positivo e accostandovi alla vita con animo sereno.

L'Anello di Saturno

L'anello di Saturno, una formazione ad arco che circonda alla base il monte di Saturno, è il segno classico del guastafeste. Fortunatamente è raro e difficilmente il suo semicerchio è completo. Questo segno unisce la mancanza di gioia di vivere a un temperamento invidioso e malinconico.

Attività creative
L'anello di Apollo può scomparire, con un atteggiamento positivo. È bene cogliere le occasioni per partecipare ad attività culturali stimolanti per l'estro artistico.

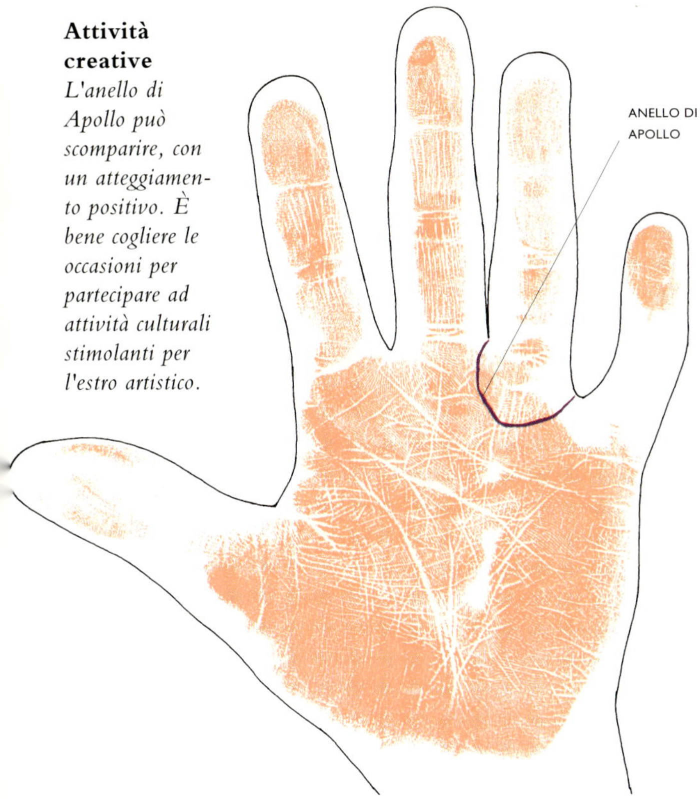

L'Anello di Apollo

Questa formazione è molto rara; consiste in un anello che circonda il monte di Apollo. La sua presenza agisce come un blocco che frena la natura, la spontaneità e l'ottimismo. La capacità di apprezzare l'arte non è sviluppata e l'espressione creativa viene inibita o comunque controllata.

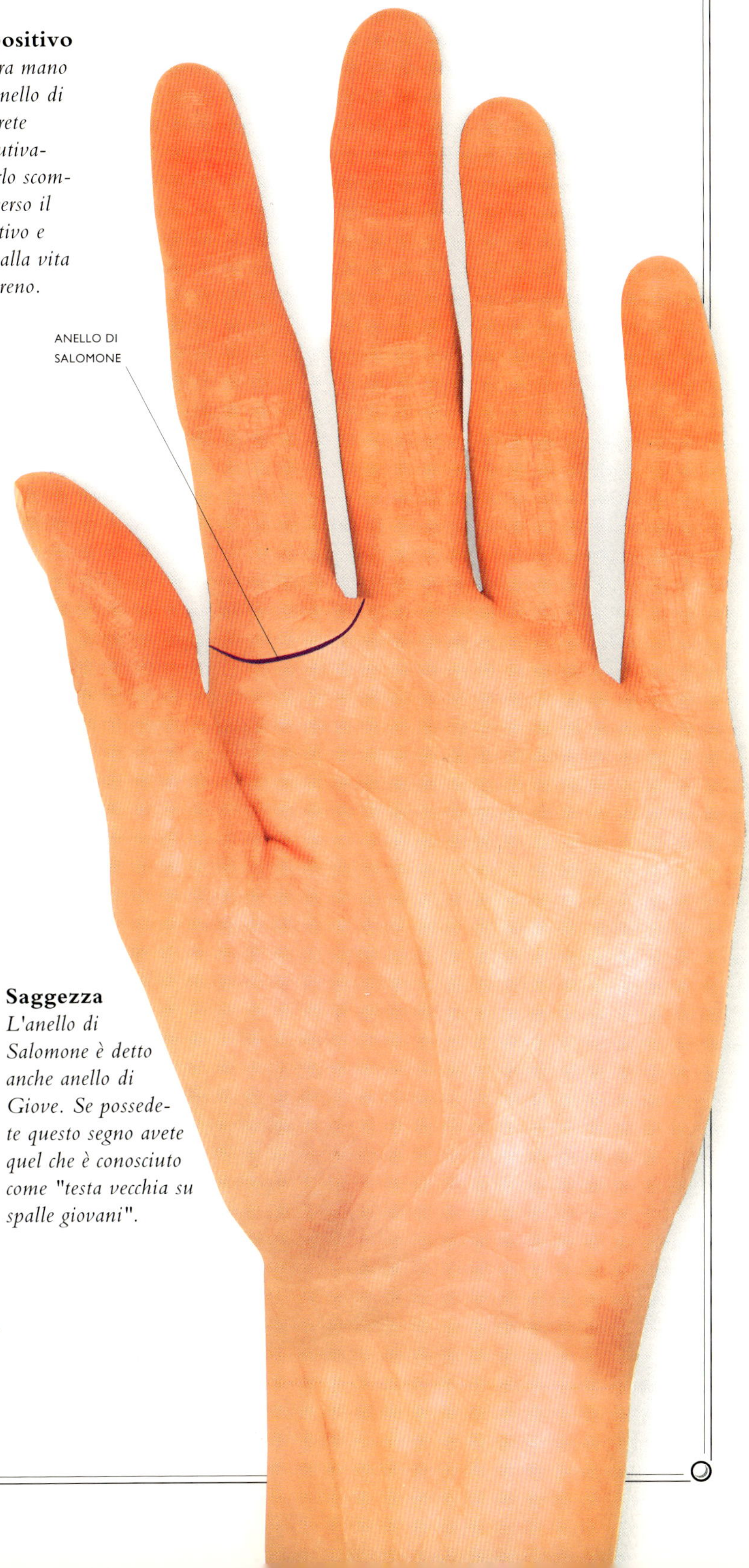

Saggezza
L'anello di Salomone è detto anche anello di Giove. Se possedete questo segno avete quel che è conosciuto come "testa vecchia su spalle giovani".

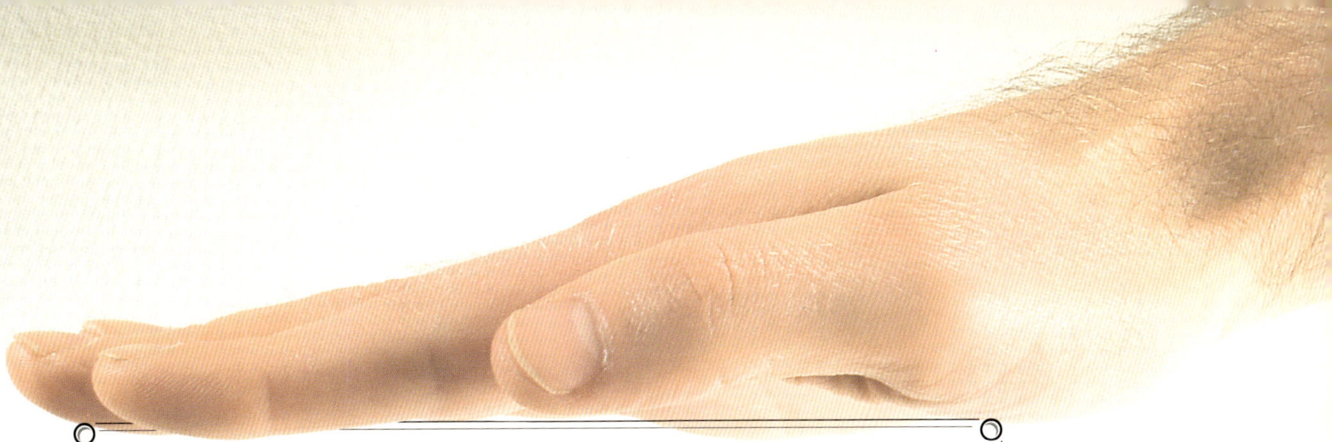

L'ANALISI DELLA MANO

Le mani contengono una gran ricchezza di informazioni su noi stessi, sui desideri, le motivazioni personali, i gusti, le interazioni con gli altri, i comportamenti, la reattività. Nella lettura della mano è soprattutto necessario un modo esatto per decifrare tali indicazioni.

INTRODUZIONE ALL'ANALISI DELLA MANO • RELAZIONI
COMPATIBILITÀ • LA FAMIGLIA • PROFESSIONI • LA SALUTE
SOLDI E FORTUNA • VIAGGI E SPOSTAMENTI
PENSIONE • CRESCITA E CAMBIAMENTO

Introduzione all'Analisi

Sono finiti i tempi in cui si tracciava una croce con una moneta sul palmo della zingara; oggi il chirologo è un professionista rigoroso, spesso riceve in un ufficio moderno, e viene consultato da persone che sentono il bisogno di essere guidate nei diversi aspetti del loro cammino esistenziale. A lui ci si avvicina per ricevere aiuto nel risolvere alcuni problemi, chiarire una situazione, per ricevere una conferma oggettiva su decisioni di importanza vitale, o anche per acquisire una migliore conoscenza di se stessi e informazioni sul proprio percorso. Qualsiasi domanda gli venga posta, l'analista deve essere in grado di offrire consigli costruttivi e presentare le possibilità di scelta sulle direzioni da percorrere.

La moderna analisi della mano

La lettura della mano si è evoluta in migliaia di anni. Il corpo di conoscenza basato sulla osservazione ha operato una sintesi tra i comportamenti e le azioni degli individui e i disegni e le segnature corrispondenti presenti nelle loro mani. I chirologi moderni ne hanno distillato poi le correlazioni più pertinenti e le hanno armonizzate con la scienza psicologica. Questa tecnica analitica di gran valore è in grado di aiutare a dipanare le complessità della psiche umana. Gli indizi vengono raccolti mediante l'osservazione dei palmi e delle dita, e ognuno di essi viene rafforzato e confermato mediante il confronto. Vengono poi messi insieme, come in un puzzle, fino a quando il ritratto della persona, che pian piano emerge, risulta completo.

La valutazione passo per passo

Il primo passo dell'indagine include gli aspetti morfologici della mano: la forma e la struttura, la forma delle dita e dei monti, la postura. Il secondo passo prende in visione i dermatoglifi palmari e delle dita. Questi registrano l'eredità genetica e notificano informazioni vitali sulla mentalità e sulla salute. Il terzo passo consiste nel valutare le linee, che in quanto segnature personali indicano la natura fisica, mentale ed emozionale dell'individuo. Qui sono registrati gli eventi accaduti in passato, quelli che riguardano il presente e le tendenze future. La linea della Vita, la linea della Testa e la linea del Destino vanno valutate interamente, e su di esse si possono datare eventi significativi con sorprendente accuratezza. Infine, il quarto passo unisce tutti gli indizi specifici che illuminano l'aspetto pertinente esaminato. L'analista cui viene chiesto di cercare nelle mani l'orientamento della

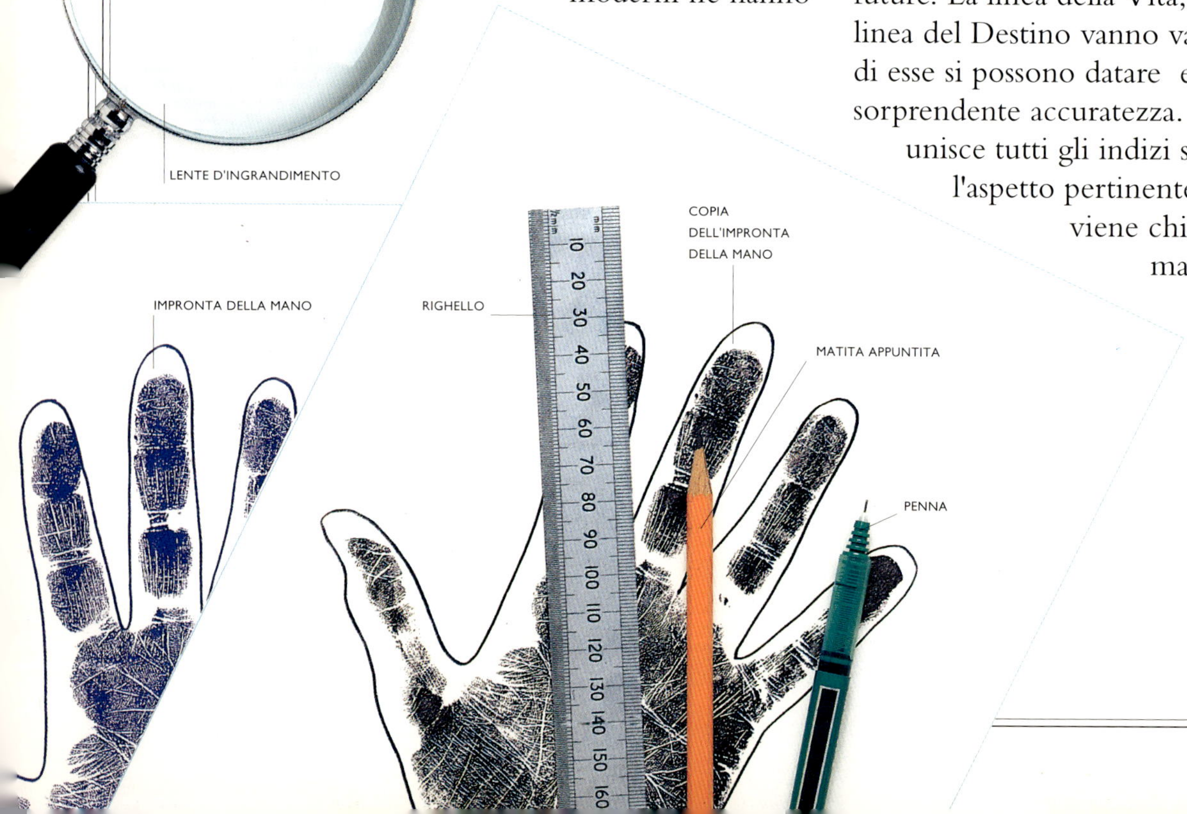

Materiale necessario
Per svolgere l'arte della chirologia sono essenziali i materiali per prendere le impronte e una lente d'ingrandimento. Rilevare l'impronta è parte importante della consulenza, evidenziando segnature non percepibili a occhio nudo. La lente è insuperabile per distinguere i dermatoglifi palmari nel procedimento analitico.

Libertà di Scelta

Diversamente da quanto si pensa comunemente, il destino non è inciso nel palmo in modo irrevocabile. Le linee possono modificarsi repentinamente o impercettibilmente in seguito a una crisi, a un cambiamento di stile di vita o di ambiente vero e proprio. L'analisi della mano può mostrarvi le tendenze e le opportunità riservate per il futuro. Dipende da voi la scelta di sviluppare quanto vi viene offerto o di ignorare i segnali che si sono presentati. L'analisi chirologica dimostra che il vostro destino è veramente nelle vostre mani.

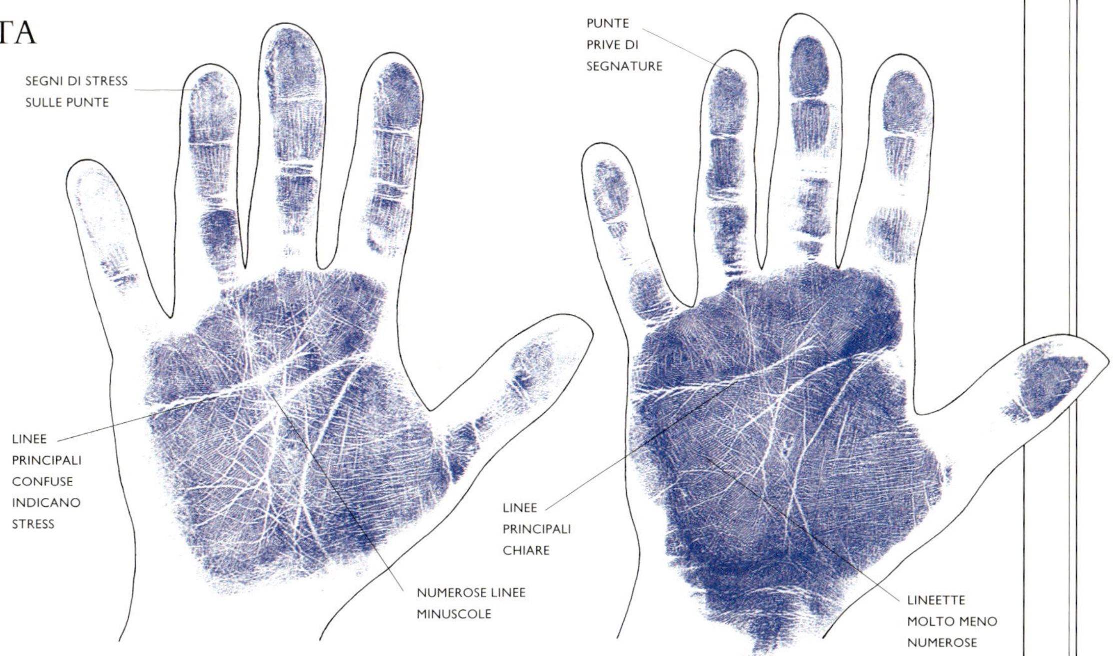

Prima Impronta
Dieci mesi dopo la nascita del secondo figlio, la mano di questa signora è piena di linee che segnalano un esaurimento fisico e mentale.

10 Anni Dopo
I figli vanno a scuola e la donna è ora in grado di soddisfare i propri interessi. Notate quanto sia divenuta "calma" la sua mano.

carriera, ad esempio, raccoglie informazioni dalla linea della Testa, cerca conferme ai cambiamenti di lavoro sulla linea del Destino e individua segnature isolate associate alle professioni. Le informazioni su ogni aspetto della vita possono venire raccolte e messe insieme tra loro in questo modo.

L'analista responsabile

L'analisi della mano è uno strumento potente. Chi lo usa deve essere consapevole di quanto possa influenzare la suggestione. Una deduzione erronea, un commento casuale a proposito di un evento futuro generano conseguenze rilevanti, anche in un cinico incallito che si trovi in un momento di vulnerabilità. Dare informazioni precise ed essere consapevoli del verificarsi delle predizioni comunicate è vitale come parlare del libero arbitrio, l'azione positiva in grado di mutare non solo il destino ma anche le linee. Le persone vanno incoraggiate a trasformare qualità o eventi negativi in attributi e azioni positive.

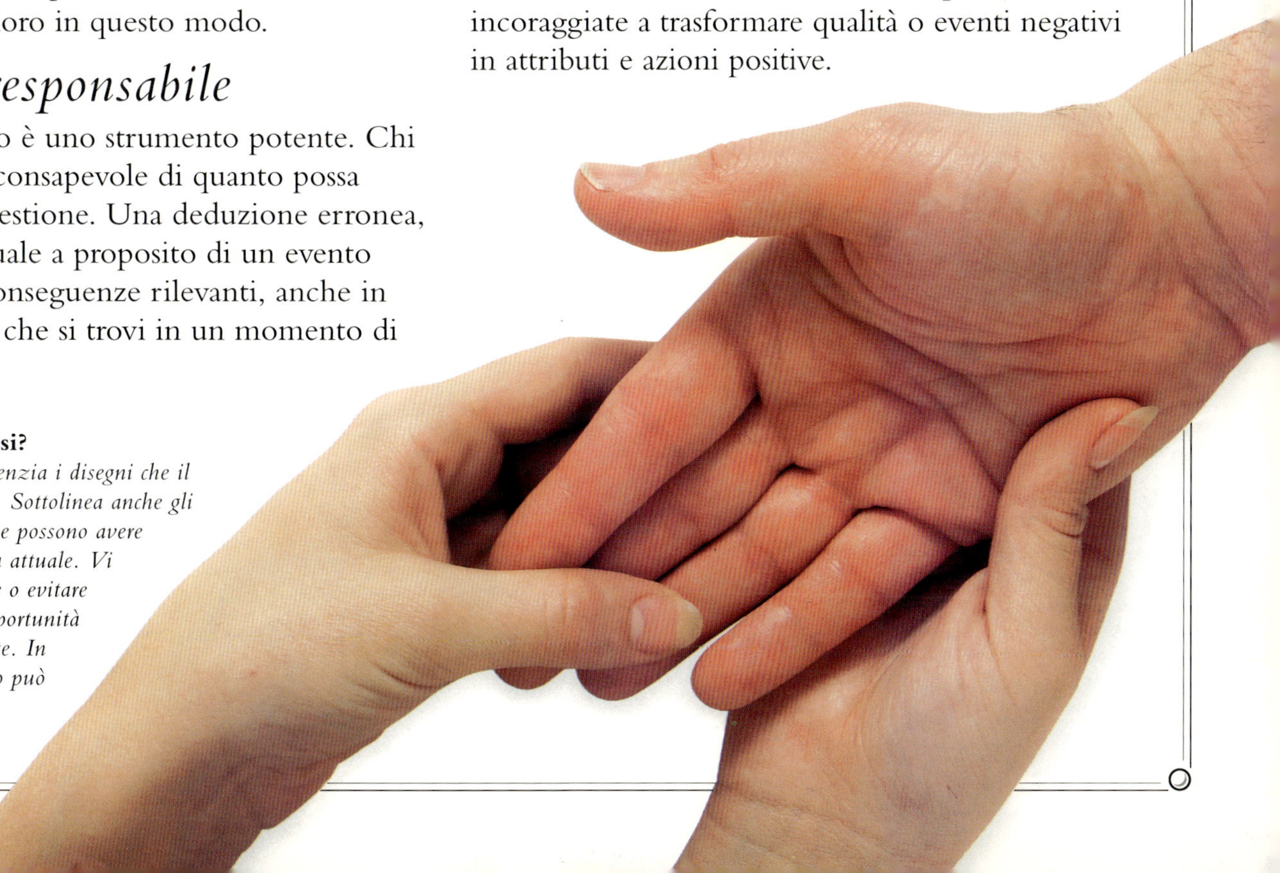

Cosa può fare l'analisi?
L'analisi della mano evidenzia i disegni che il futuro ha in serbo per voi. Sottolinea anche gli accadimenti del passato che possono avere ripercussioni sull'esistenza attuale. Vi pone in grado di prevenire o evitare problematiche, cogliere opportunità e prendere decisioni sensate. In breve, l'analisi della mano può aiutarvi a controllare la vostra vita.

I Rapporti

Psicologi e consulenti concordano che una delle più complesse attività umane è quella di intessere rapporti con le persone.

Noi siamo esseri socievoli, e l'aspetto relazionale della nostra natura è fondamentale. Nel corso dell'esistenza creiamo una molteplicità di rapporti, con i genitori e i figli, i partners, gli amici, i colleghi, i soci.

Alcuni perfetti, altri disastrosi senza rimedio. Trionfo o fallimento dipendono dalla nostra disposizione ed emozionalità, caratteristiche rispecchiate nelle mani.

Le Quattro Tipologie

I primi indizi per costruire un profilo del nostro modo di relazionarci agli altri si rilevano osservando la conformazione propria delle mani.

Le quattro tipologie di base riflettono le emozioni e le reazioni fondamentali e offrono un'idea di come noi ci presentiamo ai nostri simili.

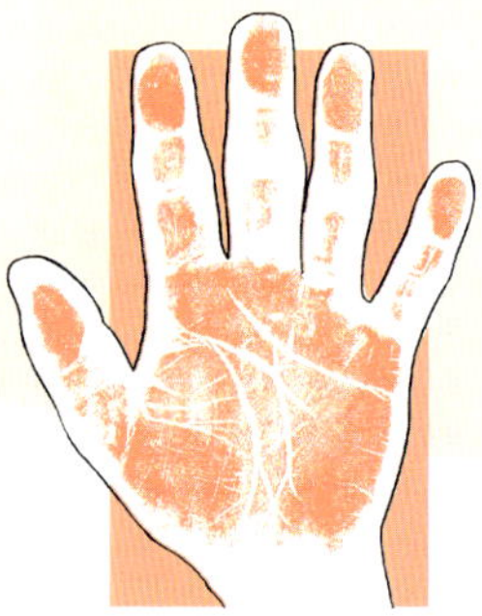

La Mano di Terra
Noti per l'onestà e il buon senso, gli individui che rientrano in questa tipologia ispirano un senso di sincerità. Non sono romantici né verbalmente dimostrativi, ma su di loro si può contare perché sono leali e solidi.

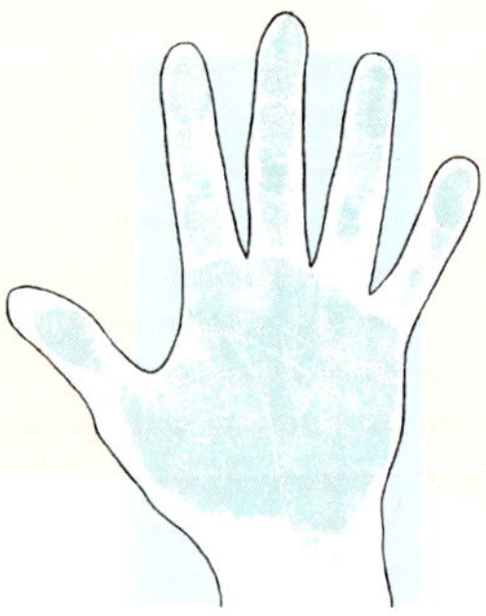

La Mano d'Aria
Intelligenti e acuti, godono di un'ampia cerchia di amicizie, ma nello scegliere il partner sono selettivi. Emotivamente stabili, possono apparire distaccati. La loro tendenza all'infedeltà a volte costituisce un problema.

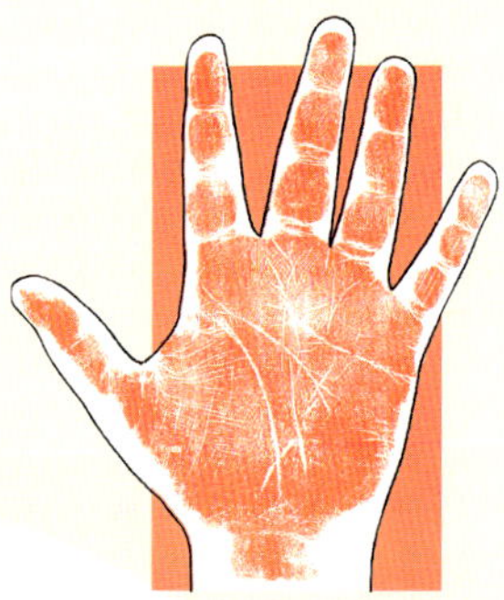

La Mano di Fuoco
Passano dall'infelicità all'esaltazione. Sono amici cari, ma richiedono costante rassicurazione ed attenzione al loro ego. Si innamorano e disamorano facilmente, ma una volta sistemati diventano amanti fedeli e appassionati.

La Mano d'Acqua
Affettuosi, sensibili e romantici, coloro che possiedono questa tipologia sono idealisti. La loro impressionabilità e la loro gentilezza possono però venire sfruttate da persone prive di scrupoli.

Pene d'Amore

La percussione di questo soggetto si incurva sensibilmente conferendo un aspetto ampio al palmo che, nonostante l'orlo marcato, risulta di forma rettangolare e contiene diverse linee robuste. Questa è la tipologia della mano di fuoco, confermata dai dermatoglifi a spirale solitamente presenti in tale classificazione. Persone così si innamorano facilmente, lo testimoniano le numerose linee di relazione. L'ampia isola sulla linea della Testa rivela gli effetti destabilizzanti di una modalità simile. Fortunatamente l'isola termina intorno ai quarant'anni, contemporaneamente allo sviluppo della linea di Apollo, e suggerisce che l'uomo troverà presto l'anima gemella.

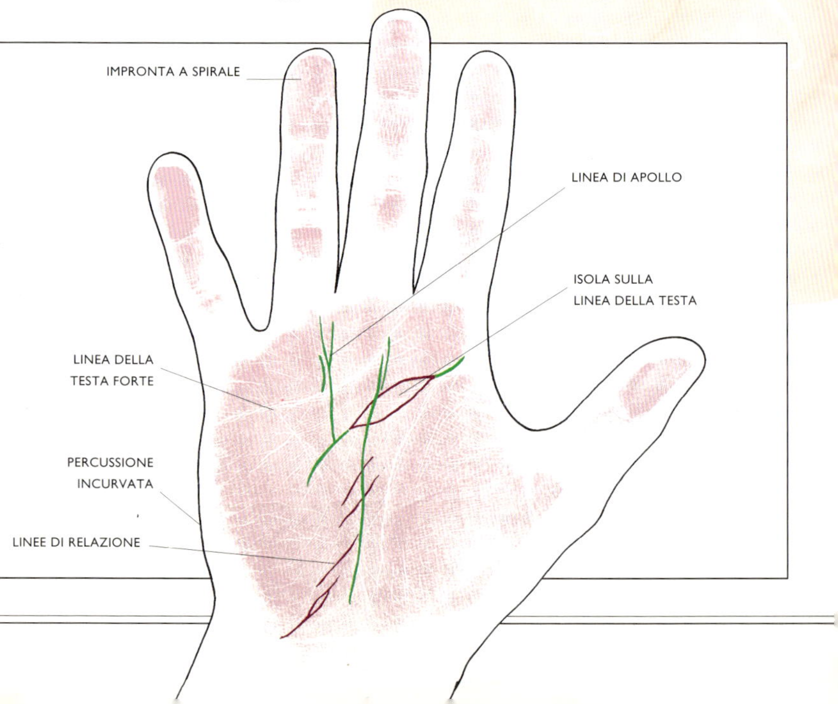

SENSIBILITÀ EMOTIVA

LA REATTIVITÀ NEI CONFRONTI DEGLI ALTRI, l'energia sessuale e la capacità di amare sono contenute nella sensazione tattile della mano e nel suo aspetto. Le mani di consistenza morbida rivelano egocentrismo e autoindulgenza. Più la mano è consistente e solida, più la natura della persona è controllata e resistente.

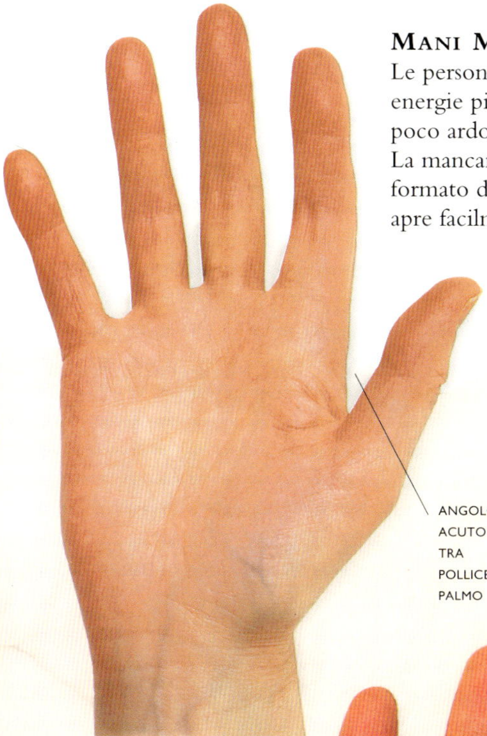

MANI MAGRE

Le persone che possiedono queste mani beneficiano di energie più spirituali o intellettive che passionali. Hanno poco ardore, emozioni tiepide e una personalità timida. La mancanza di sviluppo alla base del palmo e l'angolo formato dal pollice mostrano che questa donna non si apre facilmente agli altri.

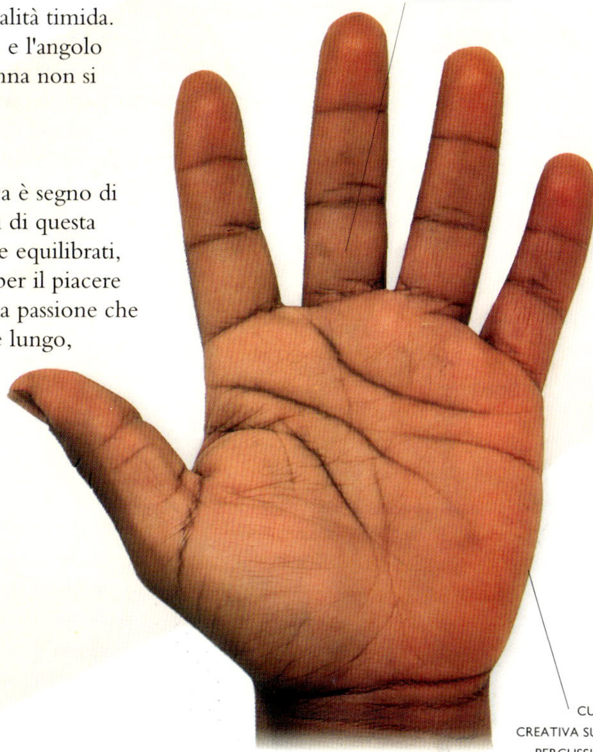

MANI CARNOSE

Una mano carnosa ed elastica è segno di energia e vigore. I possessori di questa tipologia sono emotivamente equilibrati, caldi e sensuali. Il trasporto per il piacere fisico è qui sottolineato; sia la passione che la libido sono forti. Il pollice lungo, flessibile e appuntito indica che l'individuo oltre che essere intelligente è anche capace di controllare le sue energie e di incanalarle nel lavoro creativo.

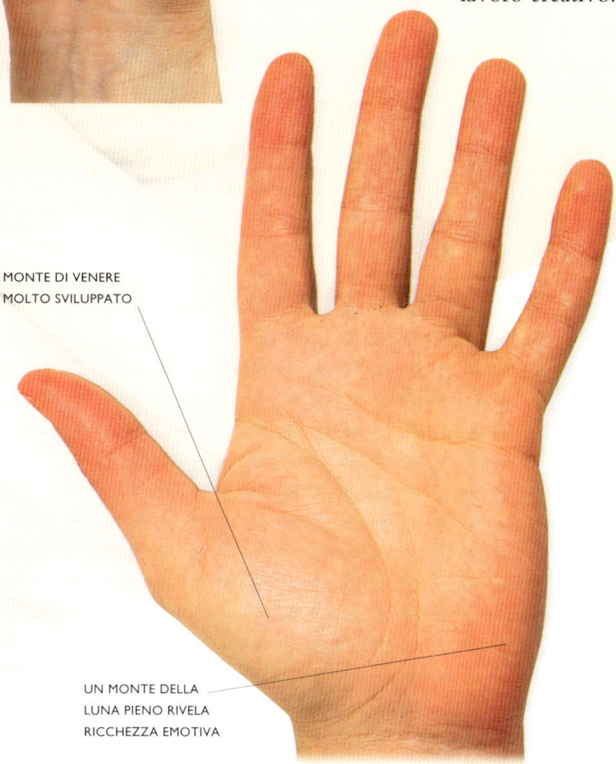

IL MONTE DI VENERE

È questa la zona in cui risiede la libido. Un monte di Venere carnoso e tonico, come nell'esempio di questa signora, rivela una natura calda, affettuosa e amichevole. Vi è amore per la vita e per i salutari desideri fisici. Nelle sue interazioni essa viene vissuta come una persona aperta e amichevole e nei rapporti intimi riesce ad esprimersi liberamente.

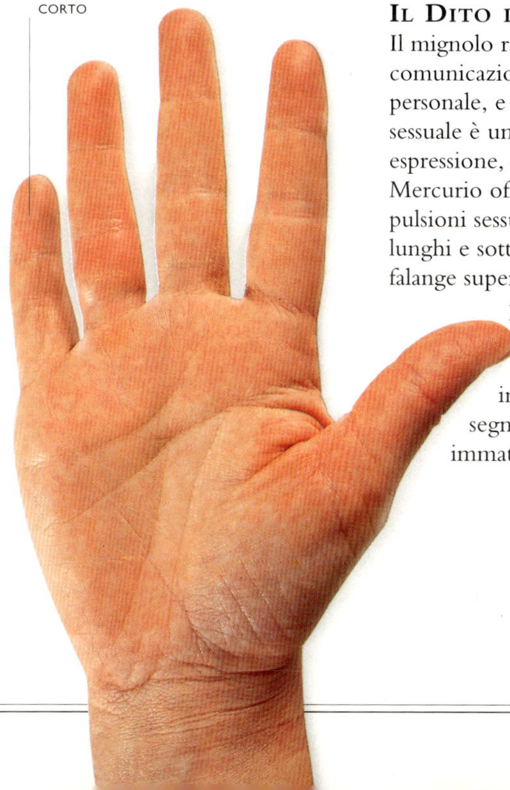

IL DITO DI MERCURIO

Il mignolo rappresenta la comunicazione e l'espressione personale, e poiché il rapporto sessuale è un mezzo di espressione, spesso la forma di Mercurio offre indicazioni sulle pulsioni sessuali. Auricolari lunghi e sottili, specie se la falange superiore è appuntita, possono rivelare egoismo in amore. Molto corti, come in questo caso, sono segno di evidente immaturità sessuale.

I Rapporti nelle Linee

Per avere successo nelle relazioni occorrono una certa autoconsapevolezza e la capacità di riconoscere il tipo di emotività, i bisogni intimi e le spinte motivazionali. Solo conoscendo noi stessi possiamo iniziare a conoscere gli altri. Poiché la linea del Cuore riflette i sentimenti e le pulsioni sessuali, in questo caso è la prima linea da osservare (*vedi pagina 66*), ma anche altre linee esercitano un peso importante sui rapporti.

La linea della Testa, ad esempio, fornisce informazioni sugli atteggiamenti nei confronti degli altri e sulle aspettative emotive. Analizzare le nostre mani può aiutarci a trovare la chiave per capire il legame tra il cuore e la mente ma, se si sa cercare, possono venire rivelate molte altre cose. Tutti noi possediamo linee e segnature particolari, che non solo sottolineano precisi rapporti ma datano anche accuratamente il periodo in cui determinate influenze si faranno sentire nella vita.

Favole
Una volta si credeva che le linee verticali unite alle linee di unione rivelassero il numero dei figli. Ora non più.

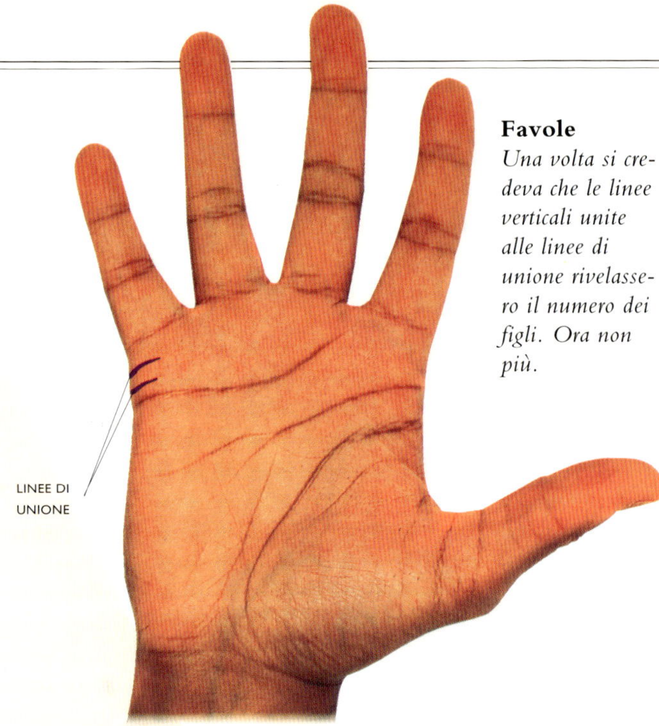

Linee di Unione
In passato i libri di chirologia affermavano che le lineette attraverso la percussione sotto Mercurio rappresentavano matrimoni e relazioni, per cui sono state chiamate linee di unione o del matrimonio. Gli analisti moderni dubitano che queste segnature siano indicatori sicuri di matrimonio.

Rafforzamento
Nella mano a sinistra una linea parallela alla linea della Vita suggerisce una relazione. La segnatura è rafforzata da una linea di influenza che si dirige dal monte della Luna alla linea del Destino.

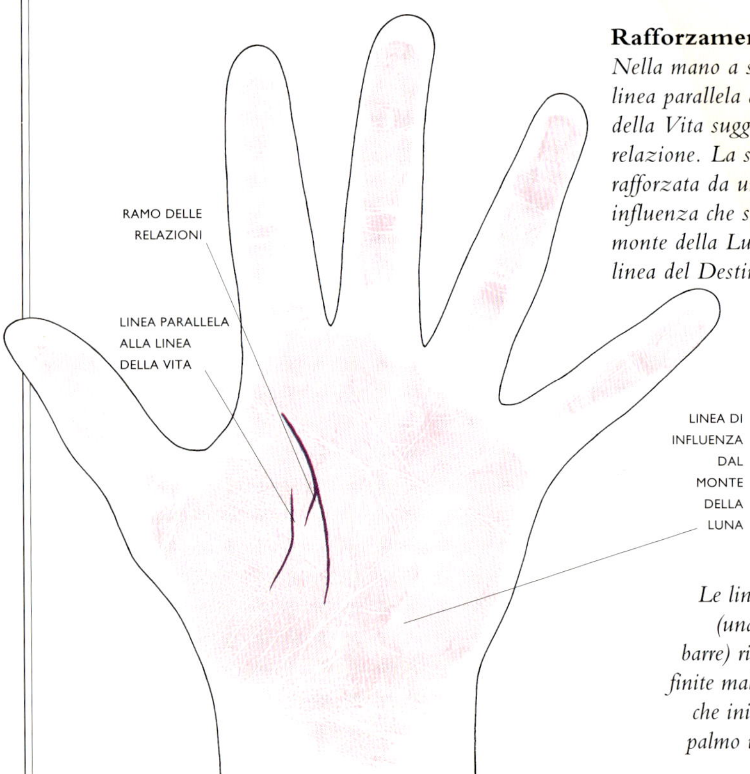

Dentro la Linea della Vita
Guardate all'interno della linea della Vita per trovare segnature relative ai rapporti. Una linea parallela alla linea della Vita indica un compagno d'anima. Ulteriori segni di relazione sono rami che appaiono all'interno della linea della Vita. Questi rami possono segnare l'inizio di una relazione o la nascita di un figlio.

Problemi
Le linee di influenza, (una attraversata da barre) rivelano relazioni finite male; una parallela che inizia al centro del palmo un'unione felice.

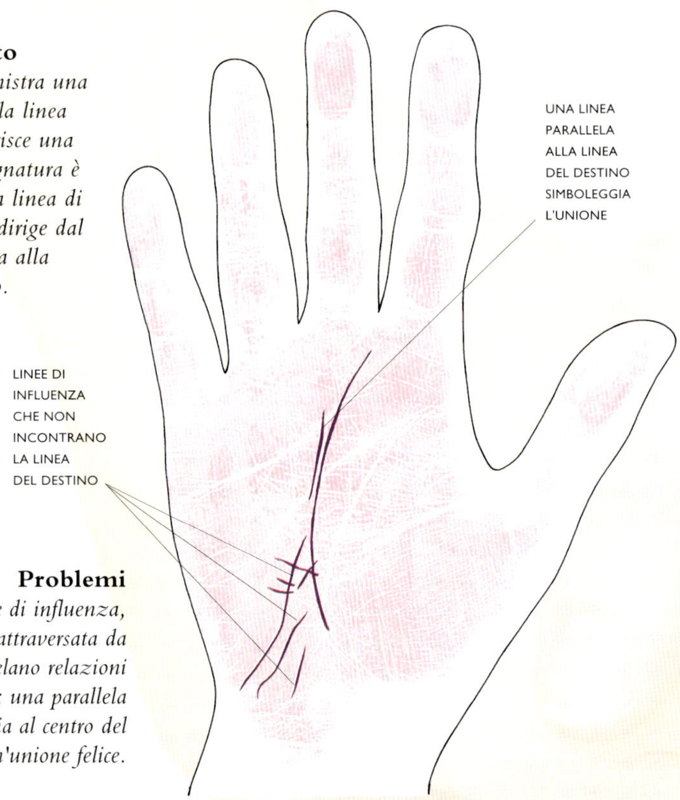

Linee d'Influenza
Nascono dal monte della Luna e si dirigono verso la linea del Destino. Il successo può essere stimato da queste linee: unioni coronate dal successo sono indicate da linee che si fondono con la linea del Destino o parallele ad essa. Relazioni concluse male sono indicate da linee che non incontrano o tagliano la linea del Destino.

Mani adornate con l'henné

In India le mani della sposa vengono dipinte con l'henné.

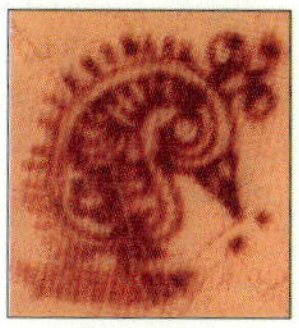

NEI MATRIMONI TRADIZIONALI Sikh e Indù è costume dipingere con l'henné complessi disegni sui palmi, i polsi e i dorsi delle mani della sposa. Durante la cerimonia nuziale lo sposo esamina le mani della sposa. Nascosto tra quei disegni vi sarà il proprio nome, che egli deve trovare per essere certo che il matrimonio sarà benedetto dalla fortuna e dalla felicità.

Buona fortuna
Per portare fortuna al matrimonio, anche le amiche e i parenti ornano le loro mani con l'henné.

DATAZIONE

È POSSIBILE DATARE l'inizio e la fine delle relazioni con la stessa scala di misura usata per le linee della Vita e del Destino (*pagg. 58 e 74*). La mano di questa donna rivela il fallimento di un lungo rapporto all'età di 34 anni. La prova di una nuova e più promettente relazione inizia all'età di 39 anni.

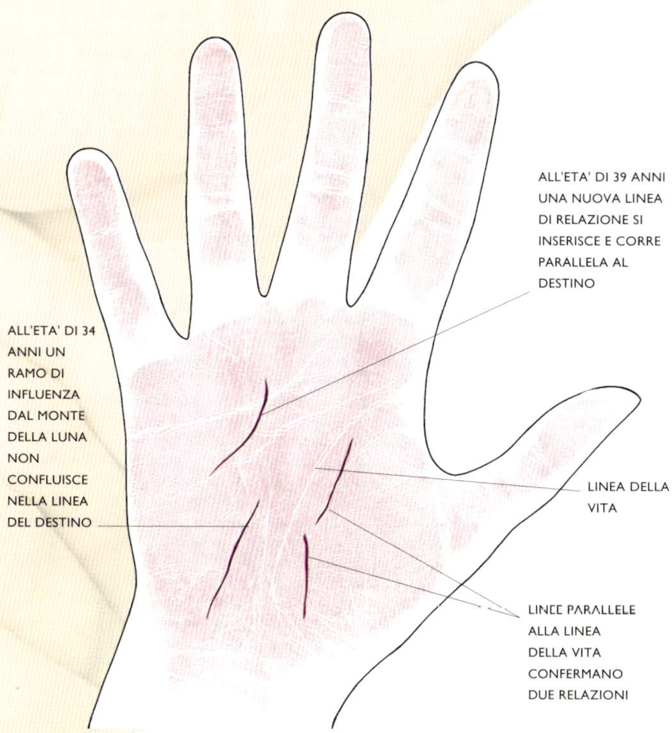

GLI ALTI E I BASSI

LE MANI REGISTRANO gli eventi positivi e negativi della vita. Allo stesso modo in cui possiamo distinguere i segni relativi a unioni felici, possiamo anche individuarne le aree di disaccordo e prepararci così ai periodi in cui probabilmente incontreremo difficoltà nel nostro rapporto.

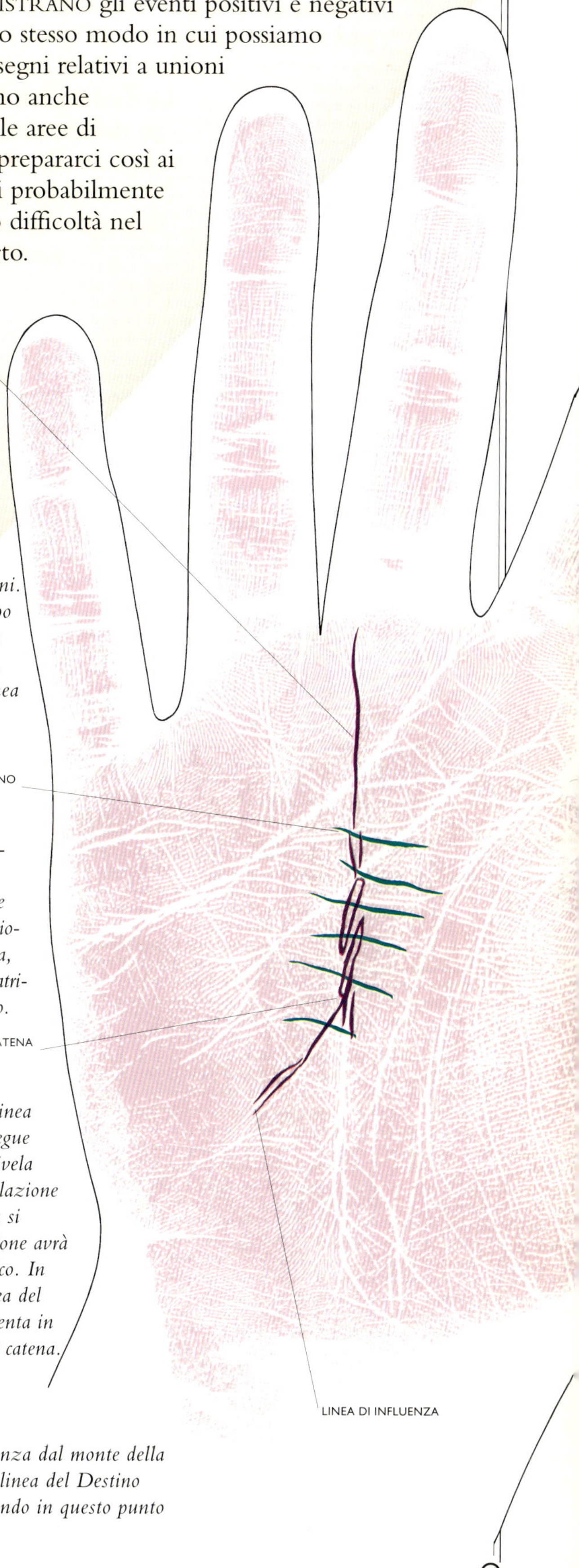

Conclusione felice
Dopo aver vissuto un matrimonio difficile questa donna divorziò intorno ai 45 anni. Cinque anni dopo si risposò, questa volta felicemente, come rivela la linea del Destino rafforzata.

Problemi
Diverse barre attraverso la linea del Destino, combinate con la frammentazione della linea stessa, suggeriscono un matrimonio problematico.

Effetto
La qualità della linea del Destino che segue dopo un'unione rivela la qualità della relazione avuta. Se la linea si rafforza, la relazione avrà un influsso benefico. In questo caso la linea del Destino si frammenta in una formazione a catena.

Matrimonio
La linea di influenza dal monte della Luna incontra la linea del Destino a 32 anni, indicando in questo punto il matrimonio.

COMPATIBILITÀ

ANDATE D'ACCORDO con il vostro partner? In che misura ? Siete compatibili? Potrete rispondere a queste domande comparando le vostre mani con quelle del partner.

Esaminate la forma, la struttura e le linee di entrambe: riveleranno tanto le differenze che le somiglianze e getteranno luce sul vostro rapporto. Se vi sono analogie, queste confermano la vostra capacità di andare d'accordo, in caso contrario le differenze rilevate aiuteranno a comprendervi meglio. Talvolta sono le differenze, e non invece le somiglianze, ad attrarre le persone tra loro.

LE QUATTRO FORME DELLA MANO

QUANDO OSSERVATE LE MANI, comparandole alla ricerca di segni di compatibilità, dovete considerare se la loro forma di base sia armonica o disarmonica. Lo schema illustra la vostra compatibilità con altre forme. Dovete leggere la mano vostra sull'asse orizzontale e quella del partner su quello verticale.

	MANO DI TERRA	MANO D'ARIA	MANO DI FUOCO	MANO D'ACQUA	
	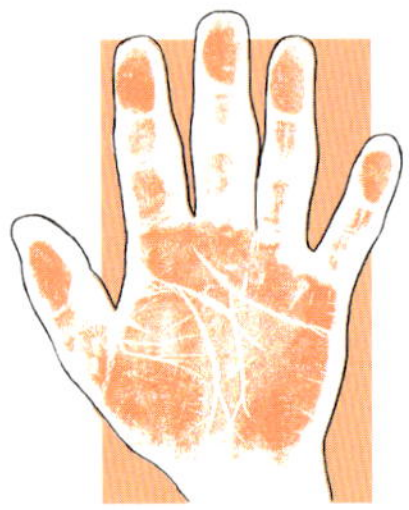	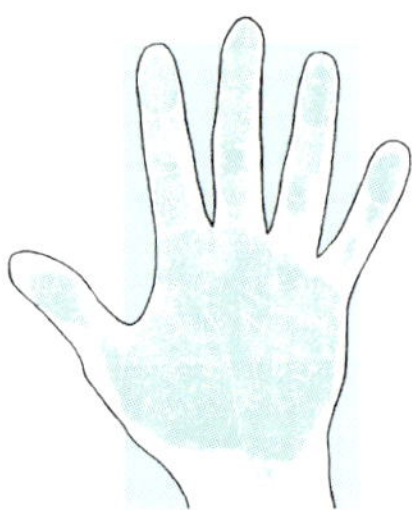	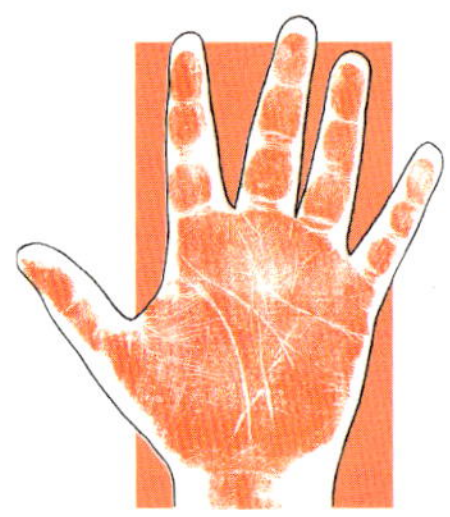	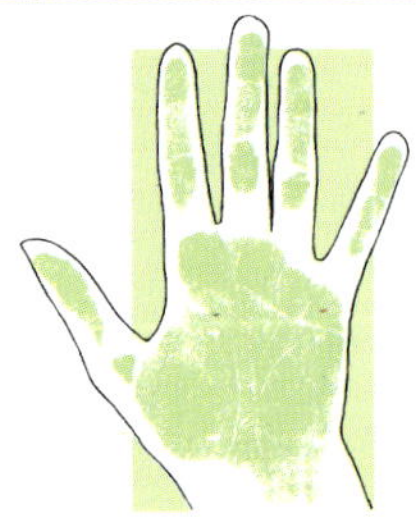	
MANO DI TERRA	Una combinazione ben assortita: i soggetti dediti al lavoro, potranno in breve stabilire una certa consuetudinarietà. È un rapporto tradizionale e solido.	Un rapporto difficile con atteggiamenti differenti nei confronti della vita e del lavoro. La terra trova il partner d'aria superficiale e poco impegnato.	Produttivo. La terra trae forza dal fuoco. Pur possedendo livelli di energia simili, lo stile di vita tempestoso del fuoco potrebbe irritare la terra.	È la coppia meno assortita. L'acqua può apportare alla relazione una certa ricercatezza, ma la terra si infuria per il pensiero illogico dell'acqua.	MANO DI TERRA
MANO D'ARIA	L'aria trova la terra troppo quieta e ha bisogno di variare, la terra chiede stabilità. Una coppia in cui l'uno può imparare sicuramente dall'altro.	Un rapporto mentale. Passioni ed emozioni sono controllate e la creatività incanalata. Nessuno dei due è turbato da alcuna gelosia di tipo sessuale.	Un rapporto stimolante. Vitali ed estroversi; ma bisogni diversi possono minare il rapporto. La gelosia del fuoco fa sentire intrappolata l'aria.	Un rapporto creativo. L'aria può beneficiare delle visioni ispirate del partner dall'acqua. L'unico rischio per l'aria è la possessività dell'acqua.	MANO D'ARIA
MANO DI FUOCO	La terra può rendere più stabile l'irrequietezza del fuoco e aiutarlo a incanalare le idee, contenendone l'impazienza, per un rapporto di reciproca soddisfazione.	Con il compromesso l'unione potrebbe essere soddisfacente. Il fuoco deve concedere al partner d'aria libertà, l'aria come contropartita deve saper essere fedele.	Un rapporto stimolante con grandi passioni. Per mantenere viva la fiamma dell'amore l'uno deve rispettare il bisogno di attenzione dell'altro.	Una buona combinazione. Entrambi passionali, creano un rapporto focoso. Il fuoco sarà felice se gli sarà in ogni caso permesso di condurre il gioco.	MANO DI FUOCO
MANO D'ACQUA	Un'unione difficile. Positivamente, la terra può aiutare a concretizzare i sogni dell'acqua. Negativamente, l'acqua considererà la terra insensibile.	Entrambi condividono un approccio creativo alla vita; l'aria può apportare all'acqua quella mondanità che essa richiede per sua natura, comunque.	Molto promettente. Entrambi sono affettuosi e dimostrano le proprie emozioni. L'acqua beneficia in modo particolare della mondanità del fuoco.	Un incontro di anime caratterizza questa coppia raffinata che vive per la propria arte. Tale unione di ideali suggerisce però poca comprensione del mondo.	MANO D'ACQUA

Compatibilità tra le Linee

Nel considerare la compatibilità tra due persone, dapprima si confrontano le forme. Poi si aggiungono le informazioni dedotte dall'osservazione delle linee della Testa, della Vita e del Cuore. Questo può superare qualsiasi differenza evidenziata dall'osservazione della forma delle mani.

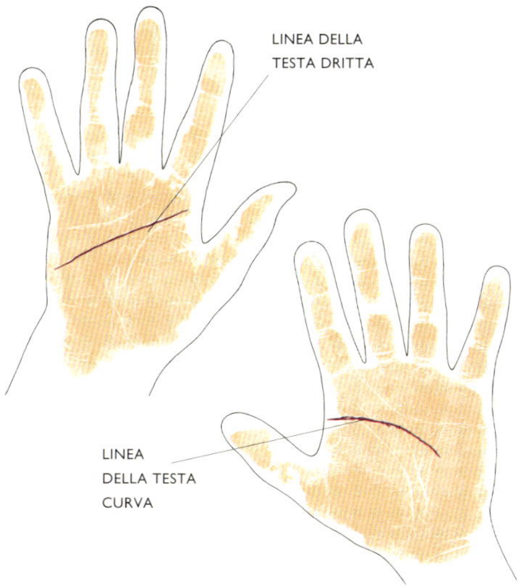

La Linea della Testa

Se entrambi i partner possiedono la linea della Testa dritta, essi guardano alla vita in modo pratico; se invece possiedono la linea curva vivono la loro vita più globalmente. Linee della Testa differenti rivelano interessi e atteggiamenti dissimili. Persone che possiedono linee di Testa diverse possono anche essere complementari, ma in tal caso vi sarà poca affinità d'intenti.

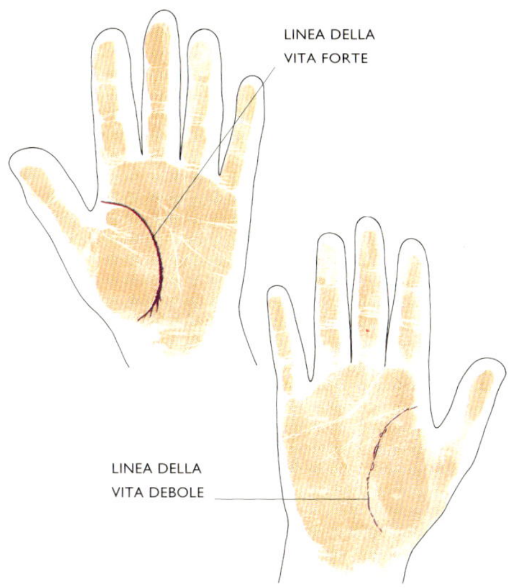

La Linea della Vita

Quando paragonate due linee della Vita dovete considerare la loro forma e il loro percorso. Una linea della Vita a catena, ad esempio, mostra un basso livello di energia, mentre una linea di Vita ben segnata rivela una salute robusta. Una linea della Vita che contorna il monte di Venere, indicatore della libido, rivela una persona passionale, mentre se è vicina al pollice denota scarsità di istinti sessuali (*vedi pagina 54*).

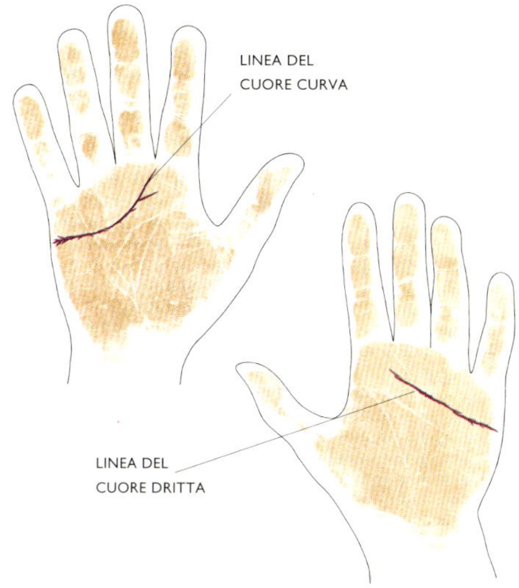

La Linea del Cuore

Linee del Cuore ben assortite in senso di lunghezza e direzione dimostrano che i partner comprendono i loro stati d'animo. La differenza tra la linea del Cuore dritta e quella curva è che la prima indica razionalità e la seconda emotività (*vedi pagina 67*). Emozioni complementari, quali ad esempio quelle razionali e quelle emotive, possono contribuire a costruire comunque un rapporto solido.

Un Esempio

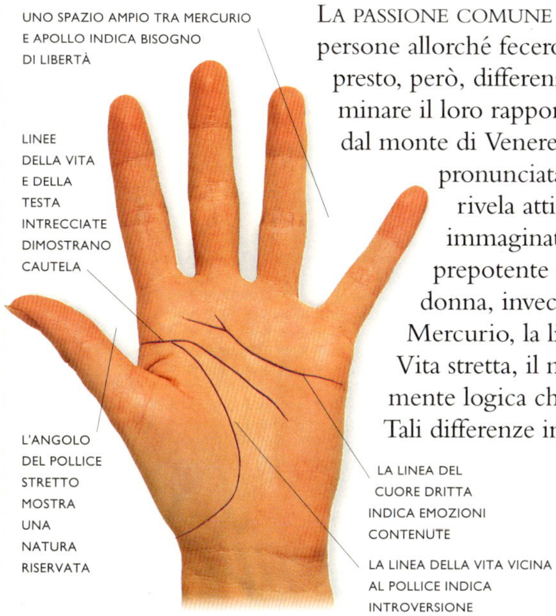

La passione comune per la fotografia unì queste due persone allorché fecero conoscenza al club fotografico locale. Ben presto, però, differenze di carattere sostanziali cominciarono a minare il loro rapporto. La mano dell'uomo, caratterizzata dal monte di Venere prominente, dalla linea della Vita pronunciata e da quella del Cuore incurvata rivela attitudine allo sport, una mentalità immaginativa, una natura passionale e un prepotente appetito sessuale. La mano della donna, invece, è cerebrale. Il lungo dito di Mercurio, la linea della Testa dritta, la linea della Vita stretta, il monte di Venere piatto rivelano una mente logica che si pone mete di tipo intellettuale. Tali differenze indicano scarsa compatibilità.

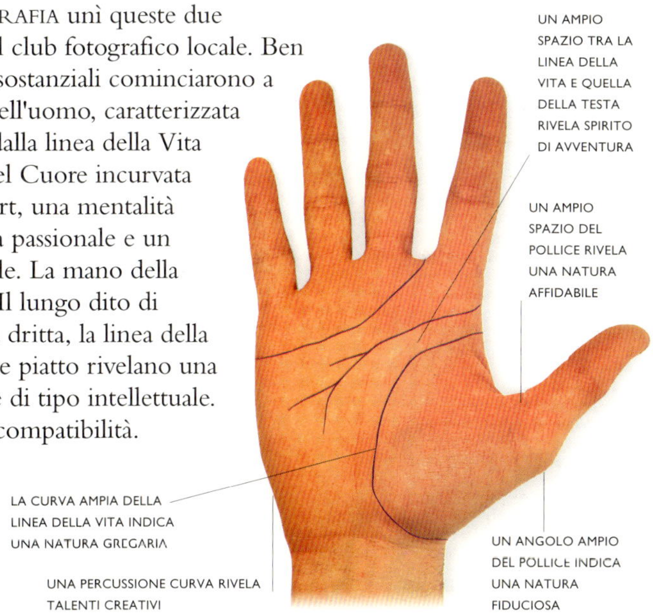

La Famiglia

Qual'è l'elemento che riveste il ruolo più importante nella formazione dello sviluppo comportamentale? Sono i fattori ereditari, oppure il condizionamento ambientale?

L'analisi chirologica dei gruppi familiari insegna che entrambi possiedono influenza. Queste caratteristiche sono tramandate da generazioni, infatti la forma della mano, le impronte e altre segnature si riscontrano in forma simile entro le famiglie. Le linee cambiano, e vi sono differenze fra le mani; le segnature rivelano più che altro le predisposizioni.

L'Applicazione dell'Analisi della Mano

Le famiglie sono intessute di una rete complessa di rapporti; alcuni membri vanno d'accordo e altri meno, alcuni sono somiglianti mentre altri sembrano non avere collocazione all'interno del gruppo. Paragonare le mani dei membri di una famiglia può spiegarne in parte le ragioni.

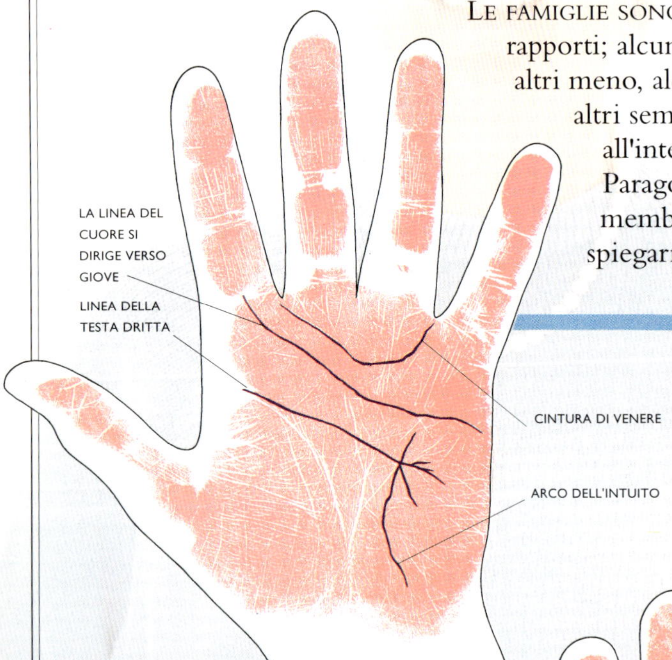

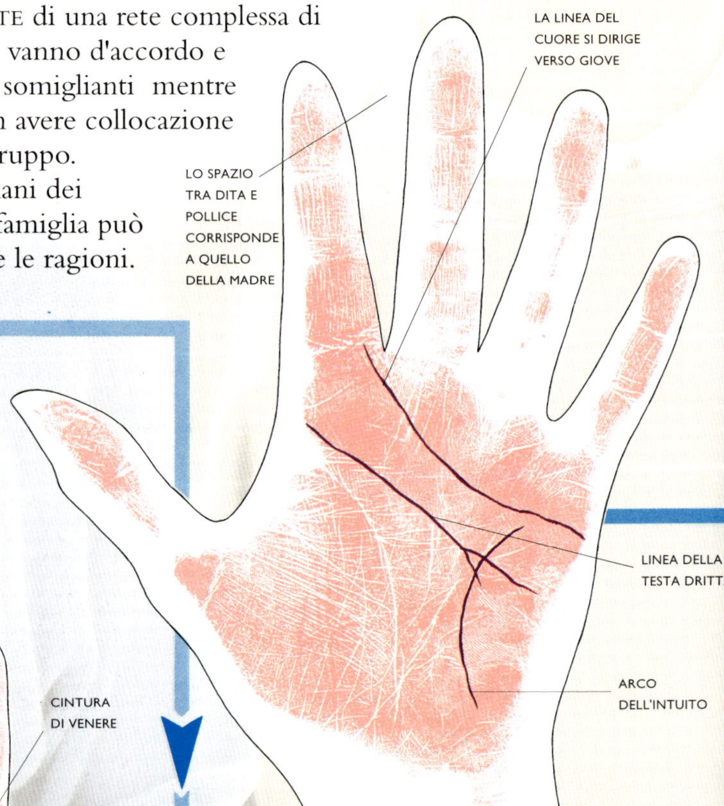

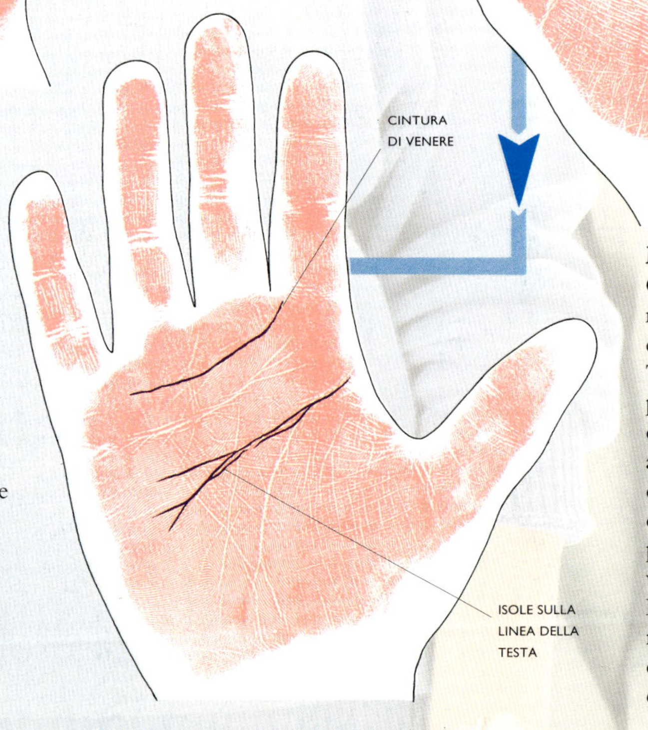

Nonna Materna
La mano di questa donna possiede la cintura di Venere e l'arco dell'intuito. Suo nipote ha la cintura di Venere, e sua figlia l'arco. Infatti, madre e figlia sono molto simili nel temperamento e hanno linee della Testa e del Cuore simili.

Figlio Maggiore
La cintura di Venere dimostra che quest'uomo ha molte cose in comune con la nonna materna. Intellettivamente egli assomiglia al padre; questo si nota dalle loro linee della Testa simili. Entrambe contengono diverse isole lunghe che segnano nelle loro vite periodi di profonda riflessione.

Madre
Questa donna è simile alla propria madre, sia nel modo di ragionare che nel carattere. Le loro linee della Testa dritte denotano una mentalità pratica, mentre le linee del Cuore, che seguendo il medesimo percorso arrivano a Giove, indicano modelli di vita elevati. Persino la postura delle dita e l'angolo formato dai pollici suggeriscono una comune visione del mondo.
L'arco dell'intuito, a sua volta segno raro, dimostra che un forte istinto di cura per gli altri è stato trasmesso dalla madre alla figlia.

L'eredità genetica della mano

È la nostra impronta cromosomica a stabilire il tipo di mano che ereditiamo.

ALLO STESSO MODO IN CUI i geni determinano il colore dei nostri occhi e stabiliscono quale sarà la nostra statura, le impronte cromosomiche sono responsabili della forma delle mani, dei dermatoglifi e persino dei tipi di linee che attraversano il palmo, indipendentemente dall'andamento. I tratti ereditari sono ampiamente evidenziati nei disegni presenti sulle impronte delle mani dei membri della famiglia.

Albero genealogico

Con le impronte possiamo delineare un albero genealogico. Segnature tipiche sono rintracciate nella forma e nella costruzione delle mani dei membri della famiglia.

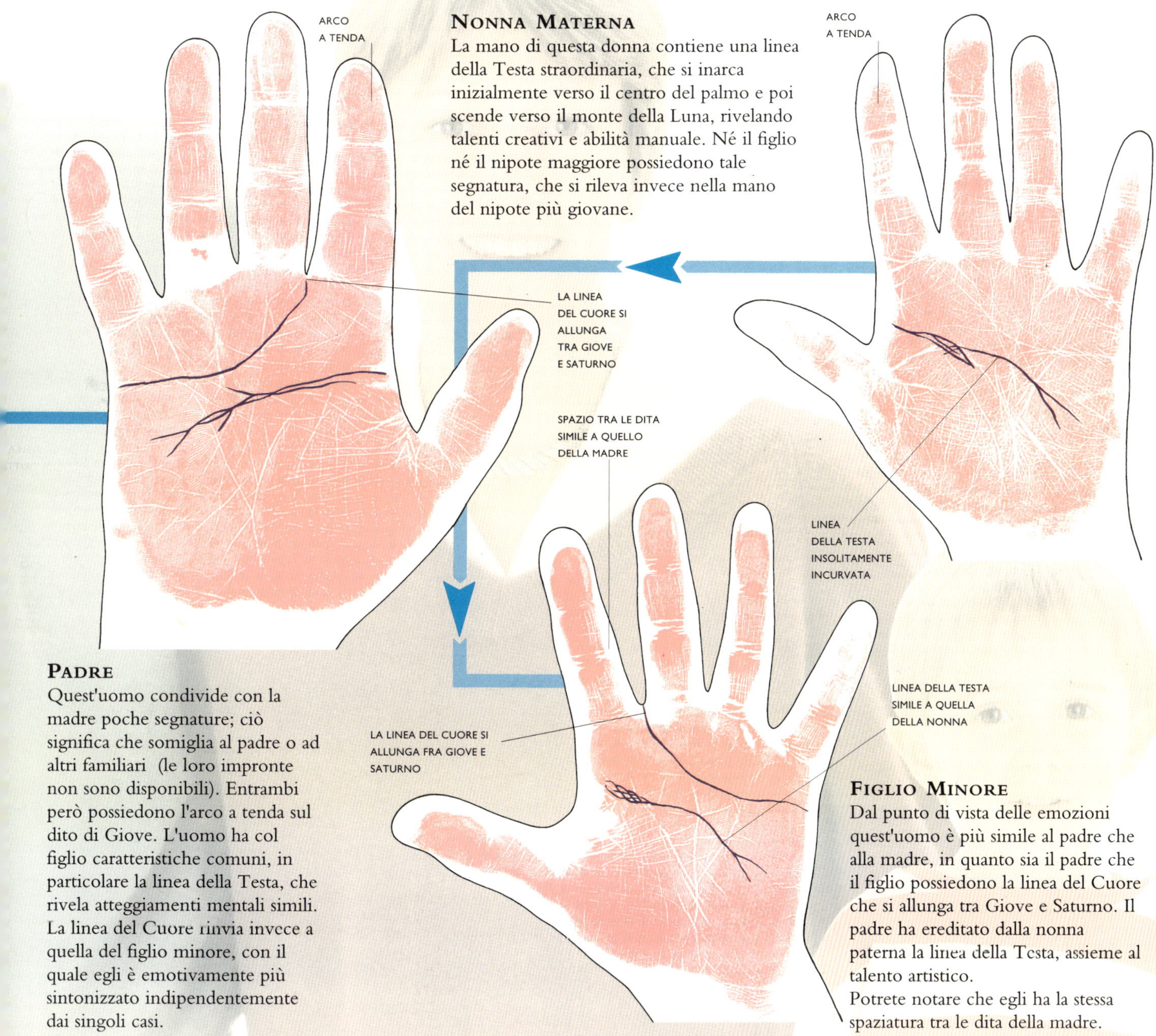

NONNA MATERNA

La mano di questa donna contiene una linea della Testa straordinaria, che si inarca inizialmente verso il centro del palmo e poi scende verso il monte della Luna, rivelando talenti creativi e abilità manuale. Né il figlio né il nipote maggiore possiedono tale segnatura, che si rileva invece nella mano del nipote più giovane.

PADRE

Quest'uomo condivide con la madre poche segnature; ciò significa che somiglia al padre o ad altri familiari (le loro impronte non sono disponibili). Entrambi però possiedono l'arco a tenda sul dito di Giove. L'uomo ha col figlio caratteristiche comuni, in particolare la linea della Testa, che rivela atteggiamenti mentali simili. La linea del Cuore rinvia invece a quella del figlio minore, con il quale egli è emotivamente più sintonizzato indipendentemente dai singoli casi.

FIGLIO MINORE

Dal punto di vista delle emozioni quest'uomo è più simile al padre che alla madre, in quanto sia il padre che il figlio possiedono la linea del Cuore che si allunga tra Giove e Saturno. Il padre ha ereditato dalla nonna paterna la linea della Testa, assieme al talento artistico.
Potrete notare che egli ha la stessa spaziatura tra le dita della madre.

La Professione

La lettura della mano è utile per la ricerca della carriera, poiché le mani riflettono l'atteggiamento mentale e i talenti innati. Per valutare la predisposizione verso una attività lavorativa dovrete individuare gli indizi pertinenti e poi costruire il quadro. Questo metodo consentirà di passare dalle generalizzazioni desunte dalla forma e dalla costruzione propria della mano ai dettagli contrassegnati nelle linee e nelle segnature. La selezione dei dati darà una visione chiara del tipo di occupazione passibile di soddisfazione e foriera di successo.

Le Quattro Tipologie della Mano

La forma delle mani descrive la natura primaria e offre gli indizi relativi alle aree di occupazioni idonee ai talenti e alle capacità. Poi si potranno aggiungere le informazioni desunte dalle impronte e dalle linee per poter individuare con maggior precisione le categorie lavorative.

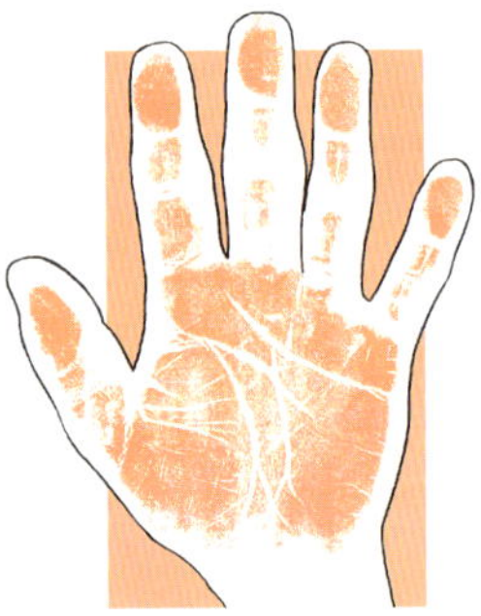

La Mano di Terra
I possessori di questo tipo di mano, lavoratori operosi, sono adatti ai lavori all'aria aperta. La loro scarsa immaginazione viene compensata dall'abilità manuale. Non amano il cambiamento e hanno bisogno di un lavoro sicuro.

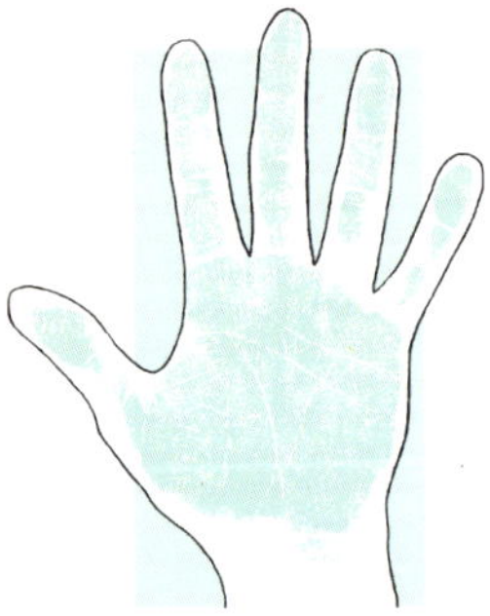

La Mano d'Aria
La comunicazione è la loro caratteristica principale; costoro preferiscono lavorare nel campo dell'istruzione, dei mass media, delle vendite, dei viaggi e della politica. Sono dei veri maghi con i marchingegni, i computer e l'elettronica.

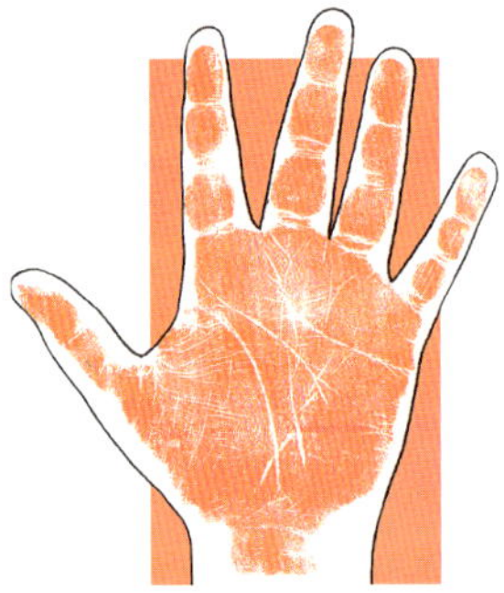

La Mano di Fuoco
Tipica di organizzatori e dirigenti che amano controllare le situazioni. Estroversi, gravitano nel mondo dello spettacolo. Prosperano nelle sfide e nell'avventura e lavorano con intensità.

La Mano d'Acqua
Li interessano due aree ben distinte: le professioni di tipo assistenziale e le arti. Ottimi terapeuti tanto nell'ambito tradizionale quanto nella medicina alternativa; fra loro vi sono anche artisti, poeti e stilisti.

Mani in competizione

Le forme confermano che attività differenti necessitano di capacità singolari.

Osservate le mani di Gary Kasparov e di Muhammad Alì. Partecipano a incontri che richiedono capacità di calcolo e reazioni veloci, ma devono rispondere a livelli diversi. Le mani magre e le dita nocchiute di Kasparov rivelano velocità di ragionamento e risposte. Le mani di Alì hanno uno sviluppo carnoso alla base, ricettacolo delle reazioni istintive e del vigore fisico.

Kasparov
A 22 anni Kasparov è il più giovane campione di scacchi esistente.

Alì
Muhammad Alì vinse per ben tre volte il campionato mondiale di pugilato.

I Monti

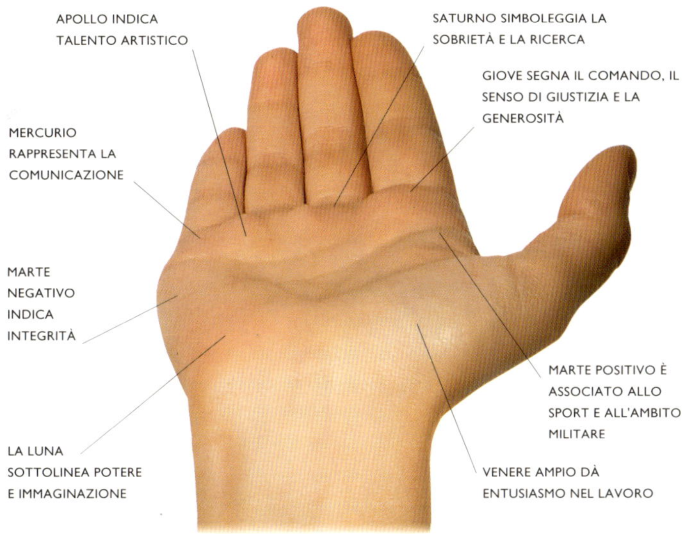

I MONTI RAPPRESENTANO i magazzini delle energie e ci dicono dove risiede il nostro talento. Generalmente un monte alto indica perspicacia e destrezza. Un monte ampio rivela energia in eccesso non bene incanalata. Un monte piatto segnala che nell'area preposta sono presenti interessi poco sviluppati.

I dermatoglifi

I DERMATOGLIFI VENGONO ereditati; evidenziano quindi la disposizione genetica. Mediante lo studio e la pratica si possono modificare o sviluppare le potenzialità; le impronte riveleranno gli istinti primari.

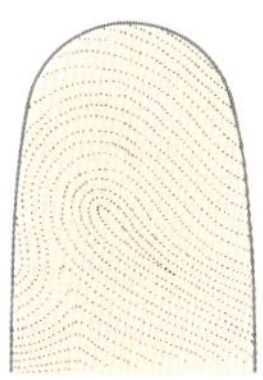

Cappi
Queste persone sono adatte a lavorare in gruppo in ambienti ricchi di varietà e stimoli.

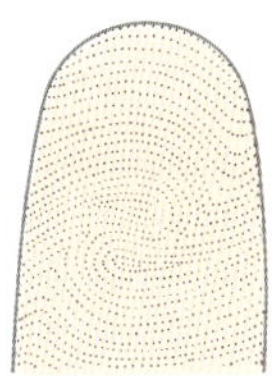

Composite
Abili nel riconoscere tutti gli aspetti di un problema, sono ottimi intermediari e consiglieri.

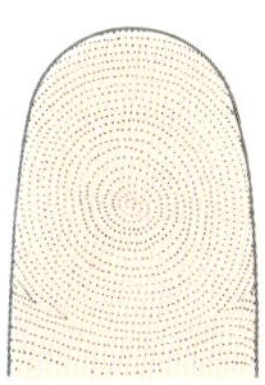

Spirali
È la caratteristica dell'esperto e dello specialista che lavora meglio da solo e ha bisogno di tenere sotto controllo il proprio ambiente.

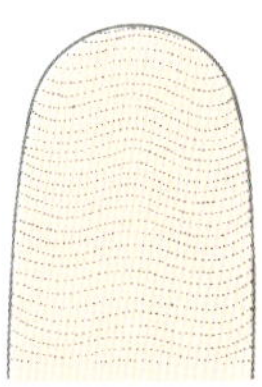

Archi
Con abilità manuale, riescono in occupazioni che vanno dall'artigiano all'ingegnere, dal contadino al chirurgo.

Le Dita

LE DITA INDICANO il modo in cui indirizziamo le capacità, come agiamo e affrontiamo le responsabilità, come eseguiamo ciò che ci viene richiesto nel lavoro.

Lunghezza delle dita

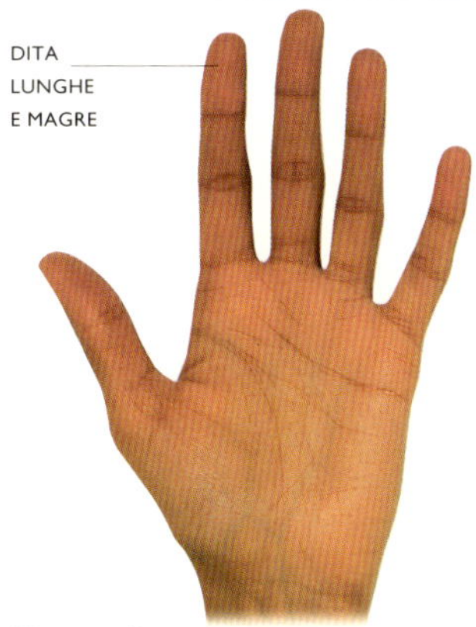

Dita lunghe
Coloro che possiedono dita lunghe amano i dettagli. Attenti e scrupolosi, sono perfetti nei lavori che richiedono mentalità analitica. Eccellono particolarmente nei compiti che richiedono precisione e coordinamento. Tanta meticolosità significa che sono anche lenti nei loro movimenti in genere.

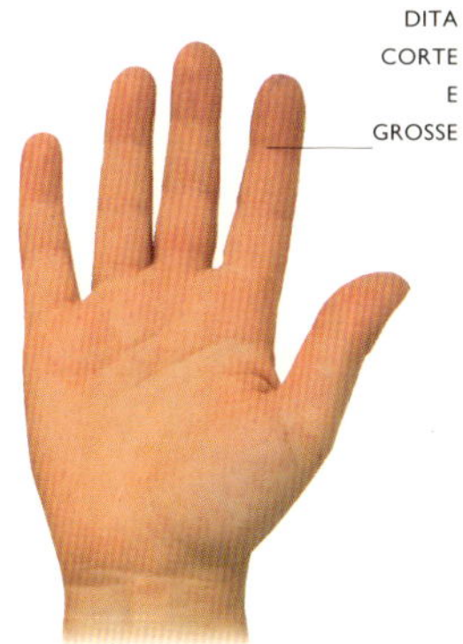

Dita corte
Possederle significa essere abili nell'elaborare velocemente le informazioni. Si è pensatori ispirati, si riconosce d'istinto la strada da seguire, si riesce a vedere un progetto nella sua globalità. Si è ottimi programmatori, ma poco pazienti; si tende a prendere qualsiasi scorciatoia pur di raggiungere l'obiettivo.

Le giunture delle dita

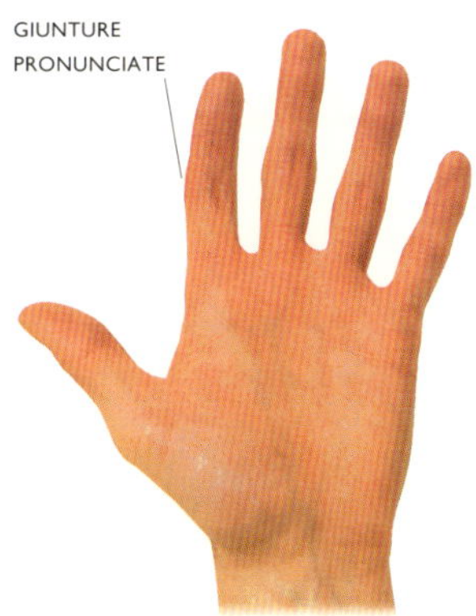

Giunture pronunciate
Tipiche dell'individuo analitico. Eccellono nell'indagare i fatti e nel valutare i dati. Abituati a risolvere i problemi, sono attratti da occupazioni che richiedono la logica, il campo scientifico, la ricerca, la filosofia, il dibattito.

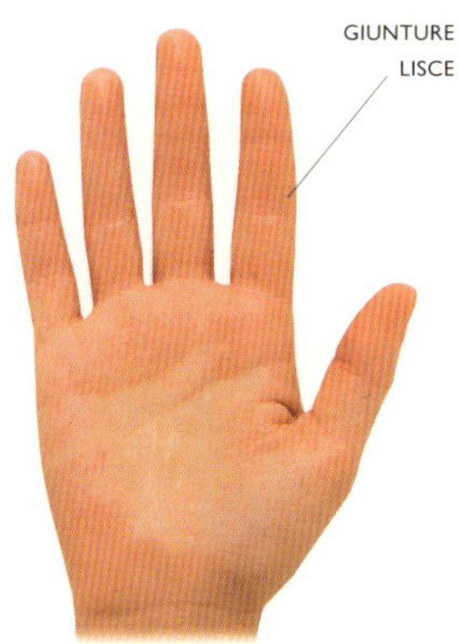

Giunture lisce
Le persone con queste giunture tendono ad assimilare le informazioni in maniera intuitiva. Più che ragionare su un problema amano seguire il proprio istinto. I compiti adatti a loro richiedono capacità di valutazione rapida. Lavorano bene con gli altri e amano le attività creative.

Le Professioni nelle Linee

Una volta riconosciute le aree occupazionali verso le quali siete predisposti in seguito alla costruzione della vostra mano, potrete iniziare a colorare il quadro aggiungendovi le informazioni raccolte dalle linee principali. Esse mostrano la vostra particolare abilità e svelano addirittura quando vi sarà possibile cambiare lavoro.

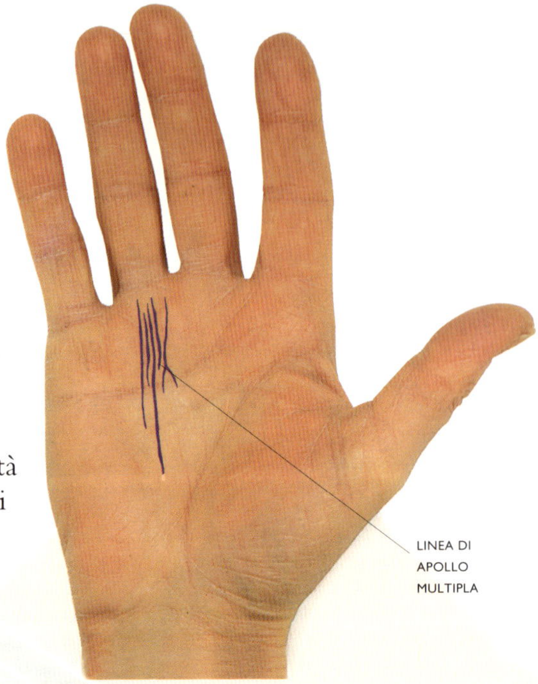

La linea di Apollo

Le necessità economiche e la mancanza di opportunità adeguate spesso insegnano che bisogna accontentarsi di un lavoro che non consente di esercitare le proprie capacità. Come ci comportiamo in tali circostanze viene illustrato dalla linea di Apollo.

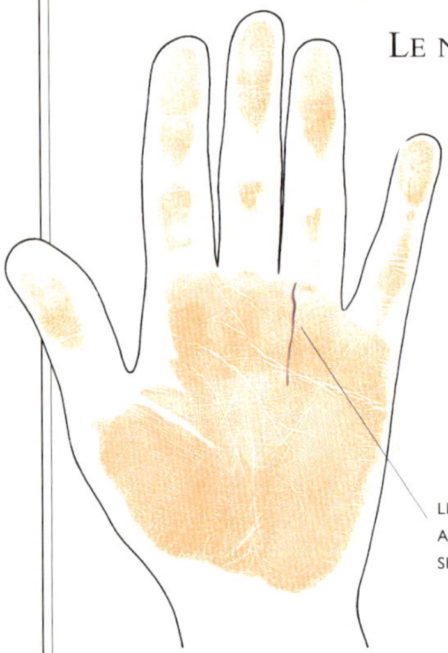

Linea di Apollo Singola

La linea di Apollo indica la soddisfazione che si prova nel lavoro. Forte e ben delineata indica che si è appagati, e che nell'occupazione svolta si ricevono il riconoscimento e la ricompensa meritati.

Linea di Apollo Multipla

La linea di Apollo multipla rivela talenti molteplici e l'abilità di destreggiarsi contemporaneamente in lavori o compiti differenti. Può indicare tendenza ad annoiarsi o anche una tale agilità mentale che l'attenzione può facilmente passare da un interesse ad un altro. La linea di Apollo multipla appartiene a lavoratori flessibili e adattabili tanto che questi accettano volentieri cambiamenti nel corso della loro carriera, per quanto numerosi essi siano.

La Linea della Testa

Dopo avere stabilito i requisiti lavorativi, uno dei modi migliori per determinare la predisposizione al genere specifico di occupazione è osservare la linea della Testa. Essa rivela ciò che l'individuo pensa, ne descrive la mentalità e le capacità intellettive. Genitori e consulenti è bene che la osservino attentamente quando vogliono orientare figli e clienti al tipo di lavoro adatto.

Linea della Testa Curva

Esistono due forme principali di linee della Testa; una distingue la predisposizione ad argomenti scientifici, l'altra al pensiero creativo. Una linea di Testa curva si trova nelle mani di coloro che amano lavorare nel campo artistico e umanistico. Comunicatori competenti, operano con mass media, nella pubblicità, nelle relazioni pubbliche, nelle arti e nella moda.

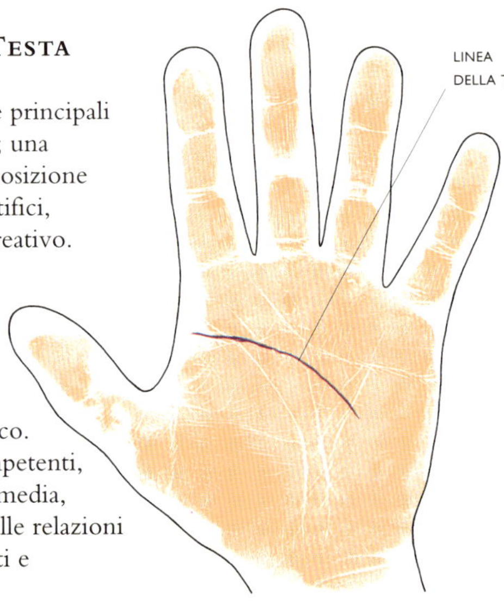

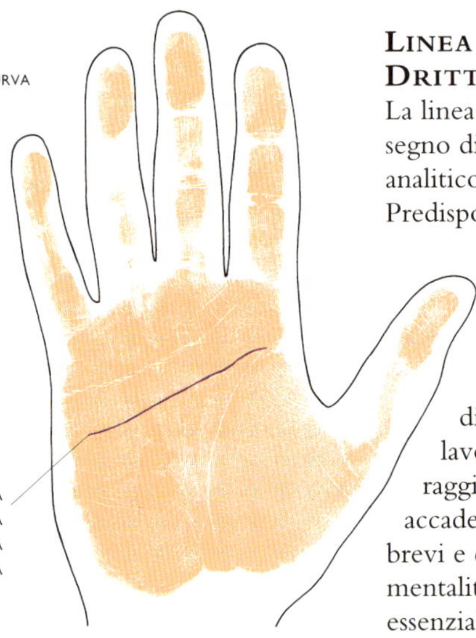

Linea della Testa Dritta

La linea della Testa dritta è segno di atteggiamento logico e analitico nei confronti della vita. Predispone alle professioni scientifiche, matematiche, tecnologiche o agli affari. Linee di Testa lunghe rivelano capacità di concentrazione sul lavoro e indicano il raggiungimento di risultati accademici. Linee di Testa brevi e dritte sottolineano una mentalità pratica con interessi essenzialmente materiali.

La Linea del Destino

Quando ci accingiamo a programmare il nostro futuro lavorativo la linea del Destino si rivela una lanterna nel buio. Essa disegna la mappa completa della carriera personale: ne descrive il percorso, illustra le frustrazioni e i successi, annuncia i probabili cambiamenti. Le segnature sulla linea del Destino si datano usando la scala di misurazione *(pag. 75)*.

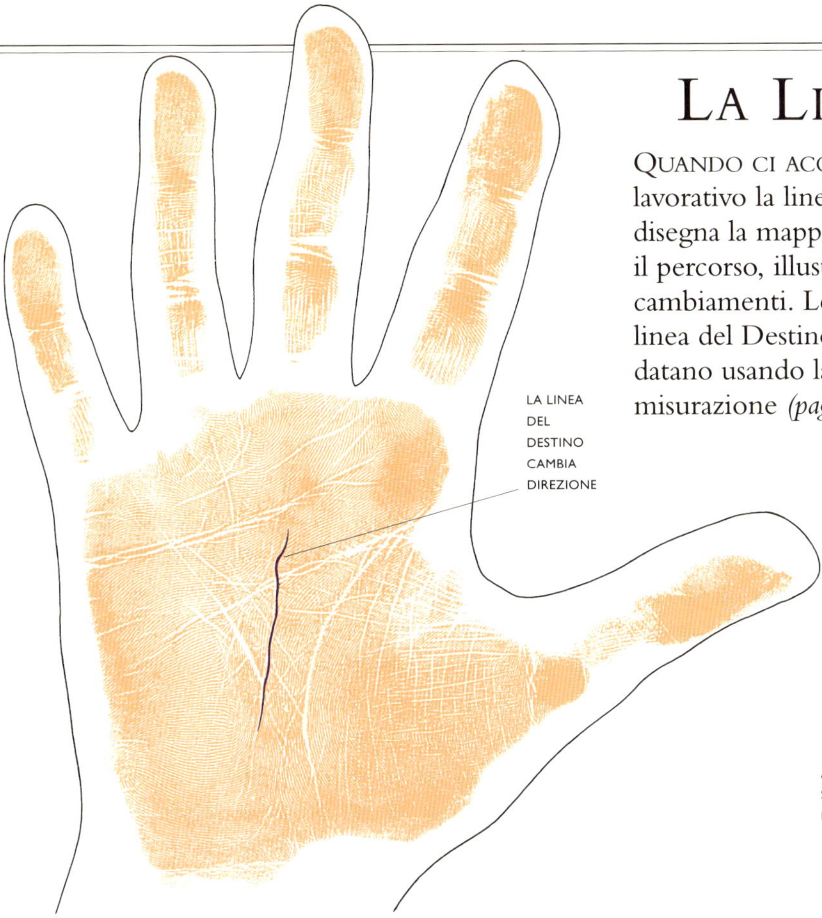

Linea del Destino che Cambia Direzione

Quando la linea del Destino lungo la sua rotta cambia direzione, noi sappiamo che notifica un cambiamento; tuttavia, se non mostra interruzioni è improbabile leggervi una nuova carriera o il trasferimento presso un'altra società. Viene mantenuto il rapporto già esistente, e la deviazione indica un nuovo orientamento o, come in questo caso, una promozione all'interno della società stessa.

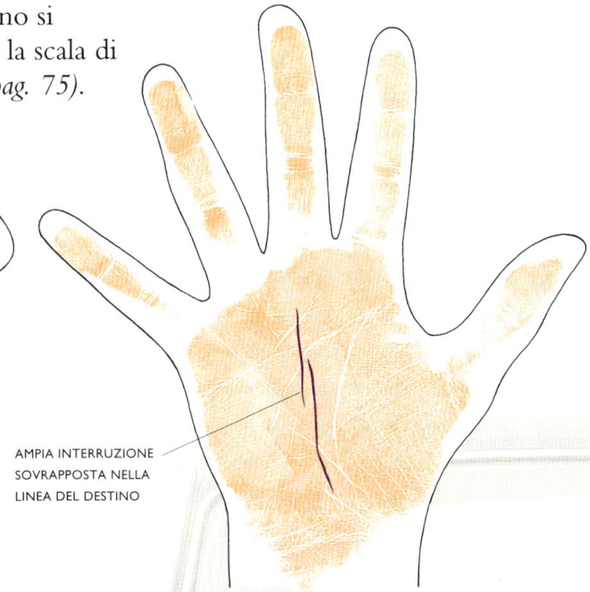

Un'Ampia Interruzione Sovrapposta

Il cambiamento è qui segnalato dall'interruzione della linea del Destino: però potrete notare che vi sono due tipi distinti di linea. In questo caso l'interruzione risulta sovrapposta, rivelando che è stata la persona stessa a decidere di cambiare lavoro. La distanza mostra quanto sia notevole il cambiamento: il soggetto ha mutato radicalmente la sua carriera trasferendosi in un'altra area.

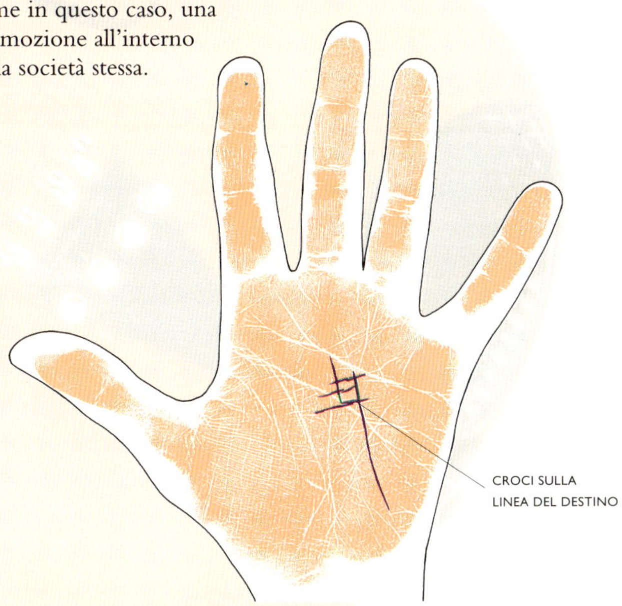

Croci sulla Linea del Destino

Una croce mette in guardia rispetto ad ostacoli. Problematiche personali o discordanze con un superiore possono influenzare il lavoro. In questo caso un collega ha impedito un avanzamento. La linea del Destino interrotta mostra la decisione di cambiar lavoro, decisione positiva come conferma la forza della nuova linea.

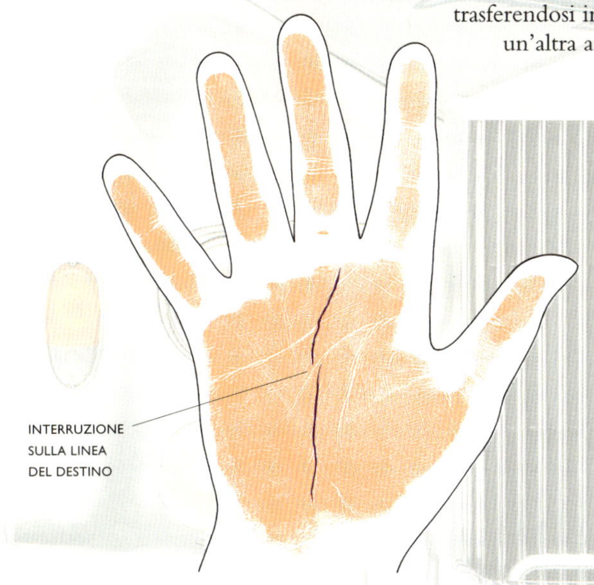

Interruzione Completa della Linea del Destino

Mentre un'interruzione sovrapposta indica un cambiamento personalmente progettato e realizzato, l'interruzione netta indica un cambiamento obbligato, ossia un evento indipendente dal soggetto. Può significare una malattia che costringe a rinunciare al lavoro oppure, come in questo caso, il licenziamento.

Le Professioni nel Palmo

Ogni lavoro presuppone delle qualità specifiche. Ad esempio, la contabilità richiede precisione, mentre la moda richiede talento artistico.

Un matematico, per quanto potenzialmente in grado di disegnare una collezione di moda, più probabilmente troverà la sua strada in Borsa che non in un atélier.

Allo stesso modo lo stilista può occuparsi di contabilità, ma lavorando tutto il giorno in un ufficio bancario sentirà la propria creatività soffocata. Sono la familiarità con i numeri o il senso dei colori e delle linee a caratterizzare questi due esempi.

Seguono alcuni tipi di abilità messi in rilievo da segnature particolari, che a loro volta evidenziano le professioni per le quali si è più portati.

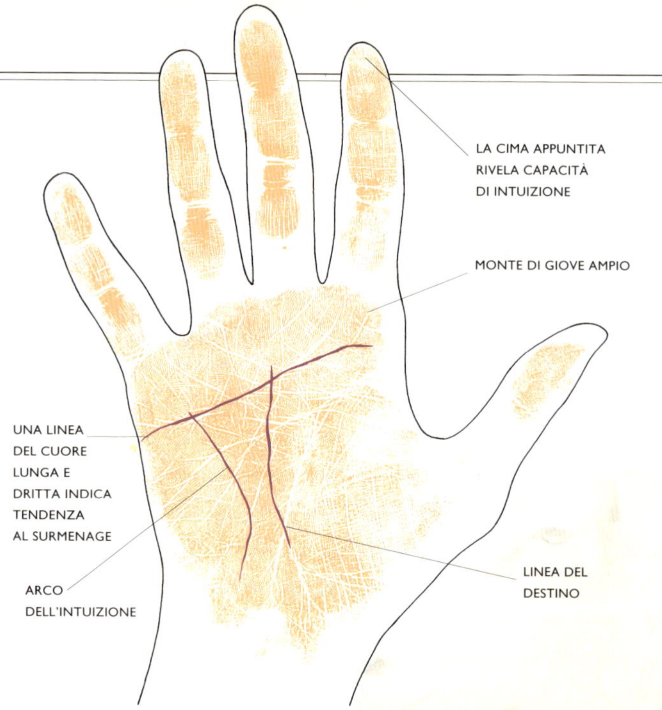

Direttore d'Azienda

Spiccate attitudini al comando sono illustrate qui da un ampio monte di Giove. Le capacità di previsione e di valutazione veloce sono sottolineate dall'arco dell'intuizione. L'affaticamento che segue un lavoro così intenso è riflesso nelle numerose linee che segnano il palmo e nelle segnature di stress sulla punta delle dita.

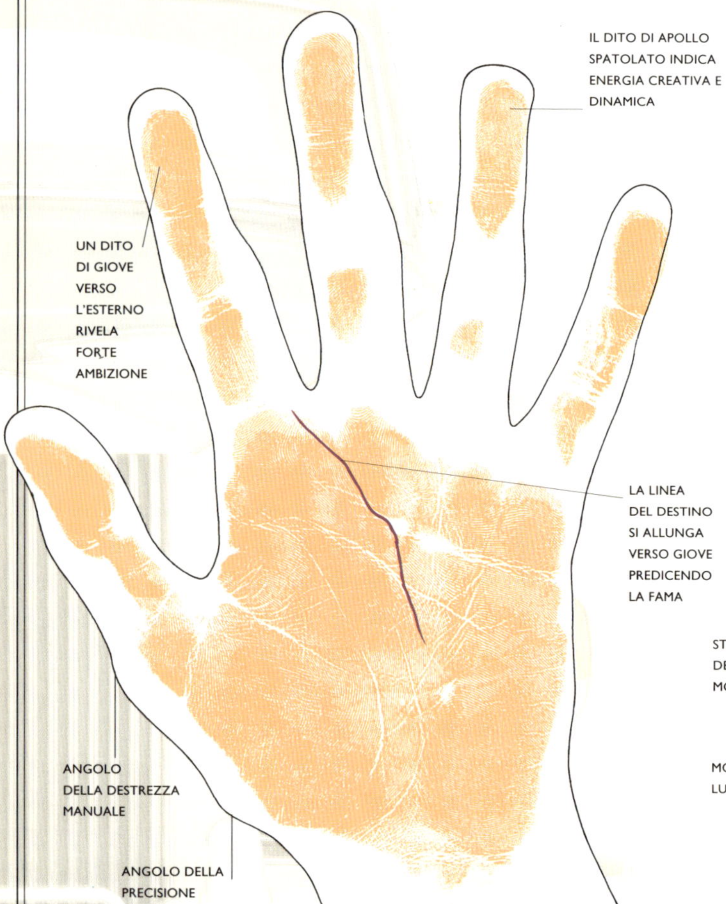

Musicista

Questo violinista ha un angolo del tempo chiaro alla base della mano e uno di destrezza manuale a quella del pollice. Le dita, spaziate tra loro, evidenziano la passione espressa nella musica, e l'angolo pronunciato del pollice racconta lunghe ore di esercizio.

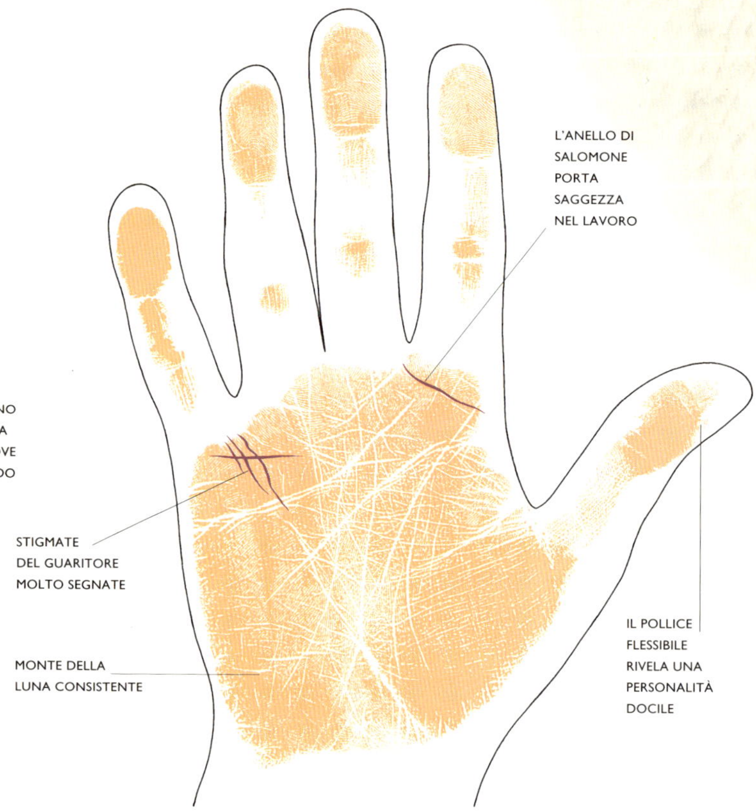

Infermiera

Le stigmate del guaritore, caratteristica delle professioni mediche, evidenziano l'istinto naturale per la guarigione e una vita dedita agli altri. Le impronte digitali ad arco rivelano un buon senso che ispira fiducia nei pazienti. Il monte della Luna sviluppato interpreta uno spirito compassionevole, empatia e intelligenza.

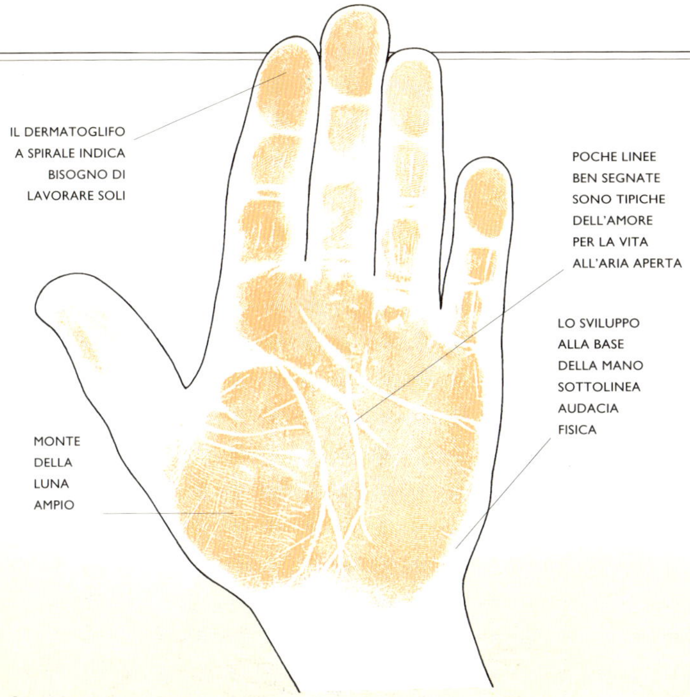

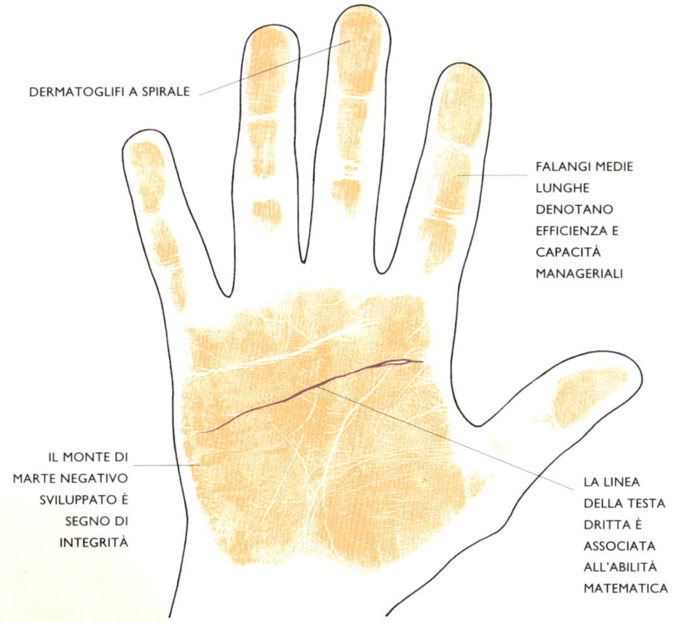

Agricoltore

La mano di questo agricoltore contiene le caratteristiche di una scelta riuscita: la sintonia con la natura e con gli animali. Guardate attentamente il pesante sviluppo del pollice e della base della mano, che evidenziano la sua forza fisica, e l'ampio monte della Luna che rivela la sensibilità al ritmo delle stagioni.

Preventivista

Le qualità analitiche necessarie per il computo metrico ed estimativo sono evidenziate dalla linea della Testa lunga e dritta; la perizia dal palmo quadrato e dalle dita corte e grosse. Un insieme di dermatoglifi a spirale denota capacità di concentrazione sul compito eseguito. Il pollice forte ed equilibrato indica carattere deciso.

Modella

Le linee lunghe ed eleganti della mano d'acqua, spesso associate in chi lavora nella moda e nell'estetica, si stagliano nelle mani di una modella. Il palmo affusolato racchiude grazia e ricercatezza; il pollice e le dita magre, tre di queste a punta, rivelano raffinatezza e buon gusto. Da notare la linea del Destino spezzettata: registra incertezza e tensioni tipiche di questo mondo.

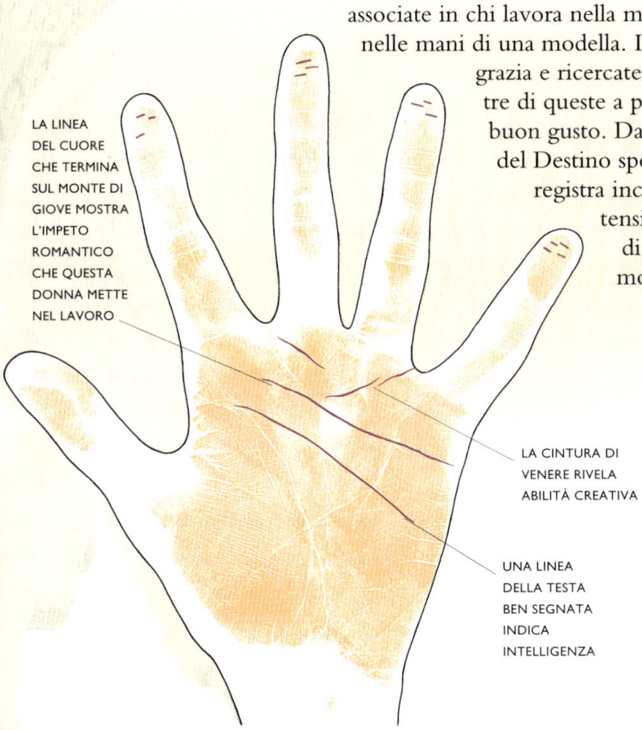

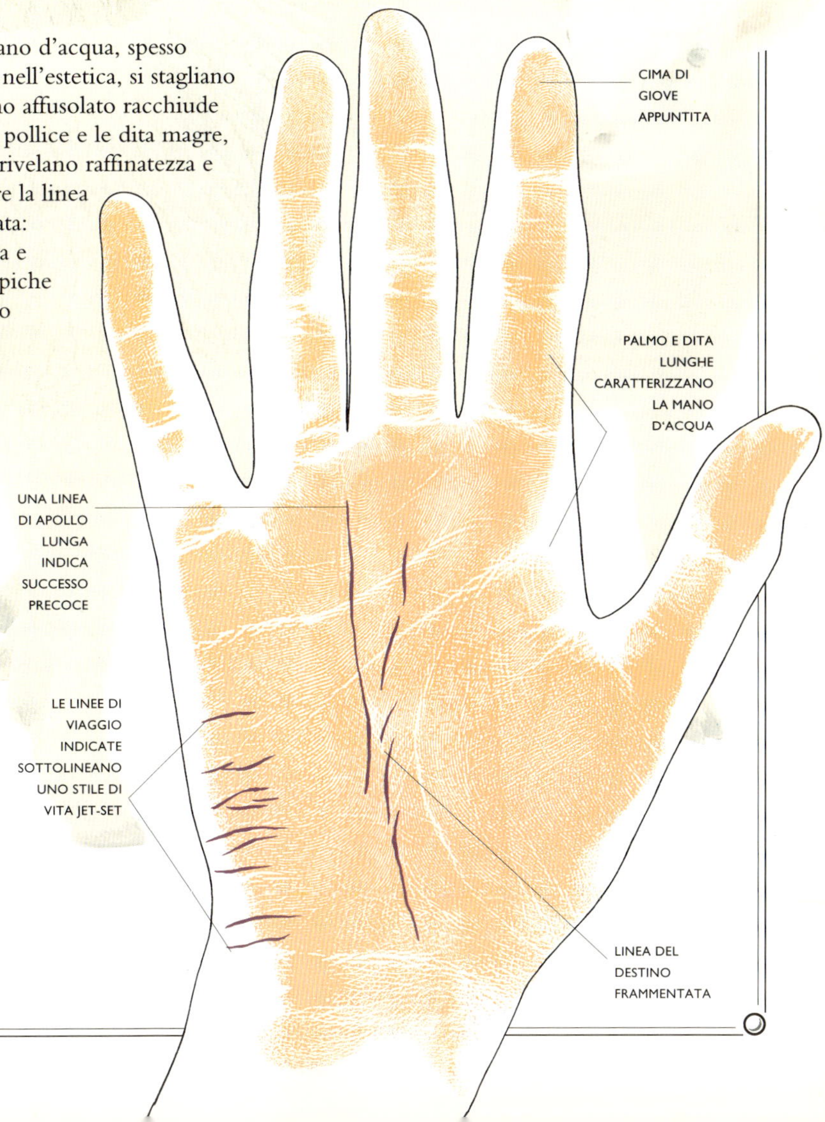

Scrittore

Talento letterario e mente indagatrice sono illustrati dal dito di Mercurio lungo e ben inserito. La linea della Testa è dominante; suggerisce che la testa governa il cuore. Osservate le dita aperte, che rivelano una natura vivace e disponibile alle idee nuove. L'angolo formato dal pollice sottolinea la disciplina necessaria a un autore di successo.

La Salute

Da secoli i medici riconoscono il legame esistente tra la condizione delle mani e delle unghie e la salute.

Le ricerche moderne lo hanno confermato dimostrando che alcuni dermatoglifi sono associati alla predisposizione alle malattie cardiache. Questo dato è solo la punta dell'iceberg, giacché le mani sono diari che forniscono informazioni sullo stato di salute e sulla predisposizione alle malattie.

Deve comunque essere sottolineato che le segnature indicano solo una predisposizione, e non implicano l'inevitabile sviluppo della malattia.

Le Quattro Tipologie delle Mani

Gli psicologi dimostrano che gruppi particolari di individui sono predisposti a determinate malattie. Soggetti tesi e competitivi sono più esposti ai disturbi cardiaci di quelli calmi e rilassati. Tali scoperte confermano che la personalità influenza lo stato di salute e che la personalità si rispecchia nelle nostre mani.

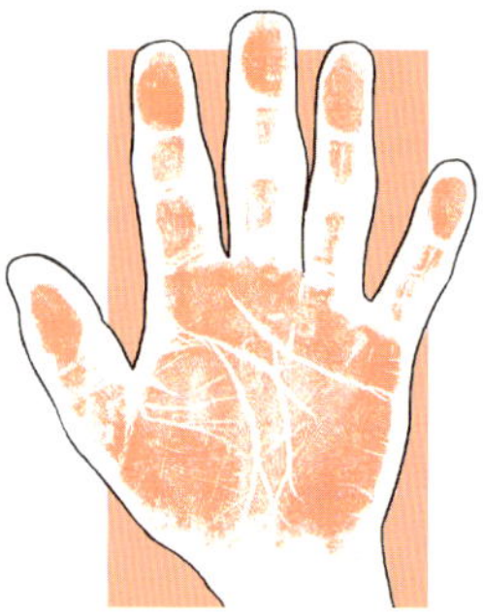

La Mano di Terra
Le persone con la mano di terra tendono a soffrire di problemi intestinali causati da preoccupazione e da abusi alimentari. Devono ridurre stress e sovrappeso. L'esercizio all'aria aperta è essenziale al loro benessere.

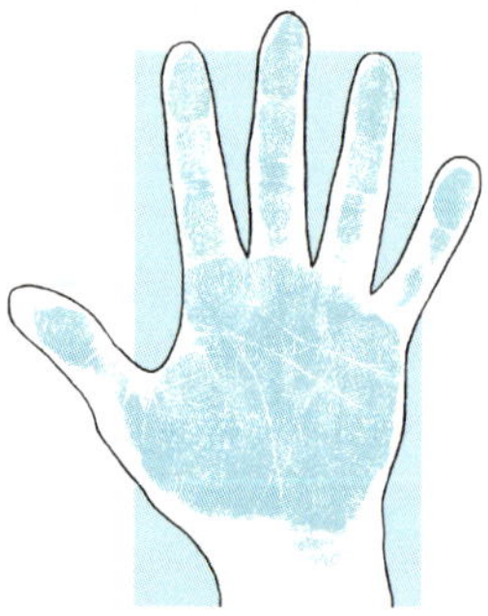

La Mano d'Aria
Tensione nervosa e problemi respiratori sono tipici delle mani d'aria. Possiedono menti iperattive che, richiamando continua energia al sistema nervoso, possono condurre all'esaurimento. Necessitano di rilassamento mentale.

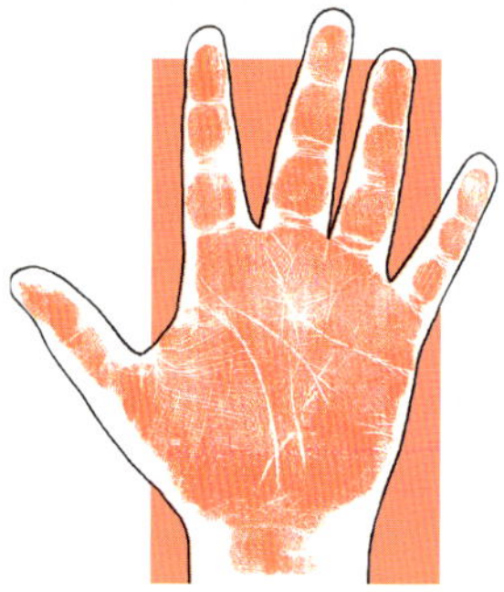

La mano di Fuoco
Le dinamicissime mani di fuoco sono soggette a disturbi cardiovascolari. La fretta e le azioni impulsive possono causare incidenti. Devono imparare a gestirsi per evitare il rischio di scompensi energetici.

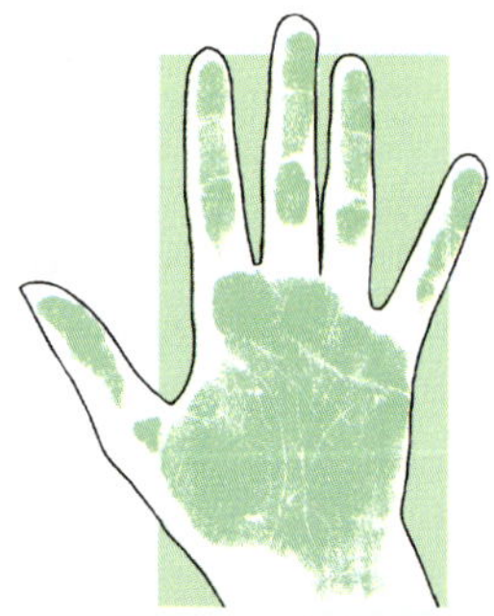

La mano d'Acqua
Un sistema nervoso delicato rende questi soggetti facili prede di problemi psicologici. Anche allergie e disturbi reumatici sono comuni. Devono evitare due tendenze pericolose: l'alcolismo e la tossicodipendenza.

Il Topo

Chiudete la mano a pugno premendo il pollice contro le dita chiuse. Il muscolo dietro al pollice si solleva formando una collinetta conosciuta come "il topo". Più essa è robusta e più forti sono la costituzione fisica e la resistenza alle malattie. Un muscolo poco evidenziato indica scarsa vitalità. Piatto o concavo è segno precoce di diabete.

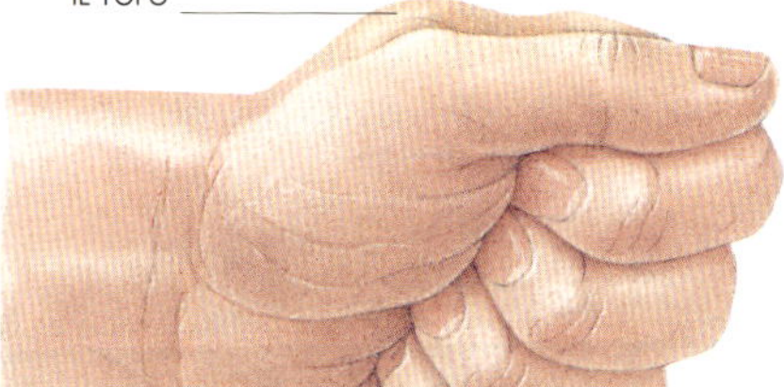

Efelidi nel palmo

Avete una macchiolina nel palmo?

A volte si può notare nel palmo una macchiolina marrone somigliante a un'efelide che pare emergere dagli strati della pelle più che dalla superficie palmare. Solitamente è situata nella zona inferiore della mano o sull'area della percussione. Si pensa che indichi una carenza di rame.

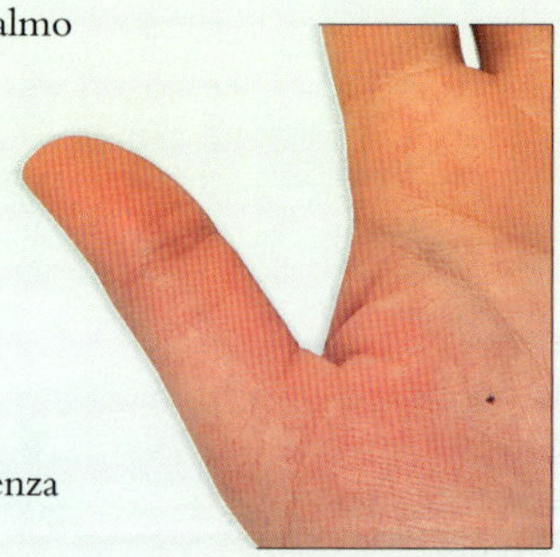

Consistenza del Palmo

Un palmo provvisto di tonicità muscolare e di monti elastici al tatto indica una costituzione sana. Una mano dal tono elastico simile a quello di una palla di gomma indica resistenza alle malattie e capacità di tornare facilmente e velocemente in forma dopo periodi di cattiva salute.

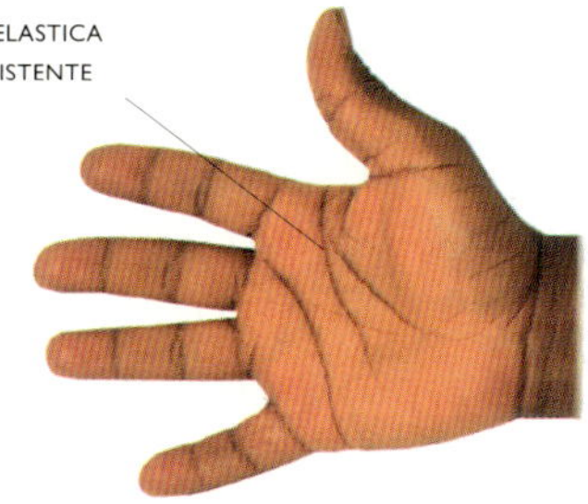

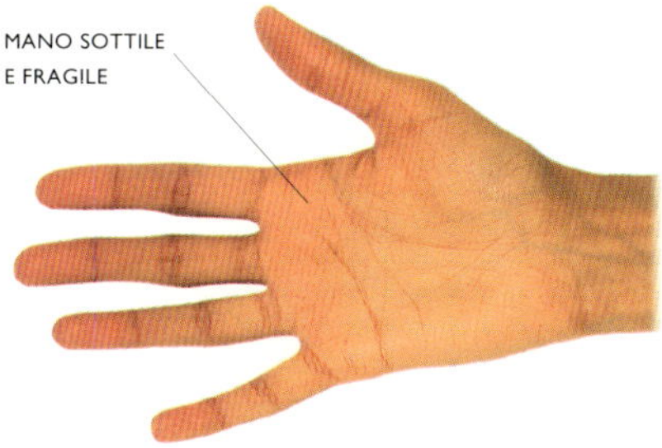

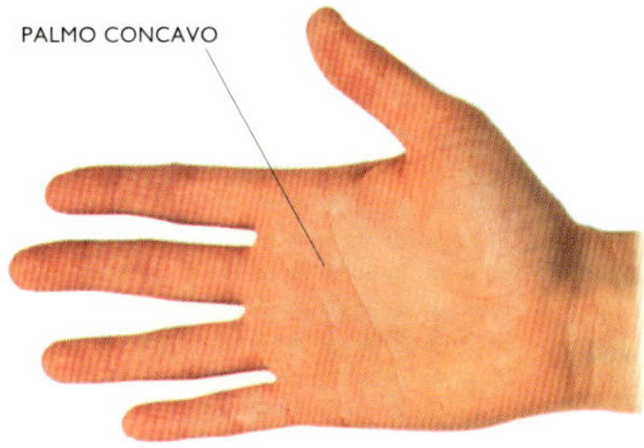

Palmo Spesso
La mano di quest'uomo, spessa e consistente ma elastica, denota una costituzione robusta. Un palmo spesso con monti deboli e soffici rivela mancanza di energia ed è associato a uno squilibrio tiroideo. Palmi spessi, duri e poco cedevoli indicano insensibilità e repressione delle emozioni.

Palmo Sottile
Mani magre e fragili suggeriscono una costituzione delicata e scarsità di riserve energetiche. La mano di questa donna ci dice che essa vive sui propri nervi e che quando soccombe ad uno stato di malattia le occorre molto tempo per ristabilirsi completamente.

Palmo Concavo
Se i monti che circondano il palmo sono consistenti esso può sembrare concavo, specie nel caso in cui dominino Venere e Luna. Se tutti i monti sono di grandezza media, come in questo caso, e il palmo appare ancora incavato, rivela riserve fisiche ridotte e scarsa resistenza.

Segnature sulle Estremità delle Dita

Ogni dito è collegato a un aspetto specifico dell'esistenza e ad una zona del corpo, e le segnature sulle punte danno le informazioni necessarie. Linee orizzontali brevi indicano stress, mentre linee verticali indicano scompensi ormonali. Entrambe le segnature scompaiono quando si recupera la salute.

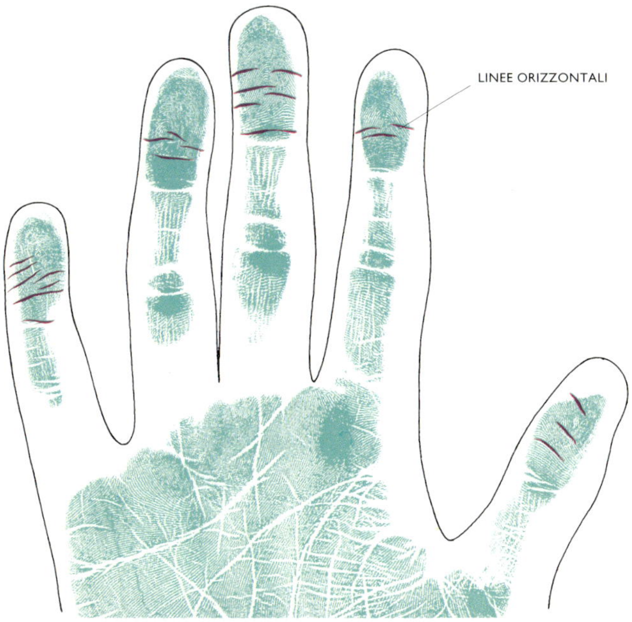

Linee Verticali
È provato che esiste una relazione tra le dita e il sistema endocrino. Il dito di Giove è collegato alla ghiandola pituitaria, quindi linee verticali sulla sua punta indicano problemi relativi all'attività di questa ghiandola. Linee verticali su Saturno rivelano disturbi funzionali della ghiandola pineale; su Apollo, che è associato alla ghiandola del timo, sono legate al sistema cardivascolare, in particolare segnalano irregolarità della pressione sanguigna; su Mercurio indicano l'irregolare funzionamento della tiroide.

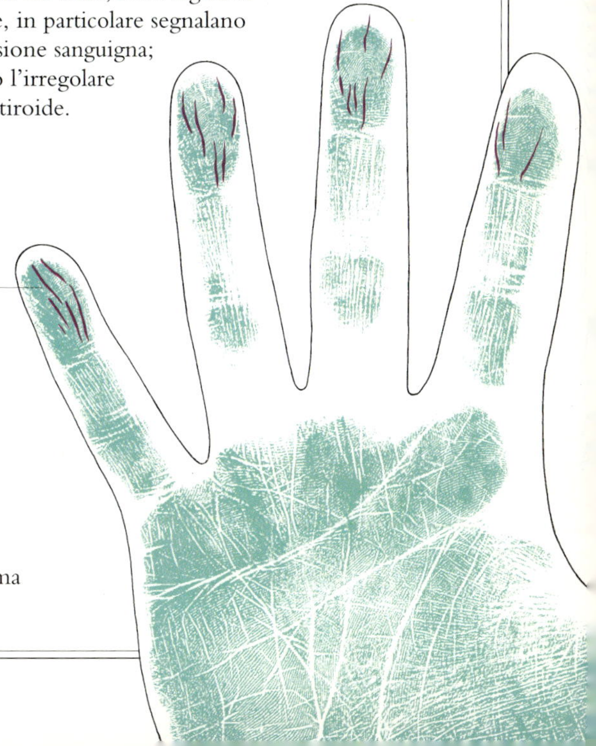

Linee Orizzontali
Se su Giove appaiono delle linee orizzontali siamo di fronte ad una crisi di autostima. Su Saturno rivelano preoccupazioni relative alla casa e alla sicurezza. Linee orizzontali su Apollo rappresentano invece ostacoli alla felicità. Quando sia Apollo che Saturno sono più segnati delle altre dita, il matrimonio o la relazione in corso possono essere minacciati. Linee orizzontali sulla punta di Mercurio sottolineano un blocco nella comunicazione o un problema della sfera sessuale.

Dermatoglifi e Salute

L'ASPETTO GENERALE dei dermatoglifi palmari offre preziose informazioni sul benessere personale. Segni di logoramento e di lacerazione segnalano problematiche a venire e la predisposizione a malesseri può essere individuata prima che appaiano altri sintomi. Reperire tali indizi con un certo anticipo dà modo di intervenire preventivamente per garantire la buona salute.

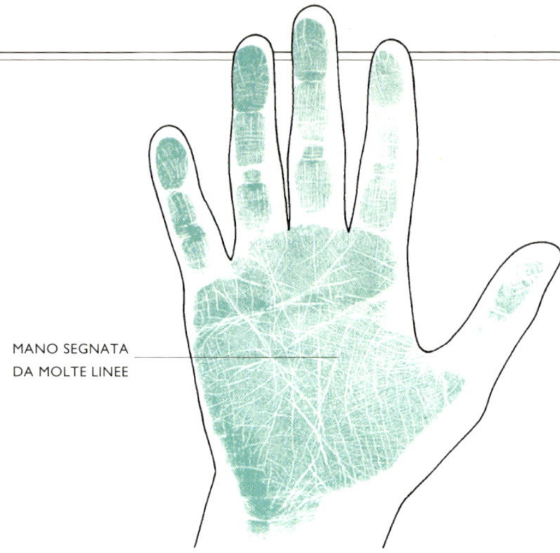

Una Mano Piena

Una mano ricoperta da una ragnatela di linee viene chiamata "piena". Indica che il sistema nervoso è teso e/o che la persona è molto affaticata. L'immaginazione può correre incontrollata, e come effetto ci saranno ansietà e disturbi psicosomatici. Occorre controllare lo stress e adottare uno stile più rilassato.

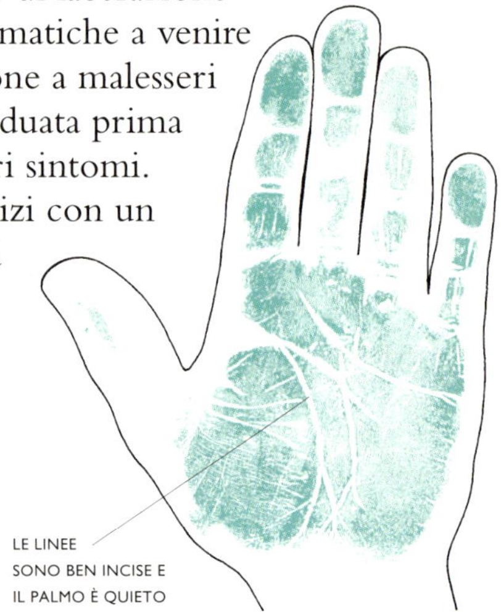

Una Mano Vuota

La mano "vuota" ha il palmo sgombro e contiene solo le linee principali. In questo esempio il sistema nervoso è equilibrato, l'individuo è calmo e capace di affrontare con facilità le traversie.

Linee Affievolite

LINEE DEL PALMO FORTI e chiare sono segno di salute robusta. Di conseguenza il loro affievolirsi è indice di costituzione indebolita. Una serie di isole o catene sulla linea della Testa o del Cuore segnalano uno squilibrio della biochimica corporea dovuto a deficienze minerali. La stessa formazione sulla linea della Vita rivela scarsa vitalità e costituzione indebolita.

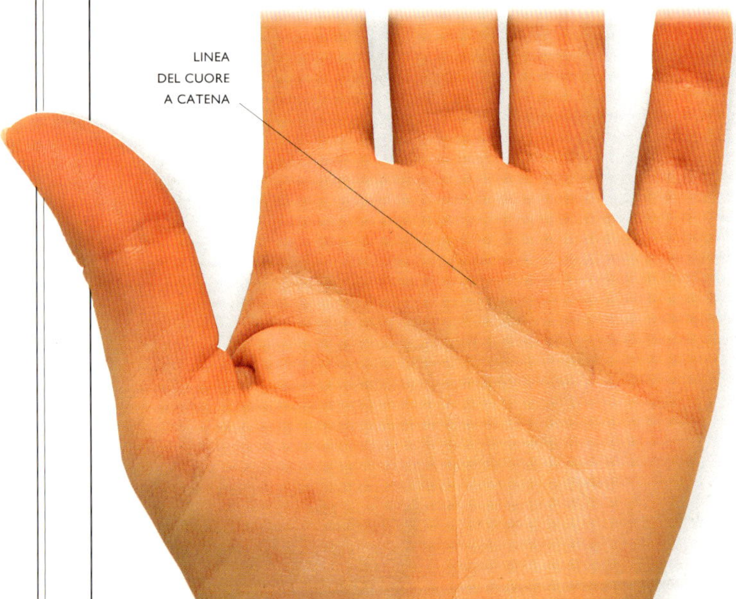

Dermatoglifi

ANORMALITÀ CONGENITE come la sindrome di Down vengono rivelate dai dermatoglifi; gli scienziati hanno riscontrato ulteriori relazioni tra pelle e malattie.

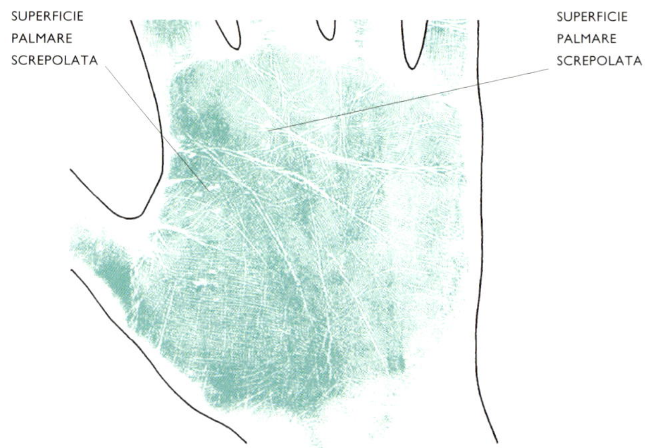

Solchi Danneggiati

La condizione dei solchi palmari dà indicazioni sulla salute generale del sistema nervoso e del sistema immunitario. La ragione risiede nel fatto che i solchi e l'intera superficie palmare sono irradiati da terminazioni nervose; ricevono messaggi e inviano impulsi elettrici, attraverso il sistema nervoso e quello endocrino, da e verso il cervello. Se questi sistemi sono indeboliti per via di cattiva salute o sovraccarichi a causa di disturbi neurologici, i solchi si rompono come se venissero tagliati con un coltello. Nell'immagine sopra, le macchioline, visibili solo attraverso l'impronta, sono solchi palmari interrotti a causa di cancro della pelle e conseguente trattamento chemioterapico.

Indicatori di Salute

ALCUNE SEGNATURE SONO associate a particolari condizioni di salute; talune sono ereditarie, altre si sviluppano quando la salute è condizionata da fattori ambientali. Esse non attestano l'assoluto verificarsi di una condizione di malattia; illustrano solo la predisposizione e il potenziale. La diagnosi non si deve mai basare su un solo elemento, e bisogna evitare di farla se non si possiedono sufficienti conoscenze mediche. Occorre chiedere, soprattutto in caso di dubbio, consiglio a un medico.

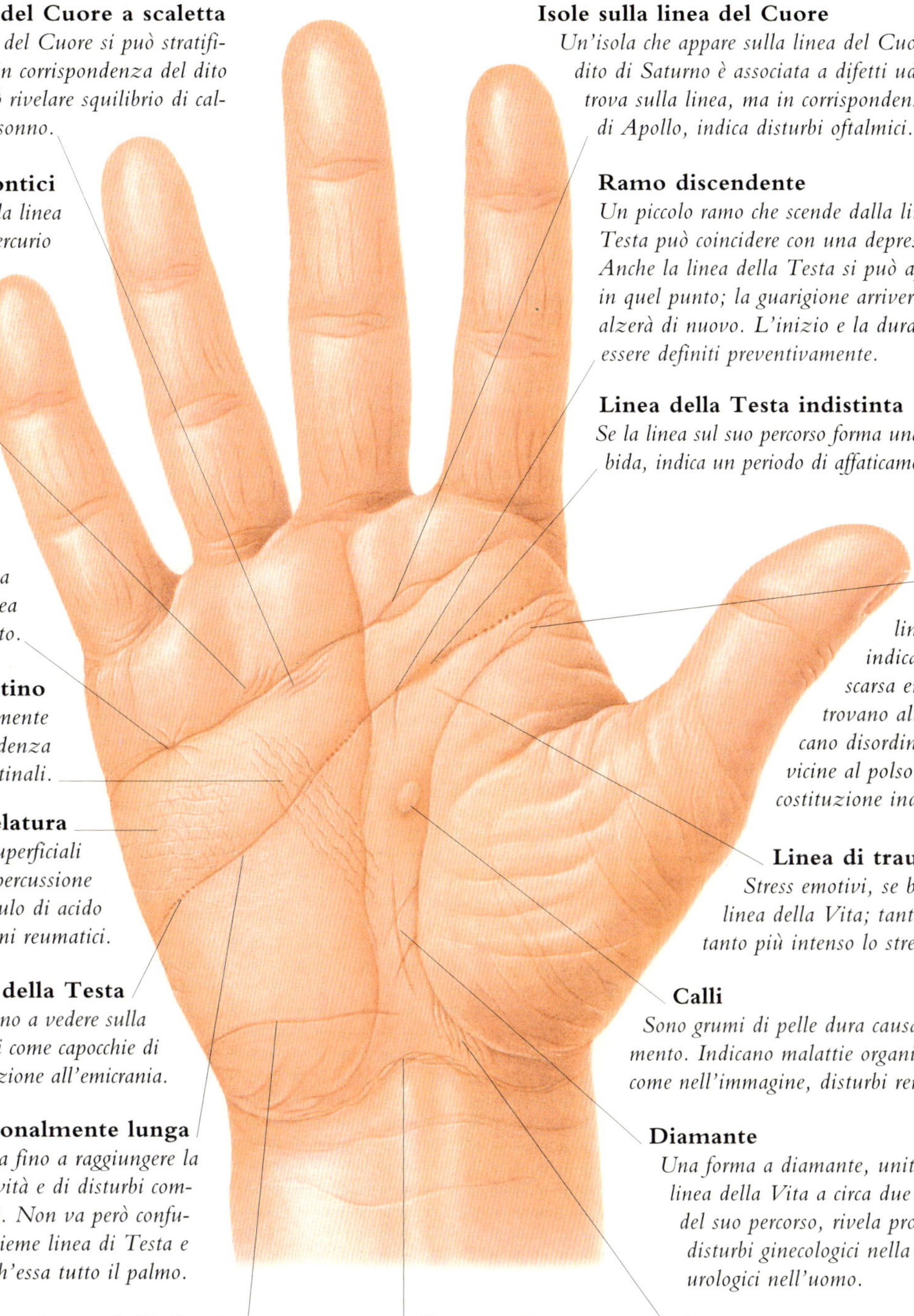

Linea del Cuore a scaletta
Talvolta un frammento della linea del Cuore si può stratificare al di sotto della linea stessa, in corrispondenza del dito di Apollo. Questa formazione può rivelare squilibrio di calcio, e conseguenti disturbi del sonno.

Segni ortodontici
Diverse linee piccole appena sopra la linea del Cuore, in corrispondenza di Mercurio e Apollo, sono associate a problemi dentali. Non vanno confuse con le stigmate del guaritore, più decise, presenti nella stessa zona.

Stella sulla linea
Una stella su una linea segnala un improvviso stress. Sulla linea del Cuore, se rafforzata da altri indizi, indica un problema cardiaco. Sulla linea della Testa segnala una ferita al capo; sulla linea della Vita una ferita o un intervento.

Linee dell'intestino
Lineette che si allungano obliquamente all'interno del palmo indicano tendenza a disturbi digestivi, gastrici o intestinali.

Velatura
Un gruppo di linee sottili e superficiali collocate trasversalmente sulla percussione viene associato ad un accumulo di acido urico che può sfociare in problemi reumatici.

Tacche sulla linea della Testa
Se tenendo distesa la mano si riescono a vedere sulla linea della Testa dei puntini grandi come capocchie di spillo si deve temere una predisposizione all'emicrania.

Linea della Testa eccezionalmente lunga
Una linea della Testa che si allunga fino a raggiungere la percussione è spesso segno di iperattività e di disturbi comportamentali, specie nei giovanissimi. Non va però confusa con la Simiana, che combina insieme linea di Testa e linea di Cuore e percorre anch'essa tutto il palmo.

Linea dell'allergia
Chiamata tradizionalmente Via lasciva, la linea che, nascendo dalla percussione attraversa orizzontalmente il monte della Luna, indica una sensibilità generale agli allergenici; come tale viene chiamata linea dell'allergia.

Isole sulla linea del Cuore
Un'isola che appare sulla linea del Cuore sotto al dito di Saturno è associata a difetti uditivi. Se si trova sulla linea, ma in corrispondenza del dito di Apollo, indica disturbi oftalmici.

Ramo discendente
Un piccolo ramo che scende dalla linea della Testa può coincidere con una depressione. Anche la linea della Testa si può approfondire in quel punto; la guarigione arriverà quando si alzerà di nuovo. L'inizio e la durata possono essere definiti preventivamente.

Linea della Testa indistinta
Se la linea sul suo percorso forma una chiazza morbida, indica un periodo di affaticamento mentale.

Isole sulla linea della Vita
Le isole sulla linea della Vita indicano periodi di scarsa energia. Se si trovano all'inizio indicano disordini respiratori; vicine al polso rivelano una costituzione indebolita.

Linea di trauma
Stress emotivi, se barre tagliano la linea della Vita; tanto più lunghe, tanto più intenso lo stress.

Calli
Sono grumi di pelle dura causati da frizionamento. Indicano malattie organiche e, collocati come nell'immagine, disturbi renali.

Diamante
Una forma a diamante, unita alla linea della Vita a circa due terzi del suo percorso, rivela probabili disturbi ginecologici nella donna o urologici nell'uomo.

Rascetta inarcata
È stato osservato che se nella mano di una donna la rascetta superiore si inarca in modo evidente essa può avere tendenza a disturbi ginecologici; in modo particolare potrebbe avere difficoltà di parto.

Frange
Se la linea della Testa o quella della Vita si sfrangiano c'è una perdita di energia. Una segnatura simile si trova più facilmente alla fine della linea.

Altre Indicazioni sulla Salute

Le mani rispecchiano la condizione del sistema cardiovascolare, quindi danno informazioni essenziali sulla costituzione generale e sulla circolazione. Un colore o una temperatura insoliti sono elementi chiave per diagnosticare diverse malattie. Anche il colore e lo stato delle unghie sono legati a particolari malattie, che possono avere cause tanto fisiche quanto psicologiche.

Le Unghie

Essendo le unghie in continua crescita, qualsiasi cambiamento nell'apporto di sangue potrà interferire con il loro sviluppo e segnarle.

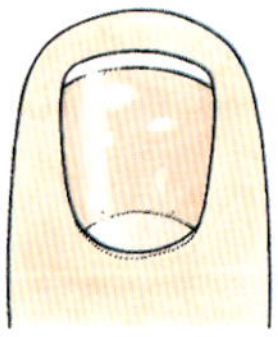

Macchioline
La diffusione di piccole macchie bianche o grige può essere motivata da periodi di stanchezza e di stress; segnalano anche segni di squilibrio del tasso di zinco nel sangue.

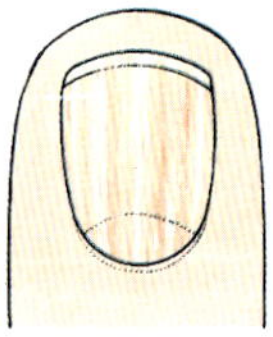

Solchi Verticali
Sono associati a problemi intestinali, come la colite, o a condizioni reumatiche e danno all'unghia un'apparenza di pesante rigatura.

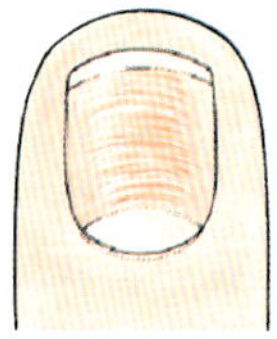

Solchi Orizzontali
Chiamati anche linee di Beau, questi solchi sono causati da traumi come una malattia, un'improvvisa diminuzione dei fattori nutritivi, uno stress emotivo.

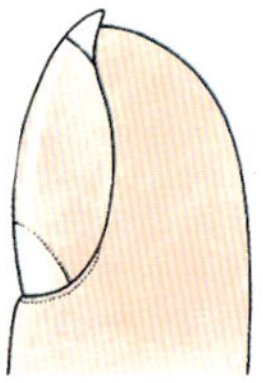

A Vetro di Orologio
Si trovano sovente nelle mani dei fumatori; dette convesse o ippocratiche, indicano problemi respiratori. Col ritorno della salute crescono di nuovo dritte.

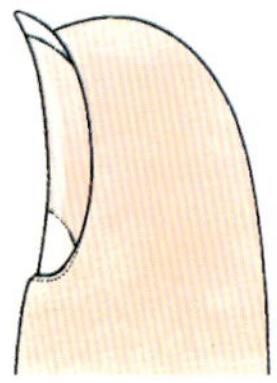

Concave
Le unghie concave sprofondano al centro, mentre la loro punta si incurva. Sono associate a deficienze nutrizionali, anemia e disturbi della tiroide.

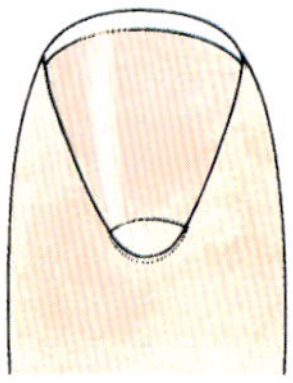

A ventaglio
Le persone provviste di unghie a ventaglio tendono a preoccuparsi eccessivamente. Lo stress prolungato può determinare questa forma, che avverte del bisogno di rilassarsi.

Il Colore e la Temperatura delle Mani

Il colore e la temperatura spesso vanno insieme, poiché determinati dalla circolazione. È importante considerare la temperatura ambientale e l'attività svolta. È giusto avere mani calde dopo una lezione di ginnastica aerobica, non dopo essere stati seduti.

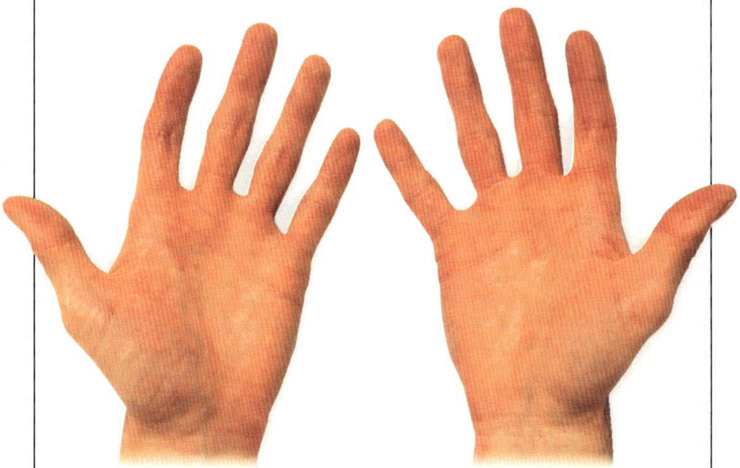

Mani Molto Rosse
Mani rosse e calde sono associate a condizioni febbrili, elevamento di pressione, disturbi reumatici. Le mani rosse rivelano un temperamento irascibile e la tradizione le collega alla disposizione collerica. Fisiologicamente rivelano disturbi ghiandolari, epatici, o periferici come la gotta.
Nella mano di una donna il colore può essere un indicatore precoce di gravidanza.

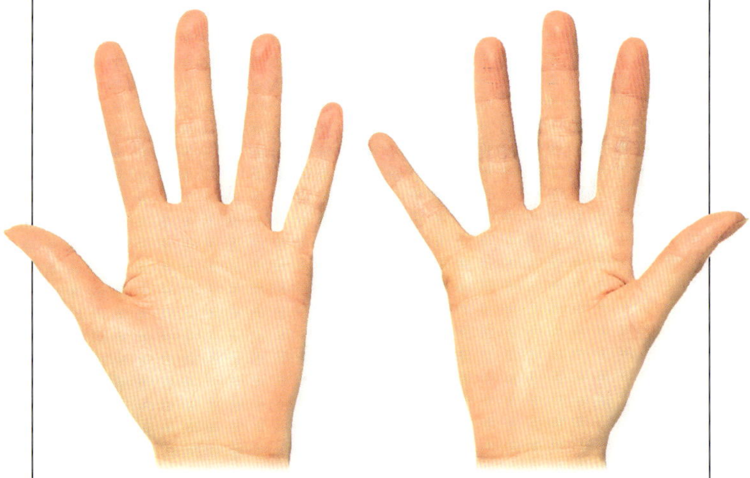

Mani Molto Pallide
Mani molto pallide e fredde sono associate alla condizione anemica. Una temporanea carenza di ferro dopo le mestruazioni si può riscontrare nelle linee principali, che diventano bianche quando si tende la mano. Il pallore è spesso accompagnato da irrequietezza; talvolta lo stress può togliere il colore alle mani o farle diventare blu. Una coloritura bluastra della pelle o delle unghie, cianosi, va analizzata perché denota problemi circolatori o respiratori.

Massaggio della Mano

Al giorno d'oggi il massaggio è ampiamente accettato come terapia utile per alleviare il dolore, procurare benessere, attivare o calmare le reazioni corporee. Combinando i principi basilari delle terapie riflessologiche e dello shiatsu, il massaggio della mano può aiutarvi a mantenere tonico il sistema circolatorio.

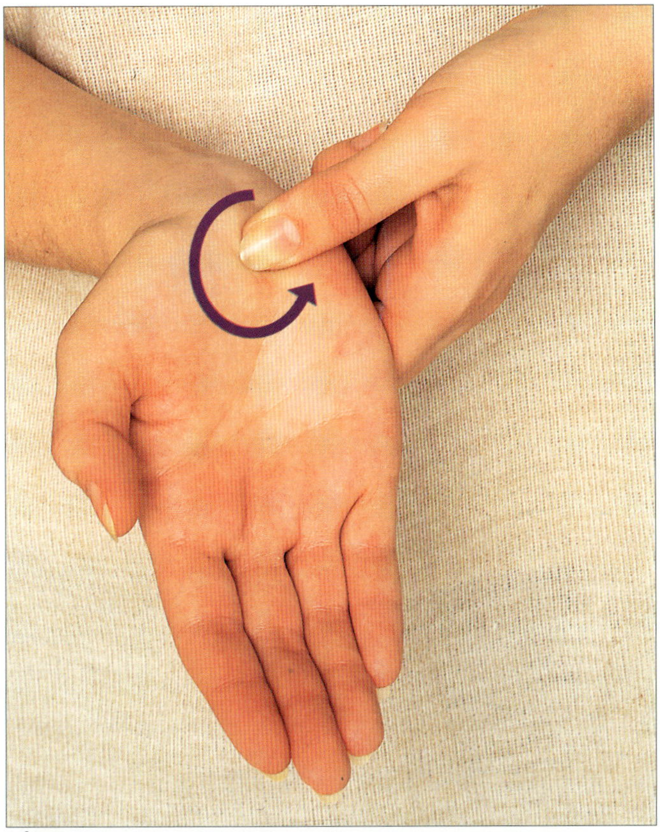

1 Quando massaggiate le mani usate una pressione ferma. Premendo si stimola la circolazione, accarezzando la si rilassa. I movimenti vanno fatti sempre verso il cuore. Cominciate lavorando su una mano; premete con la punta del pollice la base della mano e con movimenti circolari percorretela tutta. Si rilassano così muscoli e legamenti.

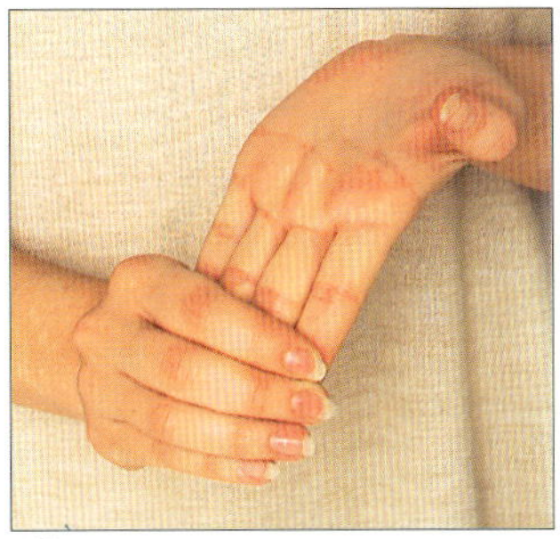

2 Afferrate saldamente le dita e spingetele verso il basso finché sentite il polso tendersi. Se soffrite di reumatismi non forzate i legamenti.

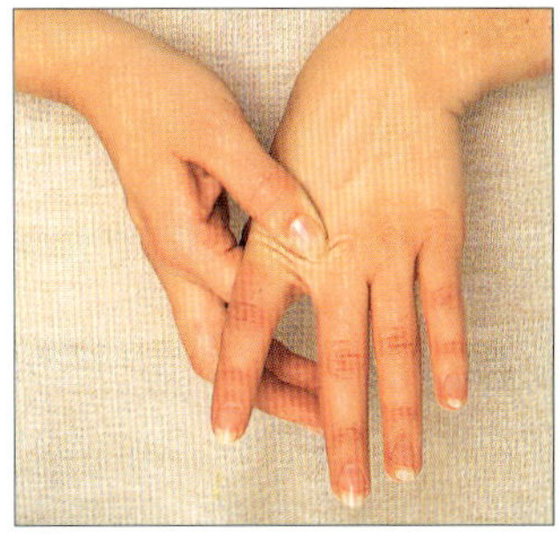

3 Fate scivolare la punta del pollice tra i tendini sul dorso della mano. Spingete con fermezza mentre vi muovete dalla cartilagine tra le dita fino al polso.

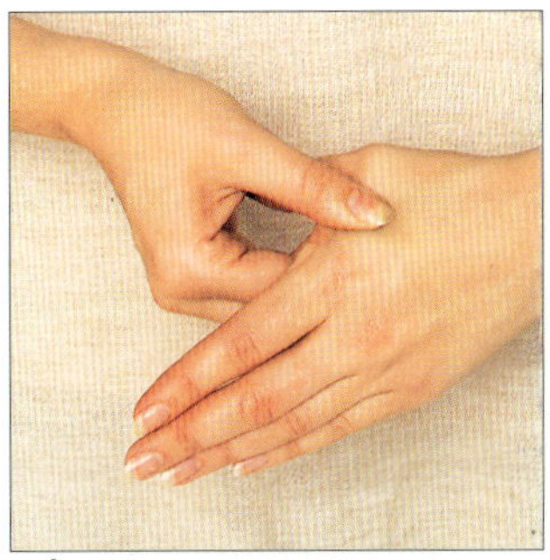

4 Pizzicate e sfregate le cartilagini che si trovano tra le dita, usando attenzione per quella che si trova tra il pollice e Giove. Questa azione aiuta a disperdere le tossine.

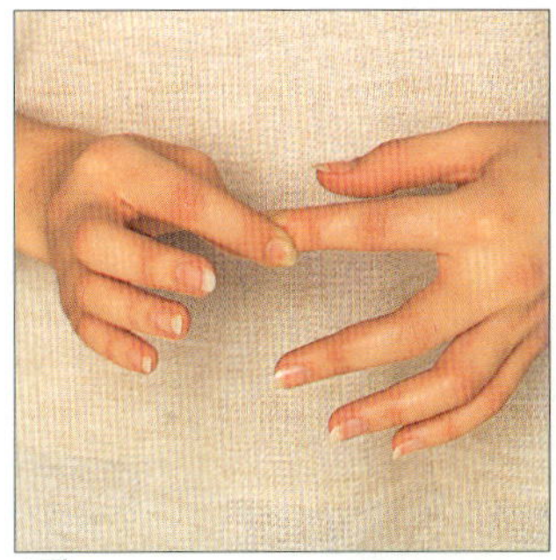

5 Con movimenti circolari pizzicate e sfregate la punta di ogni dito, incluso il pollice, prima da un lato all'altro e poi sia davanti che dietro.

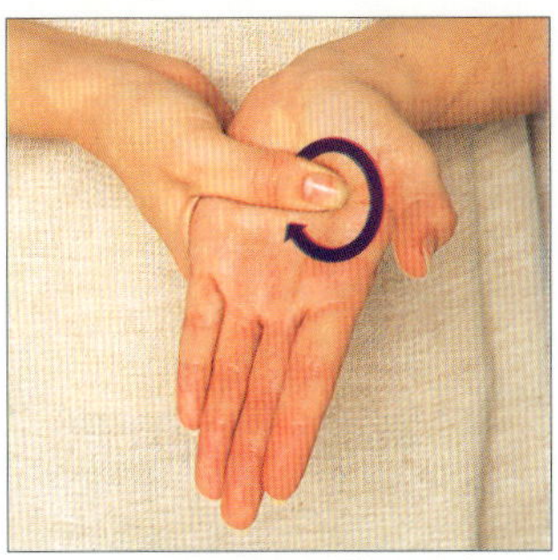

6 Appoggiando il palmo di una mano sulle dita dell'altra, prendete a massaggiare il palmo attraversandolo da un lato all'altro con il pollice.

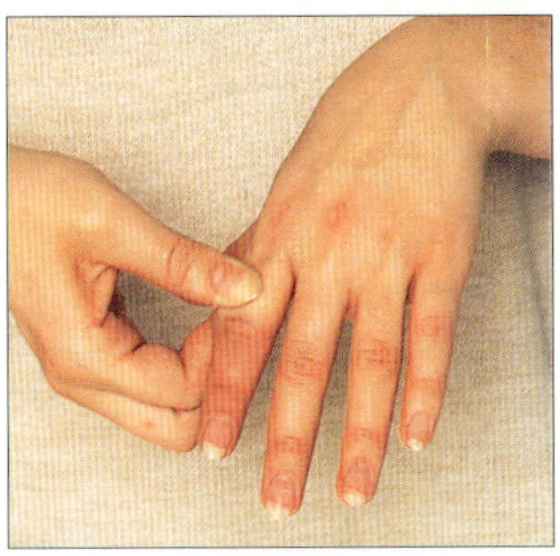

7 Con lo stesso movimento massaggiate ogni dito lavorando dalla punta in giù, prima il palmo e poi il dorso. Ricordate di massaggiare anche il pollice stesso.

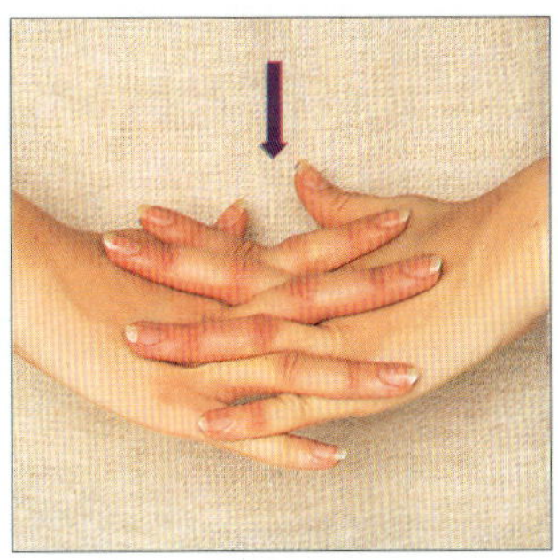

8 Quando avete terminato la sequenza su entrambe le mani intrecciate le dita stirando le mani una contro l'altra e sentendo la tensione alla base delle dita.

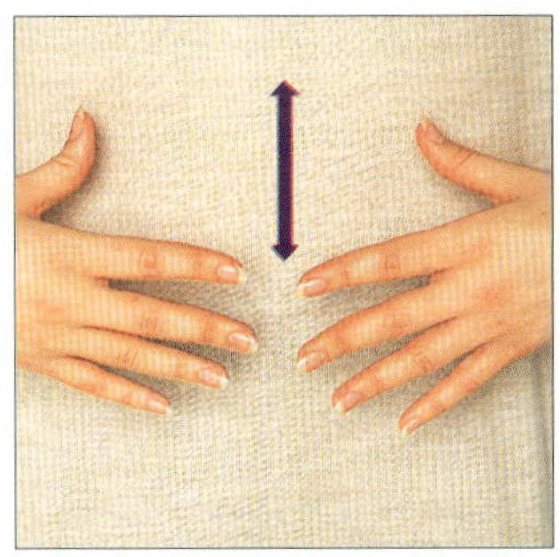

9 Infine sfregate le mani insieme, allungate e flettete le dita come se gettaste una palla, poi scuotetele vigorosamente fino ad avvertire un formicolio.

Denaro e Fortuna

Denaro e fortuna di solito vengono collegati l'uno all'altra; nell'analisi della mano, invece, vanno considerati separatamente. È essenzialmente la costruzione delle mani a rivelare il nostro atteggiamento rispetto alla ricchezza; ad esempio, mani ricche di cuscinetti appartengono alle persone che sono pronte a lavorare duramente, mentre mani morbide rivelano un atteggiamento pigro, proprio di chi ama la vita comoda ma non lavorare sodo per procurarsela. I segni di fortuna sono molto più specifici, e vanno individuati nel palmo.

Le Quattro Tipologie

Ognuna delle quattro categorie risponde alla acquisizione e all'accumulo del denaro in modo differente. Le linee e le segnature illustrano la situazione finanziaria nel corso della vita, mentre la forma delle mani rivela l'atteggiamento personale nei confronti del denaro e come si intendono gestire le finanze.

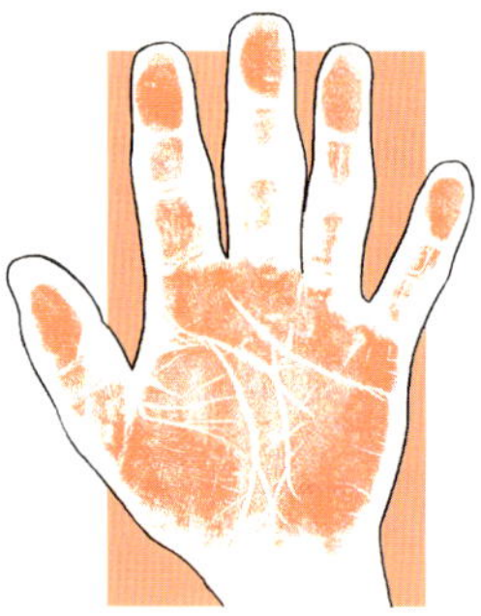

La Mano di Terra
Coloro che possiedono questo tipo di mano sono cauti e prudenti, tendono ad accumulare il denaro lentamente, costantemente e attraverso il duro lavoro, mettendo da parte fino a costruirsi un nido sicuro.

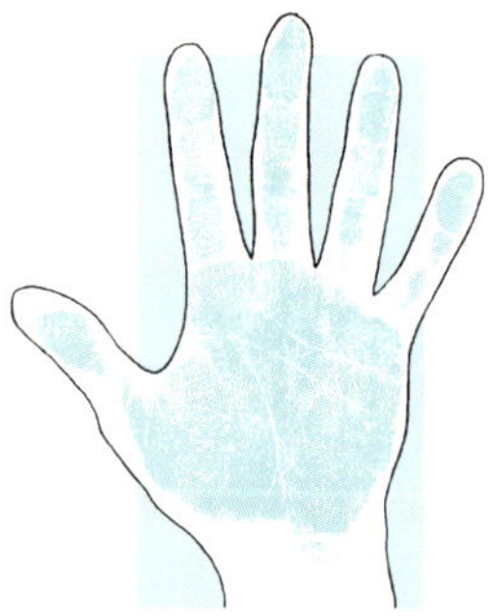

La Mano d'Aria
Le persone con questa mano hanno il senso del commercio e sono spesso a conoscenza dello stato corrente dei mercati finanziari. Muovono felicemente il loro denaro approfittando di ogni possibilità di investimento.

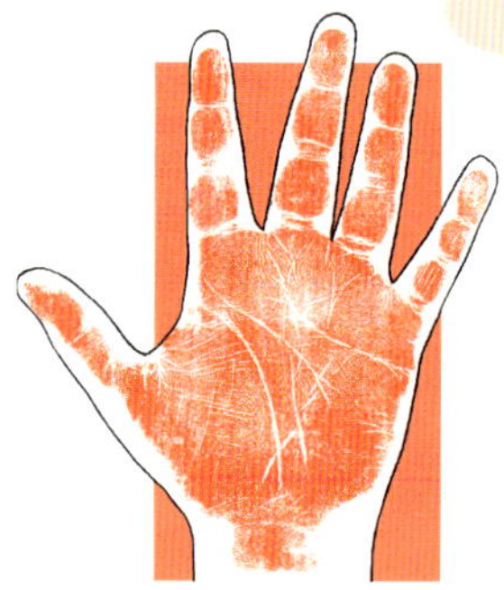

La Mano di Fuoco
Le mani di fuoco tendono ad acquisire denaro attraverso l'intuito o la fortuna, tuttavia capita che le loro entrate siano incostanti. Non essendo poi conservatori sono proclivi a speculare e ad investire i loro capitali in varie direzioni.

La Mano d'Acqua
Le mani d'acqua non sono nè materialiste nè orientate agli affari e né agli investimenti. Preferiscono arricchire le proprie anime piuttosto che i relativi estratti conto. Tuttavia i loro talenti creativi possono renderli molto ricchi.

I Segni di "Colui che Rischia"

La descrizione del prodigo come di colui al quale il denaro scivola tra le dita è supportata dall'analisi chirologica. Le dita rivelano molte informazioni sul maneggio del denaro. Un dito di Giove dritto, ad esempio, indica integrità e buon senso; piegato verso il pollice amore per l'avventura (chi lo possiede può trovare piacere nel giocare in borsa). Giove piegato verso Saturno suggerisce una natura più cauta, e se le due dita vengono tenute vicine il proprietario non rischierà mai il proprio capitale. Saturno corto mostra una certa irresponsabilità nelle questioni finanziarie e inaffidabilità.

La Mano del Giocatore
Un dito di Apollo lungo, specie se più lungo di Saturno, è il distintivo del giocatore. Altri elementi presenti nella mano dimostrano se i rischi vengono calcolati o meno. Questa mano rivela un giocatore incallito.

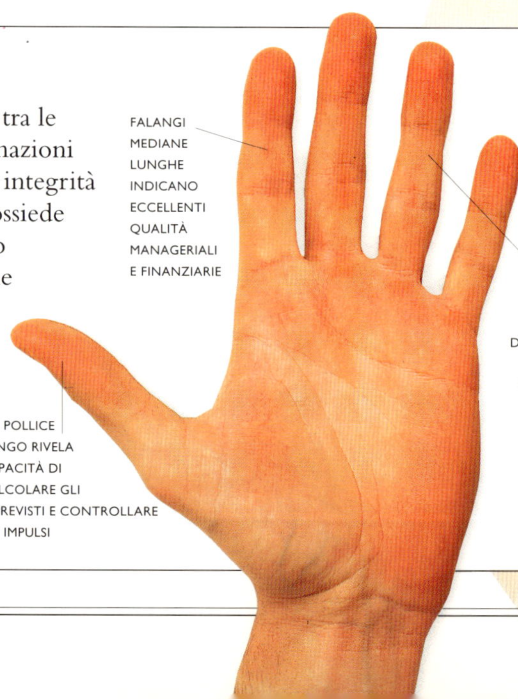

La Fortuna nella Mano

Fra tutte le linee e le segnature che rappresentano il successo, la stella è quella che indica in modo più evidente la fortuna, ma soltanto – e questo è molto importante – quando si trova sui monti di Giove, Apollo o Mercurio, in cima alla linea del Destino o in un qualsiasi punto lungo la linea di Apollo.

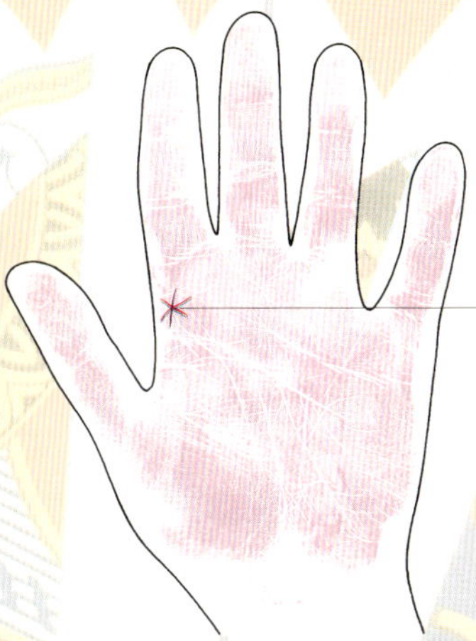

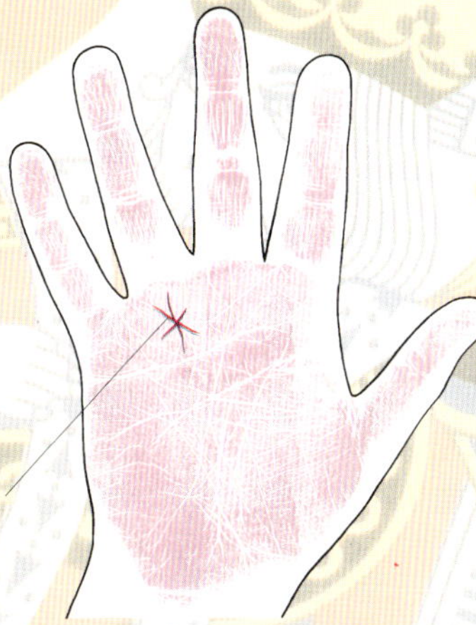

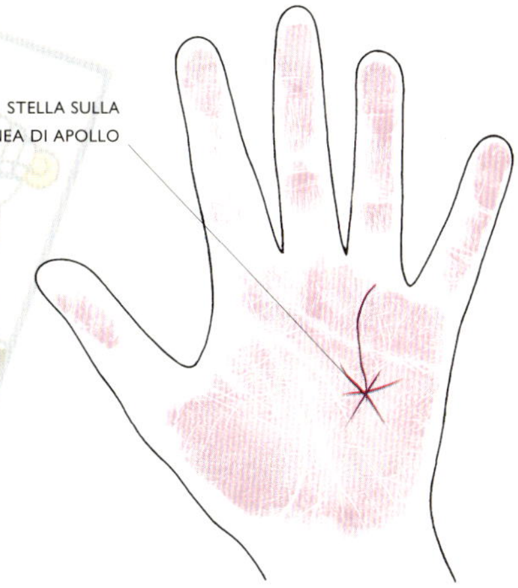

Stella sul Monte di Giove

Questa è una delle posizioni più favorevoli in cui trovare una stella sul Monte di Giove, perché sottolinea successo accompagnato da incremento finanziario. Questa persona, baciata dalla fortuna, contrasse un buon matrimonio e raggiunse anche una posizione di prestigio nella vita.

Stella sul Monte di Apollo

Una stella isolata collocata sul monte di Apollo rivela talenti straordinari che porteranno molto probabilmente fama e fortuna. Si ritiene che la stella in questa posizione sia segno di una creatività eccezionalmente brillante. In questo caso il proprietario è un attore famoso.

Stella sulla Linea di Apollo

Una stella isolata rappresenta talenti che conducono al successo, e una stella attaccata alla linea di Apollo indica con precisione un evento specifico di fortuna. Qui la stella predice una vincita alla lotteria, e la crescita della linea rivela la conseguente felicità.

Auspici e Avvertimenti

Le linee delle mani definiscono i successi e i fallimenti in campo finanziario, i momenti di fortuna e sfortuna. La linea della Vita mostra se possediamo forza e vitalità sufficienti per realizzare le nostre ambizioni, mentre la linea della Testa rivela le capacità relative agli affari e al talento per fare denaro. La linea di Apollo e la linea del Destino delineano il nostro cammino suggerendoci quando potremo aspettarci un aumento di stipendio, un'eredità o una vincita. Queste linee possono anche avvertirci di eventi negativi; ad esempio quando, per la cattiva fortuna o un giudizio errato, si andrà incontro a rovesci. Possiamo usare questi presagi per organizzarci e proteggerci dai problemi finanziari.

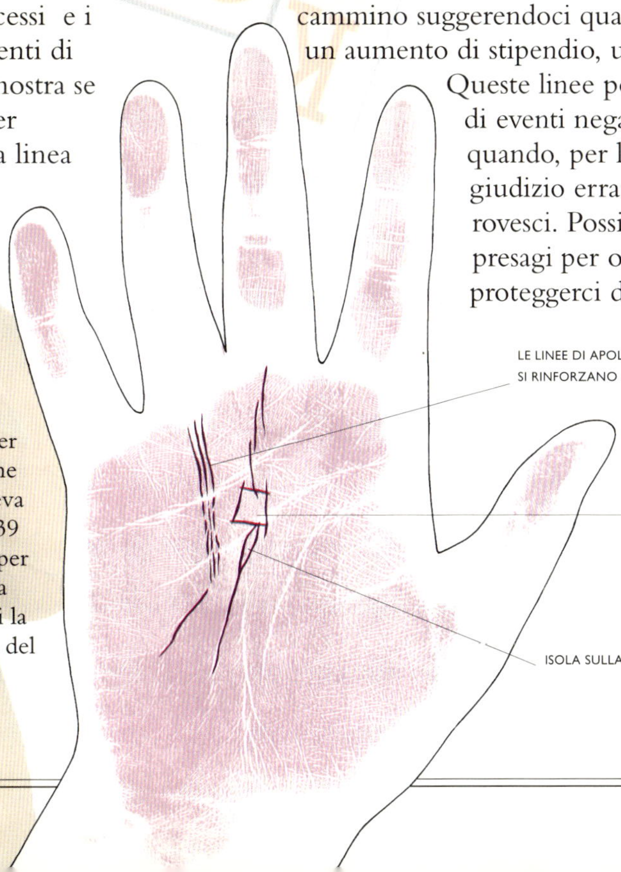

Un esempio

Se questa donna avesse consultato le proprie mani prima di chiedere un prestito alla banca per ampliare l'attività di catering, avrebbe notato che una grande isola sulla linea del Destino la metteva in guardia rispetto ad alcuni brutti ostacoli. A 39 anni la sua attività fallì, lasciandola in difficoltà per otto anni. A 47 anni un grande quadrato mostra che, con duro lavoro, riuscì a rimettere in piedi la sua attività. La nuova e forte sezione della linea del Destino e il rafforzamento delle linee di Apollo sopra la linea del Cuore confermano che verso i 54 anni era capo di una società di successo.

VIAGGI E SPOSTAMENTI

VIAGGIARE AMPLIA LE MENTI; così si suol dire, e noi aggiungiamo che i viaggi lasciano il loro segno sulle mani; infatti, se rimangono impressi per sempre nella memoria, ne permane anche una corrispondente impressione nel palmo.

Ogni spostamento, dal trasloco al lungo viaggio, lascia un segno, e a seconda del genere verrà segnalato in zone diverse della mano.

I viaggi di scoperta, ad esempio, sono indicati da linee che attraversano la percussione, mentre i trasferimenti sono segnalati da rami che nascono dalla linea della Vita.

LE QUATTRO TIPOLOGIE DELLA MANO

PARE CHE ALCUNE PERSONE SIANO NATE col desiderio di spostarsi, e che diventino inquiete se restano per qualche tempo nello stesso luogo, mentre altre sono felici di rimanere in luoghi ad esse familiari. Sebbene le linee individuino gli schemi di viaggio e spostamento, è la forma della mano a rivelare l'atteggiamento.

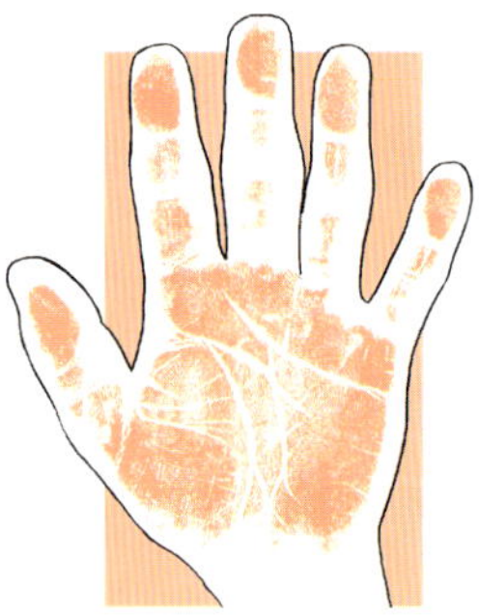

LA MANO DI TERRA

Le persone dalla mano di terra amano la routine e tendono a tornare nei luoghi conosciuti. Sono felici quando possono curare le loro piante, ma quando si trovano in vacanza amano stare all'aperto e preferiscono la campagna alla città.

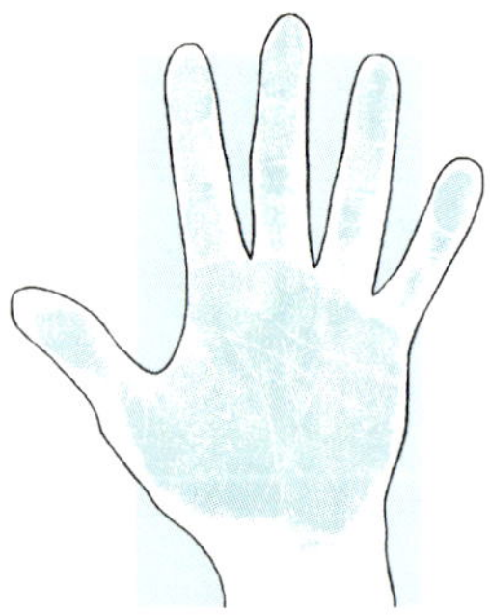

LA MANO D'ARIA

Queste mani hanno bisogno di variare e amano comunicare con gli altri. Provano immensa soddisfazione e stimolazione nel visitare paesi stranieri. Il mondo del turismo è abitato in gran numero da individui che appartengono a questo gruppo.

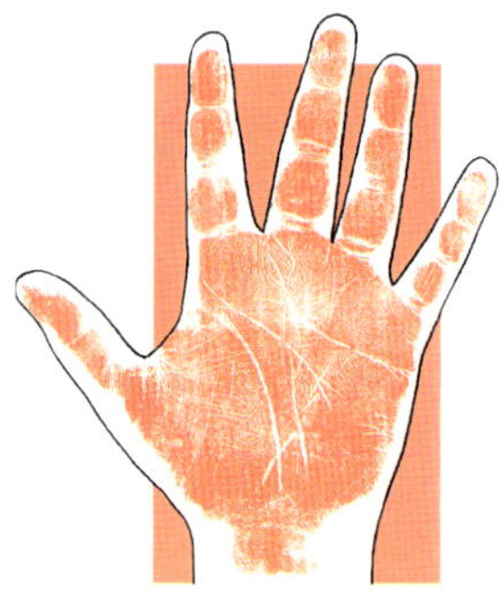

LA MANO DI FUOCO

La possiedono i grandi avventurieri che partono con spirito infantile, rallegrandosi al pensiero di territori inesplorati e dei piaceri racchiusi nelle tradizioni e nelle culture ignote cui si troveranno di fronte.

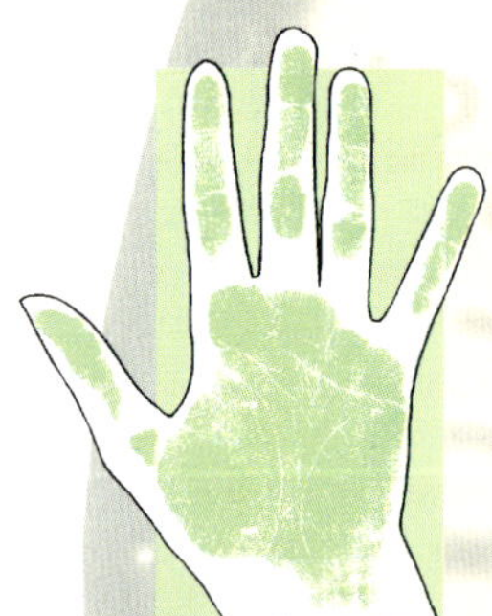

LA MANO D'ACQUA

Queste persone nei loro viaggi cercano la comunione; amano eventi culturali, festival musicali e luoghi antichi o storici. Sono attratte dai luoghi mistici e spirituali, dai templi di pace e dai luoghi che possiedono una carica spirituale.

UN ESEMPIO

ROBIN HANBURY-TENISON ha partecipato a più di venti spedizioni importanti viaggiando a lungo in tutto il mondo. Ha attraversato il Sahara sul dorso di un cammello, percorso a cavallo la Grande Muraglia cinese, vissuto tra le tribù dell'Amazzonia e studiato le foreste pluviali di Sarawak nel Borneo. La sua mano contiene tutti i segni che indicano l'esploratore di successo: forte ambizione nel pollice lungo e nell'ampio dito di Giove, coraggio nel vasto monte di Marte positivo, spirito indomito nell'ampio monte di Venere, ampiezza di vedute nella percussione ben sviluppata e nel monte della Luna collocato in basso. Non ultime le numerose linee di viaggio, collocate lungo la percussione.

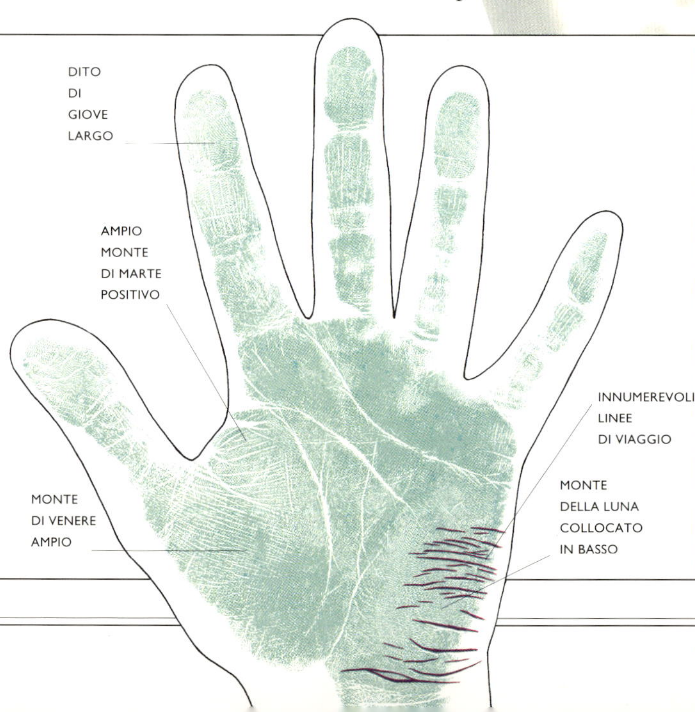

TRASFERIMENTI

SIA CHE VI TRASFERIATE DA SOLI o con la famiglia, che lo spostamento sia di qualche centinaio di metri o si tratti di un nuovo inizio in un paese lontano in cui non conoscete nessuno, ognuno di questi precisi fatti costituisce una pietra miliare e trova spazio nelle vostre mani, per quanto sarà il genere di spostamento a determinare il modo in cui questo si manifesta.

TRASLOCARE

La compravendita di proprietà è spesso segnalata da un ramo che nasce dalla linea della Vita e si dirige verso il monte di Saturno; è la sua giusta direzione, poiché quest'area è associata alla casa e alla sicurezza. Lo spostamento può anche essere confermato da un cambiamento di direzione della linea del Destino. Entrambe queste linee possono essere datate (*vedi pagine 58 e 75*).

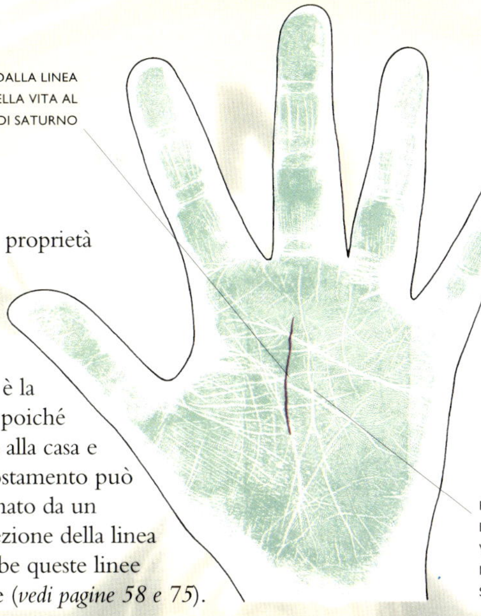

TRASFERIRSI ALL'ESTERO

Il monte della Luna è associato al trasferimento, si tratti di un viaggio o di uno spostamento vero e proprio. Le condizioni di salute spinsero questa donna a trasferirsi in un clima più caldo. L'emigrazione dall'Inghilterra all'America è indicata nel ramo che va dalla linea della Vita verso il monte della Luna.

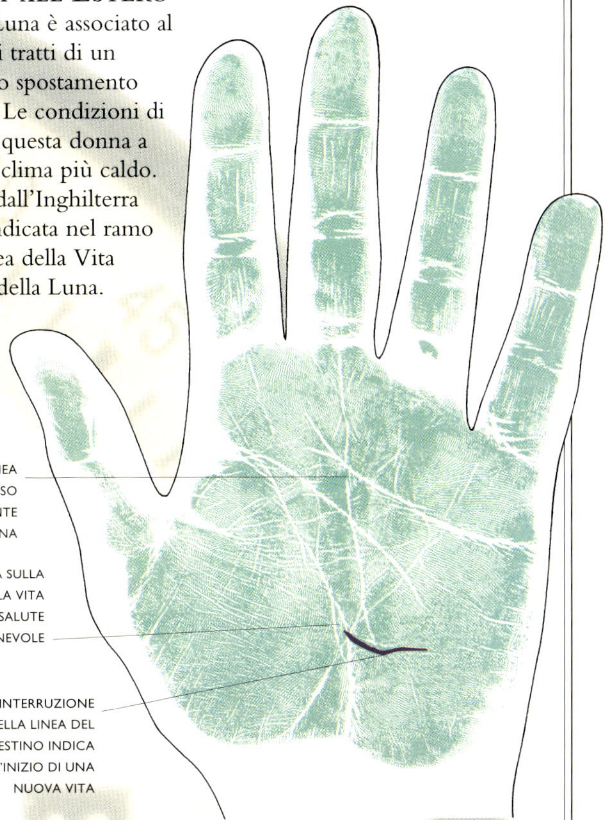

PROBLEMI IN VIAGGIO

COSÌ COME LA PRESENZA di isole o stelle sulle linee principali mette in guardia su problemi che possono presentarsi negli aspetti della vita che la linea rappresenta, segnature negative sulle linee dei viaggi che attraversano la percussione del monte della Luna avvertono di possibili fastidi nel viaggio.

ISOLA SULLA LINEA DEI VIAGGI

Un'isola su una linea dei viaggi avverte che il viaggio non avrà il risultato desiderato. Il genere di eventi che un'isola può rappresentare sono, ad esempio, trovarsi in difficoltà all'estero o venire derubati in vacanza. Nella mano di questa donna la segnatura indica la delusione provata perché, trasferitasi in un'altra città, si trovò isolata.

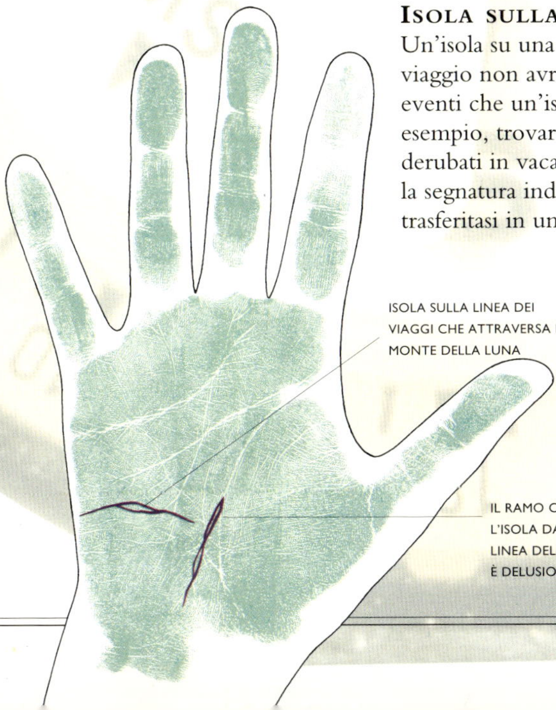

STELLA SULLA LINEA DEI VIAGGI

Una stella sulla linea dei viaggi avvisa di un possibile pericolo durante un viaggio. Nella mano di quest'uomo la segnatura è ben visibile, e rappresenta un'esperienza traumatica. Mentre frenava in prossimità di un semaforo fu rapinato da un uomo armato, che lo costrinse a girare per tutto il paese prima di mettersi in fuga.

PENSIONAMENTO

ALCUNE PERSONE CONSIDERANO il pensionamento un periodo d'oro, che consente di fare tutto quello che una vita piena di impegni impedisce. Altri temono il momento in cui dovranno lasciare il lavoro, perdendo le entrate, la compagnia degli altri, un'identità e una collocazione sociale. Qualsiasi strada intraprendiate, un felice pensionamento necessita di un'attenta programmazione che deve prevedere con anticipo riserve finanziarie e un impiego del tempo. Aiutatevi con l'analisi della mano.

LE QUATTRO TIPOLOGIE DELLA MANO

LE QUATTRO FORME BASE delle mani offrono un quadro generale di come ogni individuo si accosta alla vita. Indica il modo in cui verrà probabilmente considerata la prospettiva del pensionamento. La forma della mano rivela anche come verrà affrontata la sfida costituita da questo nuovo stadio di vita.

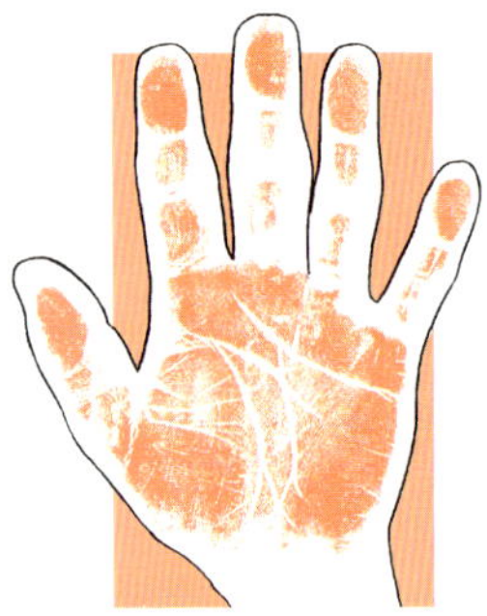

LA MANO DI TERRA
Considerano difficile questo periodo. Trascorrono la vita lavorando secondo schemi, e sono sconcertati dal cambiamento di routine. Riusciranno però a godere del tempo che trascorreranno all'aria aperta.

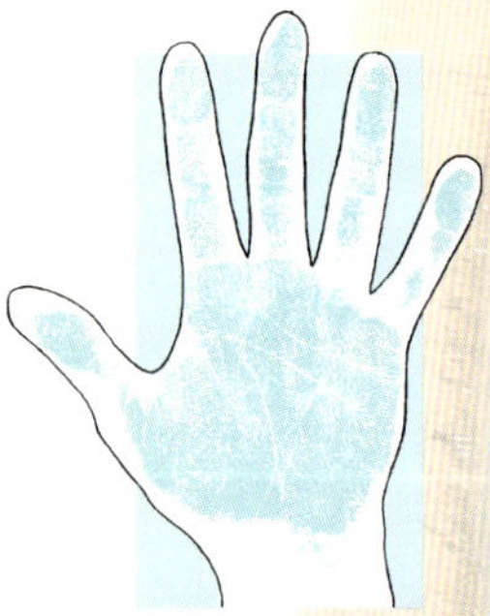

LA MANO D'ARIA
In pensione, provano nostalgia per l'ambiente lavorativo e per la mancata opportunità di scambiare con i colleghi le ultime notizie. Mantenere contatti e intraprendere corsi di studio potrà dare loro piacere e conforto.

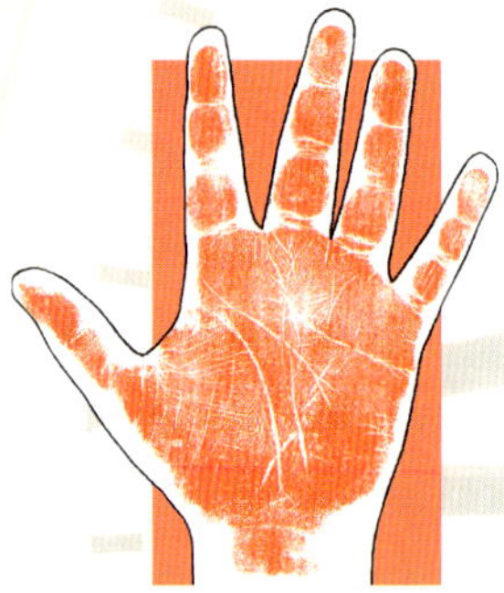

LA MANO DI FUOCO
Nel pensionamento essi perdono la loro rete di amicizie, per loro importanti. Attratti dal gruppo, troveranno soddisfazione frequentando i club, lavorando per la comunità o nel volontariato.

LA MANO D'ACQUA
Il pensionamento è per loro positivo. Si sentono liberati dall'ossessione del lavoro quotidiano e riempiono i loro giorni con l'arte, la musica, leggendo o scrivendo poesie e sviluppando in genere le loro capacità creative.

UN NUOVO INIZIO

UNA COSA ALLA QUALE non è possibile sfuggire negli anni del pensionamento è il lutto. Eticamente sarebbe meglio astenersi dal predire alle persone il loro anno di morte; si può invece individuare dell'ansietà a proposito della condizione di salute di una persona cara. Nella mano di questa donna una linea nasce sulla zona alta della percussione e poi scende fino a incontrare una grande isola sulla linea del Destino. Questo indica un periodo difficile della sua vita in cui il marito si ammalò e morì. L'interruzione successiva della linea del Destino e lo sviluppo, cinque anni dopo, di una nuova sezione più forte rappresenta un nuovo inizio. Infatti, nello stesso momento in cui si sviluppa la linea del Destino, la linea di Apollo si rafforza suggerendo un nuovo amore.

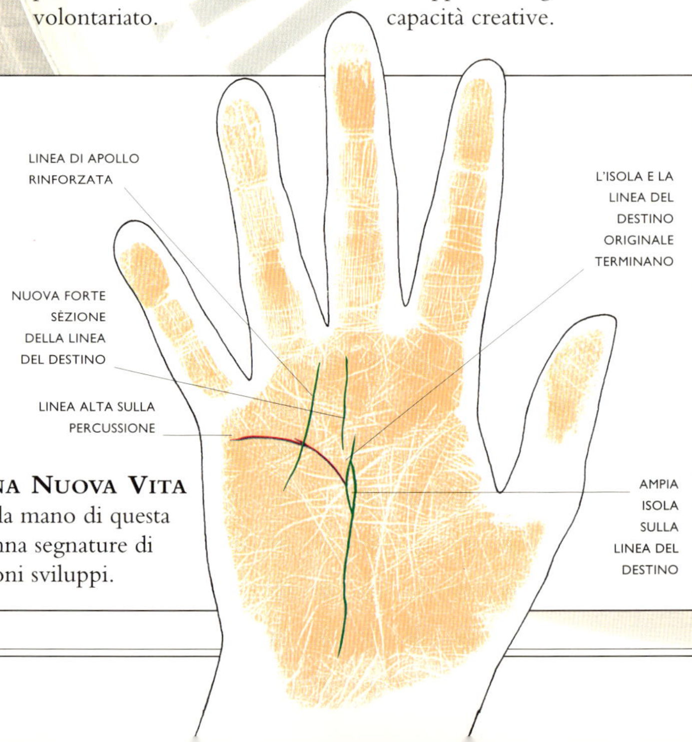

UNA NUOVA VITA
Sulla mano di questa donna segnature di buoni sviluppi.

IL PENSIONAMENTO NELLE LINEE

LA QUALITÀ DEGLI ANNI DEL PENSIONAMENTO è rappresentata dalle sezioni superiori delle linee di Apollo e del Destino e dalla fine della linea della Vita. Sono possibili indicazioni per quando prevedere il cambiamento, vigilare sulla salute o sulle finanze, iniziare nuovi progetti o sottolineare gli aspetti arricchenti.

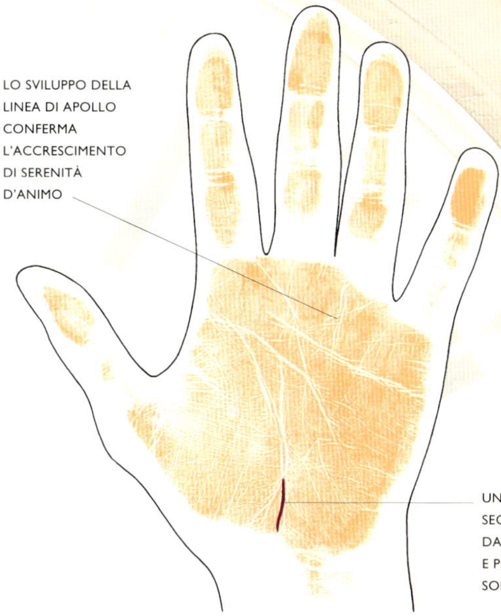

FINE DELLA LINEA DEL DESTINO

Nel periodo del pensionamento appaiono cambiamenti nella linea del Destino che rappresentano il passaggio dalla vita pubblica alla vita privata. La linea può interrompersi nettamente, come si vede qui. In alternativa, la frattura può sovrapporsi o cambiare direzione. I rami o i multipli della linea suggeriscono espansione di interesse. Le isole indicano problemi finanziari o insoddisfazione.

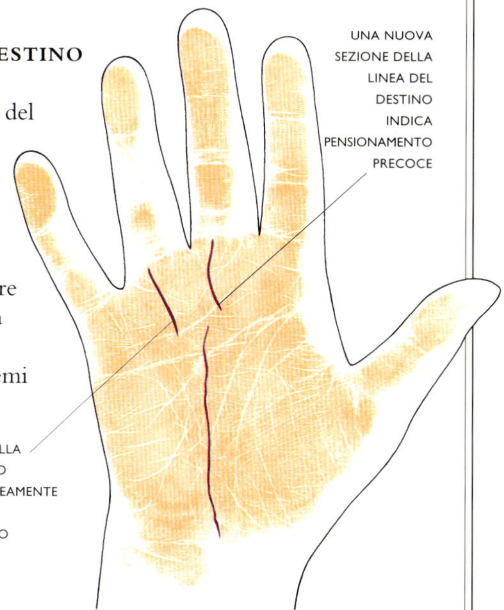

FINE DELLA LINEA DELLA VITA

Gli ultimi due quinti della linea della Vita corrispondono agli anni della pensione. Se l'area è intatta è probabile una certa vitalità. Le isole suggeriscono cattiva salute; rami che si allargano dalla linea del Destino rappresentano viaggi. In questa mano un nuovo ramo si stacca dalla linea della Vita debole, dimostrando una migliore qualità della vita.

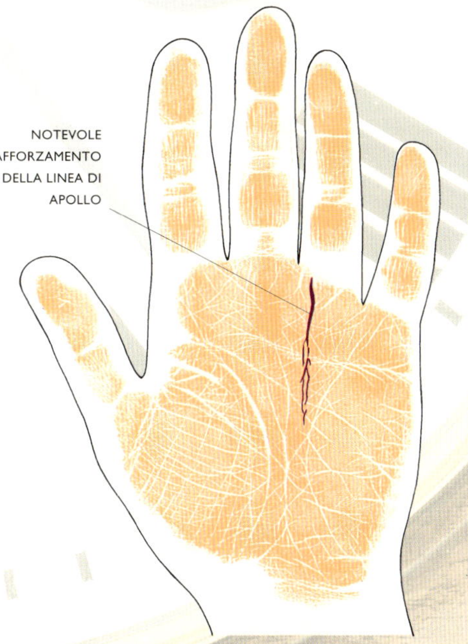

LINEA DI APOLLO SOPRA LA LINEA DEL CUORE

La linea di Apollo in molte mani si presenta solo al di sopra della linea del Cuore, quale presagio di una vecchiaia serena, specie se è forte e ben formata. Tre linee parallele, come in questa mano, sono interpretabili come indicatori di questioni finanziarie. Sebbene questa segnatura non implichi ricchezze inimmaginabili, suggerisce che ci sarà denaro a sufficienza per continuare.

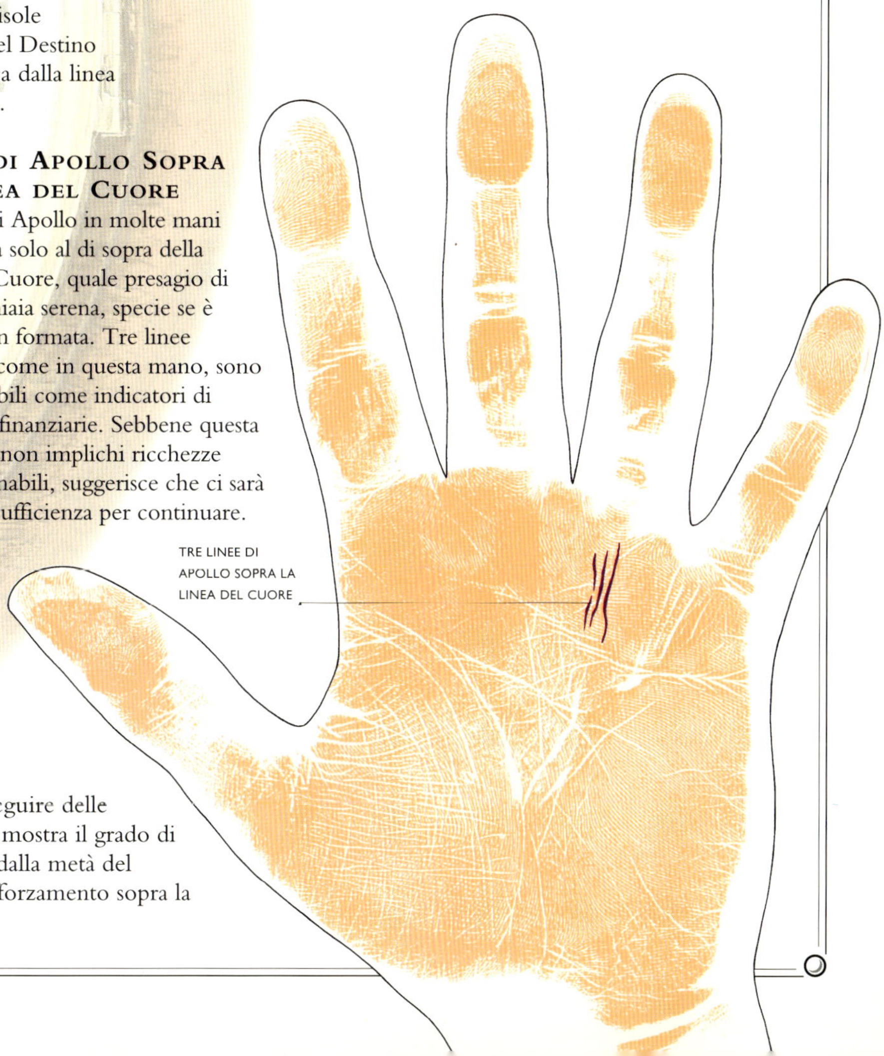

FINE DELLA LINEA DI APOLLO

Il pensionamento è il periodo di tempo in cui possiamo perseguire delle mete; la linea di Apollo, che rappresenta la felicità personale, mostra il grado di soddisfazione raggiunta. In questo caso la linea si frammenta dalla metà del palmo in su rivelando problemi tra i 30 e i 40 anni. Il suo rafforzamento sopra la linea del Cuore mostra serenità negli anni successivi.

Crescita e Cambiamento

L'analisi della mano consente, oltre che di raccogliere informazioni sul carattere, la personalità, il potenziale, i talenti e l'eredità genetica, di controllare anche lo sviluppo e il progresso della nostra vita, dandoci un quadro chiaro di quanto può accadere a noi e ai nostri cari. È molto importante ricordare che le linee si modificano e che le segnature rappresentano delle possibilità e non delle assolute certezze.

Le mani offrono indicazioni sulle direzioni future e avvisano di possibili problematiche. Siccome la nostra volontà è libera, interpretando tali segni siamo in grado di agire per evitare le problematiche che si potrebbero presentare nel futuro.

Sviluppo delle Linee

La forma delle mani, le linee e le segnature mutano e crescono insieme a noi. La nostra decisionalità, la cultura, le influenze, i cambiamenti di atteggiamento, l'ambiente, lo stile di vita, la dieta sono tutti elementi che possono influenzare il corso della vita e, di conseguenza, lo sviluppo delle linee.

All'Età di Sei Mesi

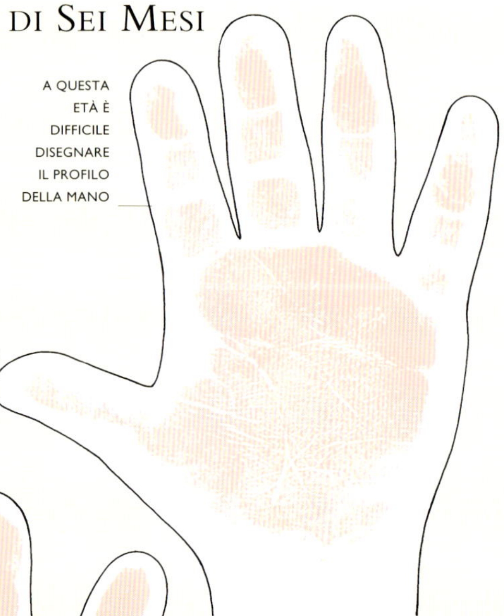

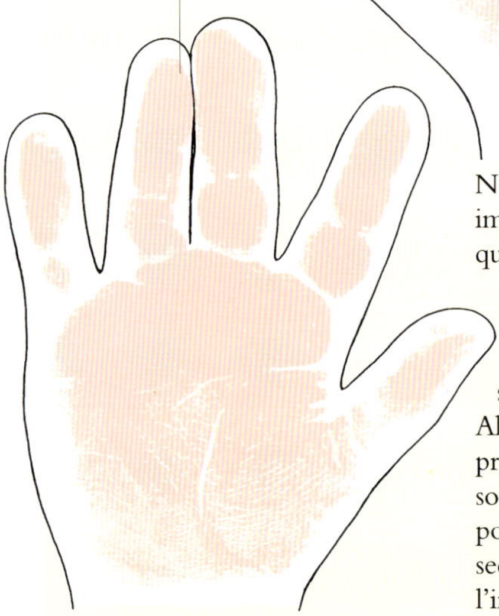

Nella mano dei neonati sono impresse le linee principali: quelle della Vita, del Cuore e della Testa. Alcuni hanno la linea del Destino e di Apollo, mentre altri le sviluppano nella crescita. All'età di sei mesi le linee principali di questo bimbo sono ben definite, ed è possibile vedere anche linee secondarie. Prendere l'impronta di un bambino è interessante anche per avere una mappa del suo sviluppo fisico.

All'Età di Quattro Anni

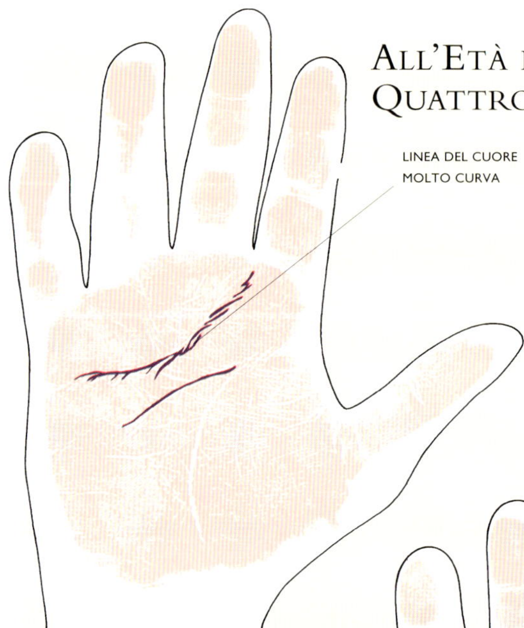

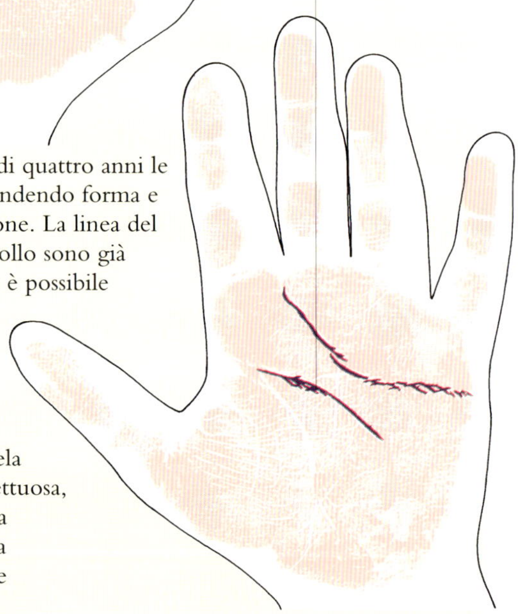

In un bambino di quattro anni le mani stanno prendendo forma e le linee definizione. La linea del Destino e di Apollo sono già ben segnate; ora è possibile valutare il suo carattere e la sua visione della vita. Una linea del Cuore molto curva rivela disposizione affettuosa, mentre una linea della Testa curva indica potenziale creativo.

All'Età di Cinque Anni

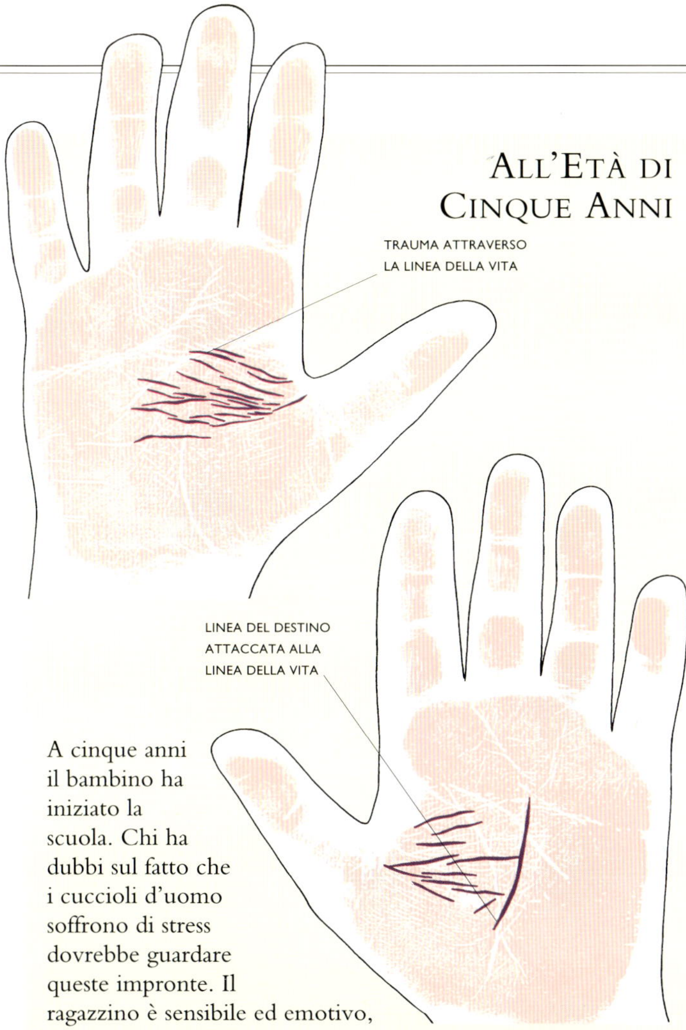

A cinque anni il bambino ha iniziato la scuola. Chi ha dubbi sul fatto che i cuccioli d'uomo soffrono di stress dovrebbe guardare queste impronte. Il ragazzino è sensibile ed emotivo, e la sua linea del Destino che nasce dalla linea della Vita mostra un grande attaccamento alla famiglia. La separazione dai genitori è dolorosa, e l'insieme di linee-trauma che attraversa la linea della Vita, persino in questa età rivela l'intensa ansietà.

All'Età di 11 Anni

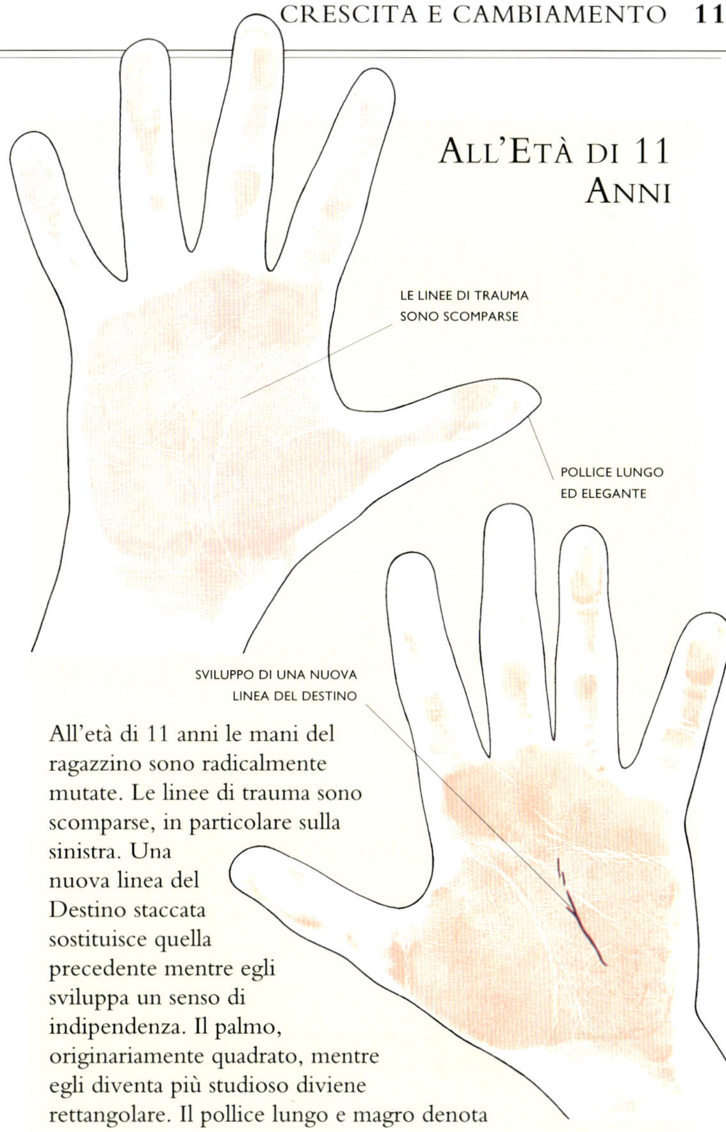

All'età di 11 anni le mani del ragazzino sono radicalmente mutate. Le linee di trauma sono scomparse, in particolare sulla sinistra. Una nuova linea del Destino staccata sostituisce quella precedente mentre egli sviluppa un senso di indipendenza. Il palmo, originariamente quadrato, mentre egli diventa più studioso diviene rettangolare. Il pollice lungo e magro denota eleganza espressiva e risolutezza.

Riconoscimento elettronico dell'impronta palmare

I progressi della tecnologia moderna hanno rivoluzionato l'uso dei dermatoglifi palmari nel campo dell'identificazione personale.

Nelle investigazioni criminologiche si utilizzano sistemi automatici di riconoscimento delle impronte digitali archiviandole, confrontandole e reperendole in pochi secondi. Il riconoscimento delle impronte può anche servire a identificare il personale. Si stanno perfezionando sistemi con lettori laser per comporre e computerizzare le impronte. Queste immagini digitali possono essere trasferite su "card" e usate su tessere di riconoscimento magnetizzate per attivare l'accesso ad aree di attività.

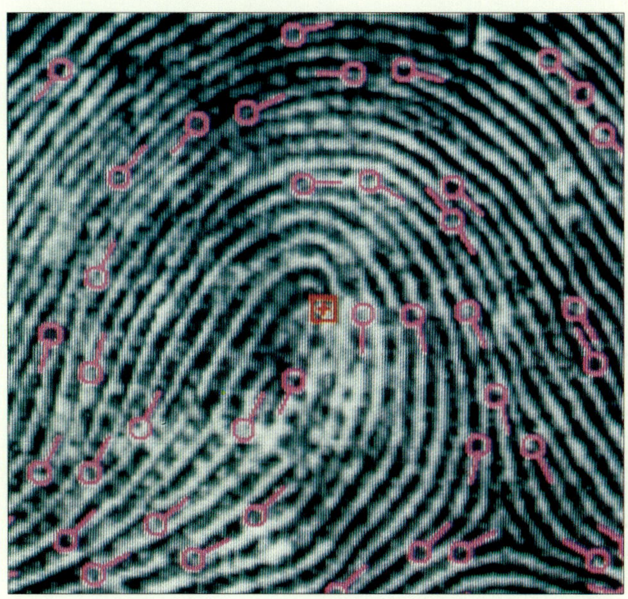

Sulle mani

Sono già operativi in alcuni tra i più frequentati aeroporti sistemi all'avanguardia che utilizzano cuscinetti sensibili per esaminare e confrontare le impronte dei passeggeri.

GLOSSARIO

• **Anello di Apollo** Segno secondario alquanto insolito che circonda il monte omonimo; indica un blocco della creatività.
• **Anello di Salomone** Segnatura secondaria che circonda il monte di Giove e simboleggia la saggezza.
• **Angolo del Tempo** La giuntura alla base del pollice è prominente e denota musicalità.
• **Angolo della Destrezza Manuale** La seconda giuntura del pollice è prominente e denota un'eccellente abilità manuale.
• **Arco** Dermatoglifo che si presenta in forma di arco lievemente o sensibilmente incurvato. Indica materialismo e praticità.
• **Arco dell'Intuizione** Segnatura secondaria che si trova sulla percussione sotto al monte di Mercurio. Rivela intense capacità percettive.
• **Barra** Linea corta che attraversa una linea importante; rappresenta opposizione e ostacolo.
• **Cappio** È un tipo di dermatoglifo simile a un cappio, che può incurvarsi verso il pollice (ulna) o allontanarvisi (radio).
Si può trovare anche nel palmo.
• **Catena** È composta da una serie di isole presenti lungo una linea. Indica riduzione di energia nell'area rappresentata dalla linea.
• **Chirognomia** Il nome tradizionalmente assegnato allo studio della forma della mano.
• **Chirologia** Il nome tradizionalmente assegnato allo studio della mano che fonde la chirognomia con la chiromanzia.
• **Chiromanzia** Lo studio delle linee della mano.
• **Cintura di Venere** Segnatura che unisce i monti di Apollo e Saturno.
Indica ipersensibilità.
• **Composito** Dermatoglifo che comprende due cappi che vanno in direzioni opposte.
Denota apertura mentale.
• **Croce** Segnatura che può apparire su un monte o su una linea; solitamente mette in guardia su eventi negativi.
• **Dermatoglifi Palmari** La superficie 'rigata' del palmo, che forma disegni simili a quelli delle impronte digitali.
• **Dito di Apollo** Il terzo dito, quello dell'anello nuziale, associato alla creatività e alla soddisfazione.
• **Dito di Giove** L'indice, associato all'io e alla propria posizione nel mondo.
• **Dito di Mercurio** È il mignolo; rappresenta la comunicazione.
• **Dito di Saturno** È il medio, associato alla responsabilità e alla sicurezza.
• **Falangi** Le ossa e la sezione del pollice e delle dita.
• **Griglia** Segnatura che appare sui monti; significa intensificazione emotiva e tensione.
• **Interruzione Netta** Un'interruzione della linea, senza sovrapposizioni; segnala un cambiamento forzato.
• **Interruzione Sovrapposta** Segnala un cambiamento che avviene per libera scelta. È situata nel punto in cui una nuova sezione di linea si sovrappone a quella spezzata e prosegue.
• **Isola** È il temporaneo scindersi di una linea; indica debolezza, ansietà o mancanza di energia per il periodo del suo percorso.
• **Linee dei Viaggi** Si trovano alla base della percussione e rappresentano i viaggi.
• **Linea dell'Allergia** *Vedi Via lasciva.*
• **Linea della Testa** Linea principale che attraversa il palmo orizzontalmente e rappresenta l'intelletto.
• **Linea della Vita** Linea principale che circonda il monte di Venere e rappresenta la qualità della vita.
• **Linea di Apollo** Termina sul monte di Apollo; indica la creatività e il grado di felicità.
• **Linea di Marte** È interna e parallela alla linea della Vita. Conferisce protezione straordinaria.
• **Linea di Mercurio** Linea secondaria che, a seconda di dove origina, indica salute o intuito per gli affari.
• **Linea di Sidney** È una linea della Testa che attraversa tutto il palmo e indica iperattività.
• **Linea Simiana** Un fenomeno raro in cui la linea della Testa e la linea del Cuore sono fuse insieme. Indica intensità emotiva o anomalia genetica.
• **Linee Principali** Sono la linea della Vita, la linea della Testa, la linea del Cuore, la linea del Destino, la linea di Apollo.
• **Linee Secondarie** Sono diverse da quelle principali: esse possono apparire o meno.
• **Luna** È lo spicchio bianco che talvolta si vede alla radice dell'unghia, conosciuto anche come lunetta.
• **Lunetta** *Vedi Luna.*
• **Mano d'Acqua** Tipologia di mano che ha il palmo rettangolare e le dita lunghe.
• **Mano d'Aria** Tipologia di mano con il palmo quadrato e le dita lunghe.
• **Mano di Fuoco** Tipologia di mano dal palmo rettangolare e dalle dita corte.
• **Mano di Terra** Tipologia di mano dal palmo quadrato e dalle dita corte.
• **Mano Dominante** Per i destrimani è la destra, per i mancini la sinistra.
• **Mano Passiva** Per i mancini è la destra, per i destrimani la sinistra.
• **Monte della Luna** Si trova alla base della mano sulla percussione.
• **Monte di Apollo** Si trova sotto al dito di Apollo; determina la fama e la fortuna.
• **Monte di Giove** Si trova sotto al dito di Giove. Il suo sviluppo indica il valore dato a se stessi e il senso di autorità.
• **Monte di Marte Negativo** È collocato al centro della percussione sopra al monte della Luna; indica integrità e spirito di sopportazione.
• **Monte di Marte Positivo** Situato tra il pollice e il monte di Giove, rappresenta il coraggio e/o l'aggressività.
• **Monte di Mercurio** Si trova sotto al dito omonimo e indica capacità di comunicazione.
• **Monte di Nettuno** È situato alla base del palmo tra il monte della Luna e il monte di Venere.
• **Monte di Saturno** Collocato sotto al dito di Saturno, designa la capacità di introspezione; se troppo sviluppato rivela melanconia e cinismo.
• **Monte di Venere** È il monte situato alla base del pollice; simboleggia la vitalità e la sessualità.
• **Occhio di Pavone** Dermatoglifo composto da una spirale chiusa in un cappio. Conferisce protezione.
• **Percussione** Il lato esterno della mano opposto al pollice.
• **Percussione Curva** Il palmo si incurva esternamente sotto al mignolo e poi si restringe verso il polso.
• **Percussione Dritta** L'esterno del palmo appare dritto dal polso alla base di Mercurio.
• **Piana di Marte** L'area piatta al centro del palmo circondata dai monti.
• **Quadrato** Tipo di segnatura che simboleggia sempre protezione; quando è situato sul monte di Giove denota anche attitudine all'insegnamento.
• **Rascette** Le linee o braccialetti collocati in cima al polso. Sono associate alla salute.
• **Spirale** Disegno della pelle che appare sulle dita e sul palmo. Rivela atteggiamento rigido.
• **Stella** Un tipo di segnatura che può apparire su una linea o su un monte e rappresenta un trauma o il successo.
• **Triangolo** Segnatura che appare sui monti e indica successo unito a saggezza.
• **Tri-Radio** È una forma triangolare generata dall'incontro di tre dermatoglifi.
• **Via Lasciva** Linea che attraversa orizzontalmente la base della percussione. La sua presenza indica sensibilità ai cibi e agli agenti chimici. È conosciuta anche come linea delle allergie.
• **Zone** Divisioni della mano, ognuna delle quali rappresenta un diverso aspetto del carattere.

Indice Analitico

RINGRAZIAMENTI

ILLUSTRAZIONI
Illustrazioni anatomiche di Philip Wilson
Illustrazioni computerizzate di Ken McMahon di Pelican Graphics
Illustrazioni delle linee di Will Giles e Sandra Pond

STUDIO DELLE LINEE
Karen Cochrane e Stephen Dew

FOTOGRAFIE SPECIALI
Andy Crawford, Steve Gorton, Garry Ombler, Dave King
Ritocchi fotografici di Ken McMahon di Pelican Graphics

ALTRE FOTOGRAFIE
Paul Bricknell, Gordon Clayton, Philip Gatward, Barnabus Kindersley, Stephen Oliver, Matthew Ward

COPERTINA
Neal Cobourne

CURATRICE DELL'INDICE ANALITICO
Karin Woodruff

CONSULENTE EDITORIALE
Sharon Lucas

RICERCA DELLE IMMAGINI
Christine Rista

MODELLA PRINCIPALE DELLA MANO: Kirsty Ashton Bell
UN GRAZIE ANCHE A:
Zirrina Austin, Anna Benjamin, Andy Crawford, Mark Davis, Ursula Dawson, Carla De Abreu, Steve Gorton, Angela Marie Graham, Paul Greenleaf, Tracy Hambleton-Miles, Phil Hunt, Stephen Josland, Peter Kindersley, Laura Langley, Tracie Lee, Sarah Lillicrapp, Anna Lord, Sharon Lucas, Krystyna Mayer, Daniel McCarthy, Annabel Morgan, Rachael Parfitt, Marianne Petrou, Gurinder Purewall, Nerina Ramcharran, James Rankin, Tim Ridley, Kevin Ryan, Jane Sarluis, Tim Scott, Tracey Strudwick, Martha Swift, Harjinder Singh Tattal, Amanda Tomeh, Alison Verity, Jo Walton

L'editore desidera ringraziare le seguenti fonti per aver concesso il permesso di riprodurre le loro fotografie:
a: in alto; c: al centro; b: in basso; s: a sinistra; d: a destra.
ARCHIVI PUBBLICITARI: 17as; BIBLIOTECA D'ARTE BRIDGEMAN: 83bs, /Galleria dell' Accademia di Venezia 10b, Hever Castle Ltd. 37bd, Lambeth Palace Library, Londra 18ad, Phillips Auctioneers 49cs, Pinacoteca Capitolina, Palazzo Conservatori, Roma 11bc, Musei e Gallerie Vaticane, Roma 17bs; BRUCE COLEMAN: Stefano Amantini 15bd, John Concalosi 10a, Christian Zuber 61bc; MARY EVANS PICTURE LIBRARY: 19as; IMAGE SELECT: Ann Ronan Collection 14ad, 68cl; IMAGES COLOUR LIBRARY: 12ad, 12bs, 13ad, 13bs, 14bs, 56cl, 62cs, 71as, 73ad, 97ad; POPPERFOTO: 16ad, 19bd; REX FEATURES: 28bs, 42ad, 79ad, 81as, /Nils Jorgensen 93cs, 98bs, Philip Reeve 45bd, Sten Rosenlund 27bd, SCL 98bd, Sipa Press 16bs, 17ad, 28bc, Today 29bd; SCIENCE PHOTO LIBRARY: Peter Menzel 47bd, Petit Format/Nestle 27bc, Philippe Plailly 117bd; SOUTH AMERICAN PICTURES: Tony Morrison 65ad; UNIVERSITY COLLEGE LONDON: 61bs.

Fronte di copertina: tutte le fotografie sono di Dorling Kindersley.
Retro di copertina: BRUCE COLEMAN: John Cancalosi ; IMAGES COLOUR LIBRARY ; Dorling Kindersley.

RINGRAZIAMENTI DELL'AUTRICE
Sono debitrice a Stephen Carter per i suoi consigli sullo shiatsu; ringrazio Graham Hughes, FFS, per avermi concesso il suo tempo prezioso per aggiornarmi sulle tecnologie forensi più recenti; Philip Wilson per i disegni anatomici dettagliati e impeccabili; Kevin Ryan per la pazienza e l'eccellente intuito artistico; Tracie Lee per aver compreso perfettamente questo argomento comples-so e per la rara abilità a leggere tra le righe; David Lamb per aver-mi incoraggiata e sostenuta per tutto il tempo della stesura; i miei clienti e tutti quelli che con entusiasmo hanno contribuito con le loro impronte al mio lavoro; un grazie particolare ai miei amici e alla mia famiglia per essersi prestati come volontari ogni volta che ho avuto bisogno di "solo un'altra impronta".

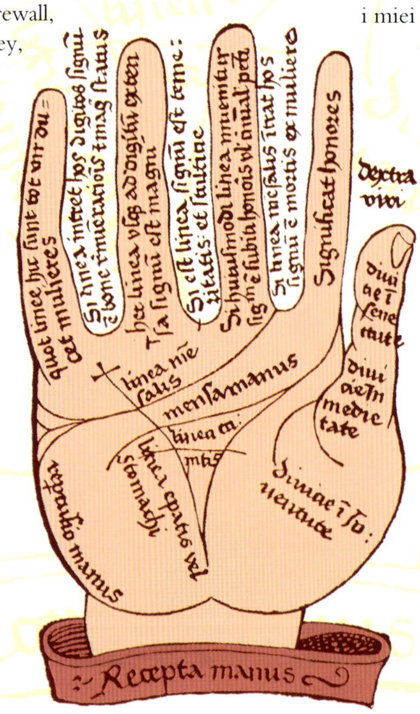